Eugen Lemberg
Anthropologie der ideologischen Systeme

Studien zu
Gesellschaft und Bildung
Band 1

begründet von Eugen Lemberg,
herausgegeben von Theodor Hanf

Eugen Lemberg

Anthropologie der ideologischen Systeme

Beltz Verlag · Weinheim und Basel

© 1977 Deutsches Institut
für Internationale Pädagogische Forschung,
Frankfurt/Main
Printed in Germany

Alleinauslieferung:
Beltz Verlag, Postfach 1120
6940 Weinheim/Bergstr.

ISBN 3 407 65301 8

Vorwort

Was eine Anthropologie der ideologischen Systeme in einer der Erziehungswissenschaft, besonders der erziehungswissenschaftlichen Soziologie, gewidmeten Reihe zu suchen habe, mag zunächst unklar sein. Zu lange hat sich die Erziehungswissenschaft als eine normative Wissenschaft verstanden, als daß sie - all ihrer Wendung zur Empirie ungeachtet - ihre Verankerung in ewig feststehenden, unbezweifelbaren Normen und Werten eines ebenso feststehenden Menschenbildes gern in Frage gestellt hätte. Selbst wo man sich der Epochen- und Gesellschaftsbedingtheit dieses oder jenes Menschenbildes oder Normensystems bewußt war, erschien es doch schon methodisch zweckmäßiger, im eigenem Kulturkreis zu bleiben und das hier geltende System als Grundlage pädagogischen Philosophierens und Bemühens hinzunehmen.

Hier liegt wahrscheinlich die Ursache für die Neigung der Erziehungswissenschaft, von einem festen weltanschaulichen religiösen oder politischen System auszugehen, seine Bedingtheiten und Grenzen nicht weiter nachzuprüfen und seine Relativierung als eine Art Sünde zu betrachten. In einem Zeitalter wie dem unseren freilich, das fast nur mehr aus Grenz- und Überlappungszonen großer ideologischer Systeme besteht, kommt eine solche Haltung der Selbstaufgabe als Wissenschaft gleich. Es wird immer weniger möglich, pädagogische Forschung gewissermaßen systemimmanent zu betreiben, und selbst die mit Recht erstrebte, perfekte Erziehung in einem solchen System wird ohne einen Blick über deren Grenzen hinaus, ohne Vergleiche und ohne Analyse der allen diesen Systemen gemeinsamen Strukturen und Mechanismen immer fragwürdiger - weil ständig widerlegbar.

Damit ist das vergleichende Studium aller jener großen Systeme, der Weltanschauungen, Religionen, politischen Doktrinen, ihrer Struktur und Funktion, zu einer Art Voraussetzung der Erziehungswissenschaft geworden, einer empirischen sowohl wie einer Erziehungsphilosophie oder Ethik. Besonders aber die gesellschaftlichen Voraussetzungen und Verfahrensweisen der hier gemeinten Systeme werden zu Grundpfeilern solcher Erziehungswissenschaft, stellen das Grundmaterial einer Soziologie des Bildungswesens dar. Eine vergleichende empirische Studie über die anthropologischen Strukturen und Funktionen dieser Systeme - Religionen, Philosophien, Weltanschauungen und politischen Doktrinen - bilden mit Recht einen wesentlichen Aufgabenbereich der hier versuchten Anthropologie der ideologischen Systeme und damit der soziologischen Erforschung von Erziehung und Bildung.

Das Thema ist von verschiedenen Ausgangspunkten her eingekreist. Insbesondere Einzelstudien zu verschiedenen der in unserer Epoche aktuell gewordenen Systeme der hier in Rede stehenden Art haben sich als Vorstudien günstig erwiesen: der Nationalismus etwa, verschiedene Reformbewegungen im Kommunismus. Das Überraschende und Überzeugende war dabei, daß in den scheinbar noch so verschiedenen, einander nicht selten von Grund auf feindseligen Systemen immer wieder die gleichen Strukturen und Funktionen zum Vorschein kamen, ihre im Grund überall gleiche anthropologische Natur. Das wirkte für die Grundlegung allen erziehlichen und erziehungswissenschaftlichen Bemühens, in welchem diese Systeme auch immer konstitutiv sein mögen.

Auch Vorstudien über die ideologischen Systeme, ihre Struktur und Funktion betreffend, mögen sich als nützlich für eine solche Anthropologie der ideologischen Systeme, die aber als Beitrag zu einer umfassenden pädagogischen Soziologie angelegt sind, erweisen.

INHALTSVERZEICHNIS

		Seite
Einführung		IX
I.	Instinkte - Institutionen - Ideologien: Die Triebwerke und Leitsysteme der Gattung Mensch	1
II.	Die Ideologie als Gegenstand der Forschung - Wandel und Krise eines Begriffs	21
III.	Zur Phylogenese der ideologischen Systeme	33
IV.	Funktion der ideologischen Systeme	60
	A. Aufbau und Gliederung gesellschaftlicher Gruppen	60
	1. Gruppenbildung	61
	2. Abgrenzung gegen die Umwelt - Das Feindbild	70
	3. Gruppenstruktur und Polarisierung	81
V.	Funktionen der ideologischen Systeme	98
	B. Welterklärung und Wahrheitsfindung	98
	1. Erlösungsreligion und Fortschrittsglaube	98
	2. Erkenntniswahrheit und Glaubenswahrheit	114
	3. Der Einbruch der Empirie	121
	4. Zweifler, Ketzer, Dissidenten	126
VI.	Funktionen der ideologischen Systeme	133
	C. Verhaltenssteuerung	133
	1. Intentionale und funktionale Erziehung	133
	2. Das ideologische Weltbild als Medium der Erziehung	135
	3. Die Rolle der Ideologie in der "funktionalen" Erziehung	139
	4. Denkmodelle und Verhaltensmuster, Kasuistik	147
	5. Ideologische Elemente im gesamten Erziehungswesen	160

		Seite
VII.	Ideologen und Pragmatiker - Versuch einer Typologie des Verhältnisses zum ideologischen System	171
	1. Rollenverteilung	171
	2. Ideologen	176
	3. Die Pragmatiker	181
	4. Der Dualismus der Hierarchien	183
VIII.	Sakrale und rationale Systeme	188
	1. Fortschritt durch Säkularisierung	188
	2. Modelle der Entwicklungsländer	192
	3. Stufen der Entwicklungsforschung	2o1
	4. Die Wiederkehr des Sakralen	2o5
	5. Der Ort der Religionen und Religionswissenschaften	2o9
IX.	Schlußbetrachtung Fluch und Segen der Ideologie	217

Anmerkungen:

- Zu Kapitel I   22o
- Zu Kapitel II   222
- Zu Kapitel III   226
- Zu Kapitel IV   229
- Zu Kapitel V   234
- Zu Kapitel VI   238
- Zu Kapitel VII   241
- Zu Kapitel VIII   242
- Zu Kapitel IX   244

Nachwort des Herausgebers   245

Einführung

Im deutschen Sprachgebrauch ist Ideologie eines der gebräuchlichsten und bequemsten Schimpfwörter. Es muß nicht gerade Lüge sein, was dieser Begriff bezeichnet. Er meint oft eine - entschuldbare - Täuschung oder Selbsttäuschung, bewußt oder auch unbewußt, nicht selten mit der Absicht verbunden, eigenes Verhalten zu rechtfertigen oder andere zu einem bestimmten Urteil oder Verhalten zu veranlassen. Es wäre zu einfach, die Ideologie als zweckhafte Lüge zu erklären, wie es oft geschehen ist und heute noch geschieht. Das Schlimme ist nur, daß der Verkünder einer Ideologie meist selber daran glaubt. Für ihn ist sie Wahrheit. Der anders Denkende ist im Irrtum befangen, unbelehrbar, ja böswillig. Sich selbst als im Besitz der Wahrheit zu erweisen, den andern als Opfer einer Ideologie, das ist das Ziel vieler, gerade auch wissenschaftlicher Denkprozesse; darauf beruht ein guter Teil des eigenen Selbstbewußtseins des gewöhnlichen Gesprächspartners, des Politikers wie des Gelehrten.

Es fällt auf, daß diese Einteilung der Welt in eigene Wahrheit und fremde Ideologie vor allem unter deutschen Intellektuellen verbreitet ist, nicht selten unter Gelehrten von Rang, die von solcher Gegenüberstellung ihrer Autorität ableiten, breite Scharen von Studenten mit dem stolzen Bewußtsein kritischen Denkens erfüllend, ihre eigene Denkmethode in naiver Selbstreklame als kritische Theorie verkündend, sei sie auch weit über ihre Schule hinaus als eine ausgesprochene Heilslehre erkennbar, als ein typischer Fall von Ideologie.

Ob es das Element der Selbstrechtfertigung ist, das diesen Ideologiebegriff ausgerechnet unter deutschen Intellektuellen so zäh am Leben erhält: es fällt auf, daß er in der übrigen Welt - in Ost und West - inzwischen eine sachlichere, wissenschaftlich brauchbarere Bedeutung gewonnen hat.

Hier bezeichnet er nämlich ein System von Vorstellungen und Lehren, über deren Wahrheit oder Falschheit zunächst noch nichts ausgesagt wird, der so auch die Emotionen und moralischen Urteile vermeidet, die den deutschen Ideologiebegriff so sehr belasten, nicht ohne eine stets bereite Selbstgerechtigkeit ins Spiel zu bringen. Erst die Zurückstellung des vorschnellen moralischen Urteils macht es möglich, die Ideologien und ideologischen Systeme auf ihre Entstehung, Struktur und Funktion hin vergleichend zu analysieren. Es könnte ja sein, daß gerade erst aufgrund einer solchen Analyse einiges über den Wahrheits- oder Falschheitsgehalt einer solchen Ideologie zu ermitteln wäre.

Dabei mag es den verschiedenen Interessengruppen, Glaubensgemeinschaften oder politischen Doktrinen zunächst unbenommen bleiben, die jeweils von ihnen geglaubte Lehre für die einzig richtige zu halten, sie zu verteidigen, andere zu bekämpfen. Aus solchen Auseinandersetzungen besteht die Geschichte der Menschheit. Der Marxismus-Leninismus zum Beispiel wird unter allen nur möglichen Ideologien nur die seine als richtig anerkennen, alle anderen als Irrlehren des Klassenfeindes betrachten, zur Widerlegung und zum Untergang bestimmt. Aber er sieht sie - zumindest seit Lenin - alle als Ideologien an, die die gleiche Rolle in der Gesellschaft spielen, die gleiche Struktur und Funktion unter den Menschen wahrnehmen und nicht schon qua Ideologien Betrug oder Lüge bedeuten.

Auch in den großen westlichen Enzyklopädien und Soziologien werden die Ideologien als gedankliche Systeme definiert, über deren Richtigkeit oder Falschheit vorläufig nichts ausgesagt wird, damit sie zunächst miteinander verglichen, auf ihre Ursachen, Strukturen und Verhaltensweisen analysiert und auf ihre politischen, pädagogischen oder kulturellen Wirkungen hin untersucht werden können. Natürlich ist nicht alles wahr an ihnen, aber auch nicht alles falsch, so daß sich gerade aus dem Verhältnis ihrer Aussagen manches über ihre Wahrheit oder Falschheit ergeben kann.

Mögen sich heute auch manche um einen sachlicheren und präziseren Gebrauch des Ideologiebegriffs im deutschen Sprachgebiet bemühen: wir werden uns für absehbare Zeit wohl oder übel mit dem emotionsgeladenen, dem Sprecher das Selbstgefühl der eigenen Wahrheit vermittelnden Sprachgebrauch in Sachen Ideologie abfinden müssen, selbst in der wissenschaftlichen Terminologie - und gerade da als einer Art Statussymbol, da der Volksmund, weniger differenziert, mit Bezeichnungen wie wahr oder falsch, Werbungs- oder Schutzbehauptung, Selbstrechtfertigung oder Anklage auskommt.

Die große Verwirrung aber entsteht dadurch, daß mit dem gleichen Begriff Ideologie auch jene großen Systeme, Glaubenslehren, Weltanschauungen, politischen oder religiösen Doktrinen gemeint sind, die nicht nur etwas Begrenztes erklären oder rechtfertigen sollen, sondern das gesamte Weltbild des Menschen oder großer Gruppen von Menschen ausmachen, ihnen die Welt erklären, ein System von Werten und Normen errichten und so das gesamte Verhalten eines Menschen oder einer Menschengruppe steuern. Kein Zweifel, daß es sich hier um zwei Phänomene verschiedener Art und Größenordnung handelt.

Eine gewisse Berechtigung ist dieser Gleichheit des Terminus Ideologie freilich nicht abzusprechen: Beide Gedankenkonstruktionen stellen ein System dar. Beide sind - obwohl sie manchmal den Anspruch erheben, wissenschaftlich beweisbare Wahrheit zu sein - nicht zu beweisen, **sondern müssen geglaubt** werden. Beide enthalten Wahres und Falsches, Beweisbares und Unbeweisbares. Sie fordern eine Glaubenshaltung heraus, und beide können einen gewissen Einfluß auf das Verhalten der an sie Gläubigen nicht verleugnen. Die nicht wissenschaftliche, sondern gläubige Haltung ist für das Verhältnis zu den Ideologien beider Größenordnungen charakteristisch, und das mag in einem Zeitalter der Wissenschaftsgläubigkeit diese Identität oder Verwirrung der Begriffe bewirkt haben: Ideologischer Natur sind sie beide.

Trotzdem geht es bei den beiden hier in Rede stehenden Ideologiebegriffen um zwei Kategorien durchaus verschiedener Größenordnung und Funktion. Um sie auch terminologisch zu trennen, würde es sich empfehlen, bei jenen Ideologien kleiner Reichweite und begrenzter Funktion von Ideologien zu sprechen, jene umfassenden, den ganzen Menschen erfüllenden, große Gruppen organisierenden, Glaubenshaltungen, ja Religionen begründenden geistigen Systeme - ihre ideologische Herkunft und Struktur anerkennend - "ideologische Systeme" zu nennen.
Selbst einer Religion täte die Bezeichnung als System keinen Eintrag. Nach Struktur und anthropologischer Funktion wäre sie in die gleiche Kategorie der den Menschen die Welt erklärenden, ihnen eine Ordnung von Werten und Normen errichtenden, ihr Verhalten steuernden geistigen Systeme einzuordnen.

In der folgenden Studie ist nur von jener umfassenden anthropologischen Erscheinung die Rede, von jenen ideologischen Großsystemen, Systemen der Welterklärung, der Werte- und Normensetzung, der Verhaltenssteuerung großer Gruppen von Menschen. Nicht um die Prüfung ihrer Wahrheit oder der Wahrheit einzelner ihrer Thesen geht es hier - damit mag sich, mit wechselndem Erfolg, die Wissenssoziologie plagen - sondern um ihre Anthropologie, ihre Struktur und Funktion. Es ist ein Versuch, seiner Unzulänglichkeit und Skizzenhaftigkeit bewußt, trotzdem nach jahrzehntelangen, vergeblichen Versuchen der Wissenssoziologie, einen Zugang von der anderen Seite zu finden, eben von ihrer anthropologischen Struktur und Funktion her.

I. INSTINKTE - INSTITUTIONEN - IDEOLOGIEN:
DIE TRIEBWERKE UND LEITSYSTEME DER GATTUNG MENSCH

Unter der unübersehbaren Zahl von Arten, in die sich das Leben auf dem Planet Erde gliedert, nimmt der Mensch, seit fast einer Jahrmillion von allen anderen unterschieden, eine Sonderstellung ein. Zwar kann er heute nicht mehr den Anspruch erheben, Mittelpunkt und Ziel der gesamten Schöpfung zu sein. Trotzdem hebt er sich aus allen anderen Arten insbesondere der tierischen Lebewesen durch einige Eigenschaften und Fähigkeiten hervor, die ihm in den letzten Jahrtausenden die Herrschaft über sie alle verschafft, ihn selbst aber auch in Gefahr gebracht haben, seine eigene Art von der Erde wieder verschwinden zu lassen.

Bestimmend unter diesen Fähigkeiten ist zunächst der aufrechte Gang, der in der Steppe das Überblicken weiter Entfernungen gestattete, zwar die Beine bis heute überfordert, dafür aber die Arme und Hände für den Gebrauch von Werkzeugen befreite. Das regte zugleich Geist und Phantasie zur Kombination von Mittel und Zweck an, zur Erfindung nicht vorgefundener Werkzeuge und zur Entwicklung der Technik, die fortan zu einem der wichtigsten Mittel zum Überleben und zur Umwelteroberung geworden ist, den Menschen heute sogar schon über die Erde und ihre Schwerkraft hinaus in den Weltraum führt. Wenn schon andere hochentwickelte Tierarten Ansätze zu einer Sprache entwickelt haben, die durch differenzierte Zeichen eine Kommunikation zwischen Artgenossen ermöglicht, so setzt der Mensch diese Entwicklung durch die Verwendung von Symbolen und die Abstraktion zu Begriffen fort, ein Prozeß, der bei ihm von Veränderungen der Schädelform, Rückbildung der Schnauze wie Anpassung der Atem- und Freßwerkzeuge an die zusätzliche Aufgabe des Sprechens begleitet wird. Zum Kampf gegen biologisch besser ausgestattete Arten, deren Aggression abgewehrt werden muß, die andererseits als Beutetiere in Betracht kommen, bedarf es außer Jagdwerkzeugen auch der Organisation von arbeitsteilig vorgehenden Jägergruppen. Die Notwendigkeit ähnlich arbeitsteiliger Organisation auch bei anderen, die Möglichkeiten des Einzelmenschen überschreitenden Aufgaben führt schließlich zur Ausbildung beständigerer Organisationsformen, die mit der Zeit bestimmte Verhaltensmuster und Riten entwickeln. Solche Riten, selbständig geworden und auch ohne aktuellen Bedarf überliefert und weitergepflegt, geben diesen Organisationsformen den Charakter von Institutionen, die den Menschen ihrerseits entlasten, indem sie sein Verhalten in feste Rahmen spannen und ihm die ständig nötigen Entscheidungen abnehmen. Die Institutionen geben Einzelnen oder bestimmten Gruppen aber auch Macht über andere Menschen, schränken Freiheiten ein oder vernichten sie, begründen dagegen Herrschaft und ermöglichen den planmäßigen Einsatz von Gruppen und Massen zu größeren Gemeinschaftsleistungen.

Von staatsähnlichen Gebilden anderer Arten wie Ameisen, Termiten oder Bienen unterscheiden sich die menschlichen Institutionen dadurch, daß sie nicht auf unbewußten, instinkthaften und wie von außen gesetzt ineinandergreifenden Verhaltensweisen beruhen, sondern bewußt entwickelt und vom Bewußtsein kontrolliert werden. Das geschieht durch Systeme von Vorstellungen, Werten und Normen, die solche Institutionen begründen, rechtfertigen und verbindlich machen, so daß der Mensch, anders als das Tier, in der Lage ist, sie unter Umständen zu verändern, zu bekämpfen oder durch andere zu ersetzen. Neben die Steuerung des Verhaltens durch angeborene Verhaltensdispositionen (Instinkte) ist damit bei der Art Mensch ein anderes, im Bewußtsein verankertes, vom Menschen selbst beeinflußbares Werkzeug getreten, das den Menschen unter allen Lebewesen allein auszeichnet, ihn ebenso und vielleicht entscheidender als Technik und Sprache von ihnen unterscheidet. Es handelt sich - wie sehr der Einzelne dieses System von Vorstellungen, Werten und Normen als ihm vorgegeben, als heteronom, empfinden mag - um ein vom Gesichtspunkt der Art aus betrachtet selbstgeschaffenes Antriebs- und Steuerungssystem.

Damit steht dem Menschen ein Instrumentarium besonderer Art zur Verfügung, das ideologische System, d.h. ein Gefüge von Vorstellungen, Werten und Normen, die den Menschen in der Welt orientieren, ihm eine Rolle darin zuweisen, sein Handeln in Gang setzen und sein Verhalten steuern. Da sich die in zahlreiche Räume, Großgruppen und Kulturen gegliederten Menschen nicht auf ein homogenes System überall gleicher Vorstellungen, Werte und Normen einigen lassen, gibt es mehrere, nach Epoche, Raum und Gesellschaft verschiedene Systeme dieser Art, die großen Ideologien, deren Wirkungen und Auseinandersetzungen die Weltgeschichte erfüllen. Sie prägen die verschiedenen Kulturen, die sich darin gegenseitig befruchten, bekämpfen und ablösen.

Zu diesen spezifisch menschlichen Antriebs- und Leitsystemen sind auch die Religionen zu rechnen. Ja sie sind offenbar die urtümlichsten unter ihnen, weil sie den menschlichen Grundbedürfnissen so sehr entsprechen, und die umfassendsten, weil sie die Fähigkeit des Menschen, Transzendentes in sein Weltbild einzubeziehen, voll ausschöpfen.

So offenbaren sich die Ideologien oder ideologischen Systeme als ein Grundphänomen der Anthropologie, als ein charakteristisches und unentbehrliches Instrument der Gattung Mensch, das um der Erhaltung dieser Gattung willen nicht einfach beseitigt werden kann, um endlich der unverfälschten, wissenschaftlich beweisbaren Wahrheit Raum zu geben - auch wenn solche Ideologiefreiheit der Traum einer von ideologischen Weltkriegen heimgesuchten Generation war.

Als anthropologisches Phänomen betrachtet und nicht mehr nur auf seinen Wahrheitsgehalt, sondern auf seine gesellschaftliche Funktion hin untersucht, gewinnt das ideologische System wie die Religion den Charakter eines der großen Leit- und Steuerungssysteme, die der Weltorientierung und Verhaltenssteuerung und damit der Lebens- und Arterhaltung des Menschen dienen. Damit reiht es sich als eine spezifisch menschliche Errungenschaft neben andere ähnliche Systeme und Mechanismen, die eine ähnliche Funktion nicht nur für den Menschen, sondern für alle übrigen Lebewesen ausüben, im besonderen neben jene angeborenen Verhaltensdispositionen - gewöhnlich Instinkte genannt -, die diese Lebewesen, und weithin auch noch Menschen, veranlassen, auf bestimmte Reize in bestimmter Weise zu reagieren und sich eben dadurch im Sinne ihrer Lebens- und Arterhaltung zu verhalten. Während aber die Instinkte angeboren sind - nicht ohne daß auch in ihrem Bereich, siehe Konrad Lorenz,[1] Lernprozesse vor sich gehen - werden die ideologischen Systeme nicht vererbt und müssen erlernt werden. Wie sich Instinkt und Ideologie zueinander verhalten, dafür einige Beispiele:

Bei Tieren und bei Menschen ruft der Eindruck von etwas Weichem, Rundem, Täppischem, wie es dem Jungtier oder dem Kleinkind eigen ist, ein Pflegeverhalten hervor. Kein Zweifel, daß dieser Instinkt lebenserhaltend wirkt.[2] Der Mensch aber kann dieses Pflegeverhalten auch ohne den unmittelbaren Reiz durch die ideologisch begründete Norm, den Schwachen und Leidenden zu helfen, zugunsten weit entfernter, unsichtbarer Hilfsbedürftiger in Gang setzen. Die Menschen wie Tieren zur Erhaltung der eigenen Art angeborene Tötungshemmung hat der Mensch durch die Erfindung von Fernwaffen außer Kraft gesetzt. Aber er kann sie durch das Verbot "Du sollst nicht töten" ersetzen, ja zu einer auch ohne auslösenden Reiz wirksamen ethischen Grundhaltung erweitern. Andererseits - und das zeugt von der Ambivalenz dieser ideologischen Systeme - kann ein solches System auch die Tötung des Gegners, ja großer Massen von Menschen vorschreiben, so daß - in Glaubenskriegen oder totalitären Bewegungen - Fanatiker glauben können, eine heilige Pflicht zu erfüllen, indem sie töten.

Solche Beispiele zeigen, um wieviel flexibler der Mensch dem auf auslösende Reize blind reagierenden Tier gegenüber durch die Erfindung dieser geistigen Antriebs- und Leitsysteme geworden ist. Dabei ist das Konstruktionsprinzip, auf dem Instinkt wie Ideologie beruhen, im Grunde das gleiche. Auch die ideologischen Systeme, Philosophien, Religionen sind Antworten auf bestimmte Situationen. Die Weltgeschichte liefert dafür zahlreiche Beispiele:

Eine solche Reizsituation war etwa der Untergang der griechischen Stadtstaaten durch die Errichtung des Alexandrinischen Weltreiches. Der frustrierte Lokalpatriotismus und die Erfahrung der weltweiten Fluktuation von Menschen und Völkern bereiteten den Boden für die stoische Philosophie, nämlich die Einsicht in die Einheit und Gleichheit des Menschengeschlechts, und damit für Universalismus und Monotheismus, wie ihn dann das Christentum weitertrug. Niederlage, Verlust des Selbstbewußtseins und Desintegrationsangst haben - bei den Franzosen nach 1871, bei den Deutschen nach dem ersten Weltkrieg - den integralen Nationalismus[3] hervorgerufen: dort die Action française, hier den Nationalsozialismus. Daß ein extremer seelischer oder auch ökonomischer Druck immer wieder Heilslehren, Messianismen, schwärmerische Endzeiterwartungen hervortreibt, dafür sind - neben zahlreichen religiösen und politischen Bewegungen - das Christentum ebenso wie der Marxismus die klassischen Beispiele.

So gesehen lassen sich die ideologischen Systeme oder Großideologien als eine von drei spezifisch menschlichen - den Menschen vom Tier unterscheidenden - Errungenschaften auffassen:
Die erste davon wäre die Herstellung von Werkzeugen bis zur modernen Technik, wozu auch die Beherrschung des Feuers, Ackerbau und Viehzucht wie schließlich die Entwicklung der

Sprache gehören;

die zweite Kategorie dieser spezifisch menschlichen Schöpfungen wären dann die Institutionen, die die durch Instinktreduktion verunsicherte und gefährdete menschliche Gesellschaft entlasten und stabilisieren;

die dritte stellen schließlich die ideologischen Systeme als die geistigen Orientierungs-, Antriebs- und Steuerungssysteme der menschlichen Gesellschaft wie des Einzelnen dar.

Der große Bereich der Technik wie der der Institutionen ist als Gegenstand verschiedener Forschungsdisziplinen geläufig. Demgegenüber sind die ideologischen Systeme aber noch kaum als ein nach Struktur und Funktion einheitliches anthropologisches Phänomen behandelt worden - es sei denn die Religionen unter ihnen von den Religionswissenschaften, die nichtreligiösen Systeme von einer Gruppe anderer, mit diesen nicht kommunizierender Disziplinen. Deshalb ist es an der Zeit, diese dritte unter den oben aufgezählten menschlichen Errungenschaften, nämlich eben die ideologischen Systeme, als etwas Ganzes, mit spezifischen Fragestellungen und Methoden zu sehen und zu analysieren. Ansätze dazu sind erfolgt.[4] Es gilt, sie weiterzuentwickeln und zu einer Theorie der ideologischen Systeme zusammenzufassen.

Was im folgenden unter diesen ideologischen Systemen - oder Großideologien - verstanden werden soll, darüber läßt sich am besten Übereinstimmung erzielen, wenn zunächst einige Beispiele dafür genannt werden. Dabei ist Vollständigkeit weder beabsichtigt noch möglich.

Da sind in erster Linie die großen Religionen zu nennen, an ihrer Spitze die Hochreligionen der großen Kulturen, meist mit ausgeprägter, philosophisch unterbauter, schriftlich fixierter Lehre und oft auch mit besonderen, für die Überlieferung und Überwachung der Lehre zuständigen oder dem religiösen Leben streng nach den Normen dieser Lehre hingegebenen Personenkreisen - Priestern bzw. Mönchen. Unter diesen Religionen gibt es solche, die einen persönlichen Gott bekennen wie Judentum, Christentum und Islam, und andere, denen ein solcher Gottbegriff fremd ist, wie der Buddhismus. Die ersteren werden als Offenbarungsreligionen bezeichnet, während andere, die Naturreligionen, das Heilige in den Erscheinungen der Natur erfassen. Man unterscheidet Religionen, die auf bestimmte Gruppen fixiert und beschränkt sind wie Stammes-, Volks- oder Staatsreligionen und solche, die den Anspruch auf ihre Gültigkeit für die gesamte Menschheit erheben - Universalreligionen. Schließlich lassen sich die Religionen auch in monotheistische und polytheistische gliedern, denen pantheistische, Gott und Welt in eines sehende Religionen gegenüberstehen. Den Schriftreligionen der Hochkulturen stehen primitive Religionen gegenüber, die je nach den Gegenständen des Glaubens und Kultus unter den Begriff des Animismus oder des Fetischismus fallen, einem Urmonotheismus oder primitiven Formen des Polytheismus zugerechnet werden. Für die Religionen ist in der Regel eine - und sei es auch primitive - Mythologie charakteristisch, die die Entstehung der vorgefundenen Welt und die Stiftung ihrer Ordnungen und Institutionen erzählt und diese Berichte in Form von Riten dramatisiert, die Wirkung solcher Riten durch Berichte über ihren ersten, stiftenden Erfolg vorwegnimmt oder Normen des Verhaltens begründend überliefert.

Die Grenzen zwischen solchen Religionen, besonders den primitiven unter ihnen, und anderen Glaubenssystemen, deren Religionscharakter strittig ist, sind fließend. Es fällt zumindest schwer, zwischen hochkulturellen Offenbarungsreligionen und einem primitiven Fetischismus ein Merkmal zu finden, das den gemeinsamen Namen Religion rechtfertigen würde, ebenso wie eine Vernunftreligion, die auf den Glauben an Transzendentes verzichtet, nur mit Vorbehalt als Religion bezeichnet werden kann. Sie leitet zu anderen Glaubenslehren oder ideologischen Systemen über, die sich bewußt von den "Religionen" abgrenzen, diese wegen ihrer irrationalen Elemente als widervernünftig und abergläubisch, als Ergebnisse von Herrschaftswillen und Priesterbetrug denunzieren und sich selbst als wissenschaftlich beweisbare und bewiesene Wahrheit erklären, die alle Religionen zu überwinden und abzulösen berufen sei.

Solche nicht- oder antireligiösen Systeme erweisen sich freilich bald ebenfalls als Glaubenslehren mit Heiligen Schriften und einer streng bewachten Dogmatik, mit elitären Personenkreisen, die über ihre rechte Interpretation entscheiden, Ketzer entlarven und bestrafen, als eine Art von Religionen also mit Geschichtsmythos und Eschatologie und mit hohen Anforderungen an die Glaubenskraft und Orthodoxie ihrer Angehörigen. All dies gilt etwa vom Marxismus mit seinen verschiedenen Reformationen und Abweichungen, Kirchenspaltungen und Säkularisierungsprozessen. Die Fähigkeit, seine Anhänger zum Opfer selbst des eigenen Lebens zu begeistern, teilt er mit den Religionen, die ihren Märtyrern ein ewiges Leben im Jenseits verheißen. Bis auf den Glauben an dieses Jenseits hat er fast alle Strukturelemente und Funktionen mit solchen Religionen gemein, und selbst diese Jenseitsverheißung hat ihre Entsprechung im Glauben an eine notwendig kommende, gerechte, kommunistische Gesellschaft des Endzeitalters. Wenn der Marxismus, wie ähnliche politisch relevante Gesellschaftslehren, auch das Heilige, das Numinose, das Mysterium tremendum nicht kennt, das Rudolf Otto als das entscheidende Merkmal des Religiösen postuliert[5] - nicht ohne damit die Religion auf eine Elite der davon Ergriffenen zu beschränken -, so hat er sich doch fähig gezeigt, Millionenmassen mit einer selbstlosen oder fanatischen Gläubigkeit und Hingabebereitschaft zu erfüllen, die manchem als dem Märtyrergeist jener überlegen erscheinen mag, die einen ewigen Lohn im Jenseits erwarten.

Der hohe Grad von Institutionalisierung in Gestalt von kommunistischen Parteien und sozialistischen Staaten hat schon mehrere Beobachter zum Vergleich zwischen dem Marxismus und einer Kirche angeregt.[6] Aber selbst Weltbilder, Gesellschaftslehren, "Bewegungen", die keine solche Institutionalisierung kennen, ja sie für ein Übel halten und dieses Übels wegen die herrschende Religion bekämpfen, können ihren Charakter als ideologische Systeme nicht verleugnen. Ein Beispiel dafür ist die Aufklärung, wie sie die europäische Ideen- und Sozialgeschichte seit dem 17. Jahrhundert mit wechselndem Erfolg beherrscht. Mit den Einsichten der modernen Naturwissenschaften ausgerüstet, ist sie gegen das Christentum in seiner barocken Ausprägung zu Felde gezogen. Seitdem versteht sie sich als das Gegenteil eines ideologischen Systems, als Befreiung von aller Religion und Ideologie, als ein Unternehmen also, das mit einem modernen Ausdruck als Entideologisierung zu bezeichnen wäre. Und doch ist die Aufklärung - so vage dieser Begriff auch sei und so viele Parallelen für sie in Gestalt von Bewegungen mit ähnlicher Funktion über die ganze Weltgeschichte verstreut sind - an vielen Merkmalen als ein ideologisches System der hier in Rede stehenden Art zu erkennen.[7]

Sie hat eine bestimmte Vorstellung vom Menschen, der von Natur aus gut ist, frei, gleich und gleichberechtigt, welcher Nation oder Rasse er auch angehöre. Sie glaubt an den Fortschritt der Menschheit zu immer höherer Zivilisation, Freiheit und Tugend, und die rousseauhafte Sehnsucht nach einer Rückkehr zur unverfälschten Natur wirkt mehr als eine Ergänzung denn als Widerspruch zu diesem Glauben - ähnlich wie andere Religionen und Großideologien einen seligen Urzustand im Paradies oder Urkommunismus als Orientierung für die Rückkehr zum eschatologischen Zustand der Vollkommenheit im Jenseits oder in der kommunistischen Gesellschaft kennen. Auch die Aufklärung enthält hohe ethische Impulse und vermag Vorkämpfer wie Märtyrer zu mobilisieren; sie kennt ein Feindbild und weiß genau, wie die von Aberglauben befreite Gesellschaft organisiert sein und funktionieren soll. Sie hat ihre Propheten, Kritiker und Reformatoren gefunden, wie sie seit Anbeginn ihre Gegenreligionen, etwa in Gestalt der Romantik, kennt. Auch ohne kirchenartige Institution hat die Aufklärung - die gleichwohl in Freimaurerlogen, Illuminatenorden und ähnlichen Gruppierungen Ersatz dafür und bei Regierungen des "aufgeklärten Absolutismus" manchmal recht problematische Unterstützung fand - in vieler Hinsicht selbst den Charakter einer Religion gewonnen, zumindest den eines ideologischen Systems zur Orientierung, Motivierung und Verhaltenssteuerung der Menschen eines großen Kulturkreises und vieler Generationen.

Man möchte zögern, auch den Nationalismus zu den hier gemeinten ideologischen Systemen zu rechnen. Er ist jeweils nur auf eine begrenzte gesellschaftliche Gruppe bezogen und wurde jahrzehntelang als eine besonders leidenschaftliche, gemüthafte, irrationale Bindung an sie definiert. Der Gedanke an ein ausgearbeitetes Weltbild und Lehrsystem lag fern, bis die überall von den gleichen Wert- und Zielvorstellungen getragenen nationalen Risorgimenti und Befreiungskriege das Staatengefüge Europas revolutionierten und die Imperien der Kolonialmächte zerstörten. Dabei war offensichtlich überall der gleiche Zentralwert der nationalen Souveränität maßgebend gewesen, die gleiche Hoffnung, damit werde ein Zeitalter der Gerechtigkeit und Freiheit der jeweils eigenen Nation anbrechen, jahrhundertelange Unterdrückung und Diskriminierung verschwinden. Mag ursprünglich, in einer bürgerlich-liberalen Phase, dieser Nationalismus nur bestimmte Bereiche und Schichten des Seelenlebens seiner Anhänger besetzt, andere - etwa ihre religiösen oder gesellschaftspolitischen Überzeugungen - verhältnismäßig unbehelligt gelassen haben: In den Extremformen des integralen Nationalismus und des eine eigene Anthropologie, Rassenlehre oder gar Religion entwickelnden Faschismus zögerte er nicht, den ganzen Menschen in Beschlag zu nehmen. Mit anderen Worten: Auch der Nationalismus erwies sich als ein ideologisches System mit einem spezifischen Welt- und Geschichtsbild, einer Glaubenslehre und Eschatologie, einem Gefüge an Werten und Normen und mit einem gesellschaftsverändernden Programm.[8)]

Gerade am Nationalismus aber läßt sich zeigen, wie ein solches, bestimmte Bereiche und Schichten des Seelenlebens seiner Anhänger mehr, andere weniger in Anspruch nehmendes ideologisches System mit anderen Systemen dieser Art eigentümliche Verbindungen eingehen kann. Schon daß es einen Nationalsozialismus gab, beweist die Möglichkeit einer Kombination zwischen nationalistischen und sozialistischen Elementen in Weltanschauung und Wertesystem. In vielen Fällen, besonders deutlich in China, aber auch bei den neu entstehenden Nationen der Dritten Welt, hat der Nationalismus im Marxismus eine entscheidende ideologische Grundlegung und Triebkraft gefunden, ebenso wie sich der zur Staatsideologie der Sowjetunion gewordene Marxismus-Leninismus bei der Revolutionierung der Dritten Welt des dort aus Kolonialismus, Akkulturation und Aufklärung aufsteigenden Nationalismus bedienen kann. Wie in früheren Epochen manche Religion, so übernimmt jetzt nicht selten der Marxismus die Funktion einer nationalen Selbstbestätigungs- und Sendungsideologie. Die ideologischen Systeme, von denen hier die Rede ist, lassen sich also nicht wie Organisationen oder Verwaltungsobjekte voneinander abgrenzen. Kondominien, Überschichtungen, Synthesen finden häufig statt. In einer Epoche gesteigerter Kommunikation, hochentwickelten und technisierten Verkehrs über Völker- und Kulturgrenzen hinweg können sie sogar zur Regel werden. Loyalitätskonflikte zwischen Systemen, denen einer aus Tradition oder Überzeugung gleichzeitig angehört, sind für den modernen Menschen charakteristisch. Keines der ideologischen Systeme beherrscht ihn absolut. Selbst in autoritär regierten, auf einer Ideologie begründeten Staaten, die streng über die ideologische Rechtgläubigkeit ihrer Angehörigen wachen, gibt es innere Vorbehalte, äußere Anpassung bei innerer Skepsis, Faszination durch "fremde" Ideologien. Große Kulturkreise und politische Systeme rühmen sich des Pluralismus, den sie ihren Angehörigen auf religiösem oder ideologischem Gebiet gewähren. Allein gerade auch dieser Pluralismus erweist sich, näher besehen, wiederum als ein ideologisches System; ein solches eben, das die Toleranz und das friedliche Nebeneinander verschiedener Weltanschauungen zu einem zentralen Wert seiner Werteskala erhoben hat. Wo dieser Wert in Gefahr gerät, dort ist auch das pluralistische System geneigt, sehr ähnlich zu reagieren wie andere Ideologien und Religionen auch. An den Grenzen der Ideologie hört die Toleranz auf.

Bei allem Pluralismus nämlich sind die Menschen eines Kulturkreises auf einen gemeinsamen Grundbestand an Werten und Normen, selbst an Welt- und Gesellschaftsbildern angewiesen, um überhaupt miteinander leben zu können. Auf einer Ebene darüber mögen sich die Ideologien und Religionen noch so sehr unterscheiden, einander verfolgen und bekriegen: im tiefsten menschlichen Bereich müssen auch zwischen ihnen Verständigung, Vertrag, Modus vivendi möglich sein, und diese setzen einen solchen ideologischen Grundbestand voraus.

Solche Mehrschichtigkeit der ideologischen Systeme löst denn auch das Problem der Kirchenspaltung, der Abweichung und Sektenbildung, dem jede Großideologie oder Religion ausgesetzt ist. Reformationen und Ketzereien mögen zur Ausstoßung oder zum freiwilligen Austritt großer Gruppen aus der ideologischen Gemeinschaft führen: auch hier läßt ein gewisser Grundbestand an Lehren, Riten und Normen die Frage entstehen, ob danach noch ein gemeinsames ideologisches System gegeben sei oder von zwei verschiedenen Systemen dieser Art geredet werden müsse. Erfahrungsgemäß bekämpfen einander die so entstandenen Gruppen mit größerer Erbitterung als vorher die gesamte Glaubensgemeinschaft außenstehender Systeme: Irrgläubige sind schlimmer als Ungläubige; denn sie sind untreu geworden, mit einem moralischen Makel behaftet. Die Konfessionskriege und Ketzerverfolgungen selbst innerhalb der christlichen "Liebesreligion" sind dafür charakteristisch, ebenso aber die Säuberungsaktionen und Kollektivstrafen gegen "Parteischädlinge" innerhalb der Partei oder Revisionisten in kommunistischen Systemen. Die Ausgestoßenen beteuern, gute, ja bessere Christen oder Marxisten zu sein als die Orthodoxen, Papisten oder Stalinisten. Von außen gesehen mögen sie noch lange oder für immer als Angehörige der ursprünglichen Großideologie gelten, als Christen oder Sozialisten. Darum wird es auf die jeweilige Lage ankommen, ob man Katholizismus und Protestantismus - und darin wieder Luthertum und Calvinismus - also ein in mehrere Konfessionen gespaltenes Christentum weiterhin als eine große Glaubensgemeinschaft ansieht oder als eine Mehrzahl von einander bekämpfenden Religionsgemeinschaften bzw. ideologischen Systemen. Das gleiche gilt vom Kommunismus, da er in mehrere einander heftig befehdende ideologische und sogar Herrschaftssysteme zerfallen ist und sich doch gemeinsam zur gleichen marxistisch-leninistischen Lehre bekennt.[9]

Solche Spaltungen in mehrere ideologische Systeme stehen Erscheinungen des Synkretismus gegenüber, Übernahmen bestimmter Lehren oder Riten eines Systems durch ein anderes, Akkulturationen, tiefgreifende Einflüsse eines Systems auf das andere - ähnlich wie aus der Vermischung mehrerer Völker nicht selten neue Nationen entstanden sind. So sind in den antiken Mittelmeerkulturen Kulte orientalischer Gottheiten, Mythologien selbst "barbarischer" Völker vor allem von der römischen Staatsreligion rezipiert worden. Der Buddhismus hat den bunten und vielgestaltigen Götterhimmel des Brahmanentums, aber auch Elemente und Mythologeme anderer Religionen, etwa des Islam, übernommen. Solche Rezeptionen gingen besonders dort gut vonstatten, wo das eine der beteiligten Systeme einen bestimmten Sektor der religiösen Bedürfnisse nicht oder nur schwach mit eigenen Lehren oder Gestalten besetzt hatte, die brahmanischen Götter also den Olymp des im Grunde atheistischen Buddhismus unbesetzt fanden. Ähnlich bot der die religiöse Sphäre zunächst freilassende Nationalismus religiösen Vorstellungen und sozialistischen Utopien die Möglichkeit, sich in einem zu fortschreitendem Ausbau tendierenden System anzusiedeln. Eine eigentümliche Art von Kooperation zwischen mehreren ideologischen Systemen tritt dort ein, wo jedes von ihnen im Seelen- und Gesellschaftsleben eines Territoriums eine spezifische Funktion übernimmt. So haben im alten China Urreligion, Konfuzianismus, Buddhismus und Taoismus miteinander nicht nur koexistiert, sondern einander durch Übernahme jeweils charakteristischer Rollen sinnvoll ergänzt. Noch vom heutigen Japan ist ein solches Zusammenwirken von Schintoismus und Buddhismus im Glauben und Verhalten des Einzelnen bekannt.

So bieten die die menschliche Gesellschaft orientierenden, motivierenden und steuernden ideologischen Systeme - wiewohl ursprünglich auf ein Monopol ihrer Herrschaft in der sie tragenden Gesellschaft angelegt - ein vielgestaltiges und mehrschichtiges Bild. Man kann sie nach dem Grad der Integration und der Institutionalisierung einteilen, mit dem sie auf jeweils "ihre" Gesellschaft einwirken, nach dem höheren oder geringeren Grad an Totalität, mit der sie den Menschen in Beschlag nehmen, aber auch nach ihrem Anspruch, über Gott und eine jenseitige Welt Verbindliches auszusagen oder auf solche Aussagen zu verzichten, nach religiösen oder innerweltlichen Systemen. Man kann ihren Wirkungsbereich nicht in Staatsgrenzen fassen und mit Pässen beglaubigen. Und doch sind Bereiche und Epochen deutlich abzugrenzen, in denen das eine oder das andere von ihnen dominiert. Sie prägen ihre jeweilige Gesellschaft und Kultur, wie auch sie selbst von den gesellschaftlichen und geographischen Bedingungen geprägt werden, aus denen sie stammen. Sie als Überbau zu bezeichnen, wird weder ihrer Natur noch ihrer anthropologischen

Funktion gerecht.

In dieser Sammlung und ersten Gliederung von Beispielen ideologischer Systeme war von den Großideologien, Weltanschauungen und Religionen die Rede, die die Menschheit in große, mehr oder weniger geschlossene Gesellschaften einteilen, sie zu Staaten oder staatenähnlichen Machtgebilden organisieren und die Kulturen begründen, in denen sich die Gattung Mensch seit Beginn ihrer Geschichte manifestiert. Von ihnen muß eine trotz Namensgleichheit grundverschiedene Art von "Ideologien" abgegrenzt werden, die solchen Rang nicht beanspruchen können, weil sie - obwohl ebenfalls mit Vorstellungen, Werten und Normen argumentierend - nur zur Rechtfertigung und Propagierung begrenzter Interessen und Zwecke entwickelt und verkündet werden. Sie allerdings verschleiern und verfälschen eine durch Ideologiekritik erkennbare Wahrheit, und auf sie bezieht sich vieles, was über die Ideologie als "falsches Bewußtsein", bewußte oder unbewußte Täuschung gesagt worden ist. Es sind jene Ideologien mittlerer oder geringerer Reichweite, die das Image oder die Interessen einer Gruppe, eines Standes, einer Partei oder eines Wirtschaftszweiges begründen und rechtfertigen sollen.

Eine solche Ideologie hat etwa um das Bauerntum einen romantischen Glanz verbreitet, es als Quelle der nationalen Kraft, als Hort der Moral, als Garant der Naturverbundenheit gefeiert, wobei als Neben- oder Hauptzweck seine wirtschaftliche Sicherung oder sein politischer Einfluß herausspringen sollte, wenn es nicht - wie das von einer ganzen Literaturgattung vergangener Jahrzehnte gilt - einfach um eine rousseauhafte Sehnsucht nach Rückkehr zur Natur ging, zu einer ideologisch romantisierten Natur. Dieser Agrarideologie hat sich mit Recht eine Ideologiekritik angenommen - weniger durch kritische Reflexion als durch empirische Analyse der wirklichen sozioökonomischen Lage der Landwirtschaft.[10]

Freilich sind auch solche Ideologien mittlerer Reichweite ein normales anthropologisches Phänomen. Die Entideologisierung des Bauerntums kann es nicht verhindern, daß an seiner Stelle andere Berufsgruppen mit einer ähnlichen Ideologie ausgestattet werden, etwa die "Arbeiterklasse", die es in dem von Marx und Engels um 1850 beobachteten proletarischen Status auch nicht mehr gibt, die aber von der Propaganda der sozialistischen Staaten wie von der neuen Linken des Westens ähnlich romantisch und emotionalisierend verwendet wird wie vordem von der Rechten das Bauerntum. Eine empirisch-statistische Untersuchung des realen Arbeiters in westlichen Ländern mit Eigenheim und Auto würde ähnlich entideologisierend wirken[11] wie die moderne Agrarsoziologie in Hinsicht auf den Bauernstand.

Im übrigen vollzieht sich die Ideen- und Sozialgeschichte in einem ständigen Auf und Ab von Entideologisierung der einen und ideologischer Aufladung der anderen Gruppe je nach deren sozialem Auf- oder Abstieg, Angriffs- oder Verteidigungsstatus. Solche Ideologien dienen dann als Motor oder Bremse gesellschaftlicher Trends - man denke nur an das Bauernrokoko zur Zeit der Bauernbefreiung oder an die Verklärung römischer Bürgertugend zur Zeit der Französischen Revolution. Sie können reaktionär aber auch fortschrittlich sein. Sie gehören in eine andere, begrenztere Kategorie der gesellschaftlichen Kräfte als die ideologischen Systeme, von denen hier die Rede ist.

Wenn solche Systeme gegen ad-hoc-Ideologien geringerer Reichweite und durchschaubarer Zwecksetzung abzugrenzen sind, so scheint doch eine Abgrenzung oder Definition auch in anderer Richtung nötig: in Bezug auf die Religionen, die hier zunächst - was ihre anthropologische Funktion als Orientierungs-, Antriebs- und Leitsystem anbelangt - in die Kategorie der ideologischen Systeme jener umfassenderen Art eingeordnet worden sind.

Ihre Gläubigen werden sich gegen diese Kategorisierung wehren, nicht nur soweit sie - simplifizierend - Ideologie mit falschem Bewußtsein verwechseln, sondern weil sie sich des "ganz anderen" der Religion bewußt sind, die - nach Friedrich Heiler - "nicht Philosophie, nicht Weltanschauung, nicht Theologie (ist), sondern Umgang mit dem Heiligen."[12] In der Tat sind die Religionen unter allen ähnlichen Systemen dadurch ausgezeichnet, daß sie in ihr Weltbild eine ganze, Natur und Menschheit transzendierende Welt einbeziehen, ihre höchsten Werte in diesem Jenseits lokalisieren, aus dem sie auch ihre Normen ableiten.

Dabei ist der Schatz an Konstruktionselementen, den alle Religionen mehr oder minder vollständig aufweisen - Gegenstände, Orte, Zahlen, Handlungen aber auch menschliche Produkte wie Worte und Schriften, der Mensch selbst in heiligen und erlösenden Funktionen, Gottesidee, Schöpfung, Offenbarung und Erlösung - so reich und, vor allem, so weithin gemeinsam,[13] daß sich der Gedanke an die gemeinsame anthropologische Funktion aller dieser Religionen unwiderstehlich aufdrängt. So sind die Religionen, soweit sie Weltbild sind oder vermitteln, durch den transzendenten Inhalt dieser Weltbilder vor allen übrigen ideologischen Systemen herausgehoben, ihrer anthropologischen Funktion nach aber, nämlich als Orientierungs-, Antriebs- und Leitsysteme, als Verkünderinnen von Werten und Normen, jenen anderen Systemen zuzurechnen. Ihrer Würde tut diese Einordnung keinen Eintrag; man kann sie im Gegenteil darin erblicken, daß sie eine der großen menschlichen Entdeckungen, nämlich eben jene transzendente Welt, für die Menschheit bewahren und wirksam werden lassen. Der Verzicht auf diese Transzendenz, den die nichtreligiösen, auf das Innerweltliche reduzierten Systeme vollziehen, hat freilich auch zu einer grundlegenden Entdeckung geführt, zur Entdeckung der empirischen Welt der Naturwissenschaften. Wie sehr manchem diese zweite Entdeckung jene erste überflüssig zu machen scheint: für die Steuerung menschlichen Verhaltens, für die Konstruktion und Regelung der menschlichen Gesellschaft ist der Mensch offenbar noch immer auf sie beide und auf ihrer beider gegenseitige Ergänzung angewiesen.

Daß hier die begriffliche Zusammengehörigkeit von Religionen und außerreligiösen ideologischen Systemen verteidigt werden muß, beruht zum Teil auf dem Religionsbegriff jener Systeme, die - mit der Aufklärung und ihren Folgebewegungen - aus dem Kampf gegen die unseren Kulturkreis seit Jahrhunderten dominierende Religion entstanden sind. Ihnen mußte das eigene, aus der Naturwissenschaft entwickelte Weltbild als das wissenschaftliche, weil empirisch beweisbare, erscheinen, jene Religion dagegen als ein aus primitiven Epochen überlieferter, nun aber als Rechtfertigungsideologie einer lästig gewordenen Herrschaft erkennbarer Aberglaube. So etwa verkündet auf dem Moskauer Hegelkongreß von 1972 der sowjetische Philosoph Oiserman,[14] die einstige Rolle der Religionen bei der Erklärung der Welt habe nunmehr, vor allem mit dem Marxismus-Leninismus, die Philosophie übernommen, und er spricht damit eine auch im Westen weit verbreitete Überzeugung aus.

Hier herrscht die Vorstellung von einer seit der Aufklärung grundsätzlich veränderten Stellung des Menschen zu sich selbst. An Stelle des einfach gläubigen, von heute aus gesehen naiven Programm- und Ideenbewußtseins kennzeichne den modernen Menschen ein Bewußtseinsbedürfnis der kritischen Selbstreflexion und des sachlich-konstatierenden Selbstbezuges zu sich. Seit dem Zeitalter der Aufklärung trete der mythischen Gewalt der Institutionen die Macht des Subjektes entgegen.[15] Zu solchen und ähnlichen Verlautbarungen äußert sich eine so feste Überzeugung von der selbsterlebten, eine neue, sieghafte, befreiende Epoche der Menschheitsgeschichte eröffnenden Zeitenwende, daß sie selbst schon wieder etwas naiv Gläubiges an sich hat und - vor allem - genau dem in vielen Generationen wiederkehrenden Grundmuster einer dem Menschen offenbar nötigen

Selbstbestätigungs- und Selbstrechtfertigungsideologie entspricht. Denn das Bedürfnis, sich selbst, die eigene Gesellschaft, Generation oder Epoche als Schwellenerlebnis, umwälzend, früheren Gesellschaften überlegen zu interpretieren, ist lange vor der Aufklärung lebendig gewesen. Es ist ein stehendes Motiv nicht nur revolutionärer Bewegungen, sondern gerade auch vieler Religionen.

Nun ist freilich auch die Philosophie in ein ähnliches Zwielicht geraten wie vorher die Religion. Von einem positivistischen Wissenschaftsbegriff aus betrachtet ist auch sie, soweit es ihr um Werte und Normen, um die Deutung der Welt und um daraus abzuleitende Handlungsanweisungen geht, dem gleichen Vorwurf ausgesetzt, den Anforderungen einer strengen Forschungslogik im Sinne Karl Poppers[16] nicht zu genügen. Empiristen von der Art Rudolf Carnaps etwa erwarten auch von ihr eine scharfe Trennung zwischen Erleben und Erkennen und verweisen sie mit den ihr seit je zugewiesenen Aufgaben der Welt- und Sinndeutung aus dem Bereich der Wissenschaft in den der Kunst oder Religion.[17] So wird verständlich, daß Denker wie Michel Foucoult der Wissenschaft wohl, aber nicht der Philosophie eine Zukunft weissagen.[18] Damit aber ist die Philosophie, wie vorher die Religion, in die Kategorie jener Systeme der Sinndeutung und Sinnvermittlung verwiesen, wie sie uns hier in Gestalt der ideologischen Systeme beschäftigen.

In verschiedenen Gestalten sind uns so die geistigen Systeme gegenübergetreten, die dem Menschen Welterklärung, Verhaltenssteuerung und Sinndeutung gewähren:
- als Religion in verschiedenen Stufen der Institutionalisierung oder Verkirchlichung, der Inanspruchnahme des Menschen und in verschiedenen Arten der Gottesvorstellung;
- als Philosophien in verschiedenen Graden der logischen Per-

fektion und des wissenschaftlichen Anspruchs;
- als Weltanschauungen oder Parteidoktrinen, verschieden nach Reichweite, Verbindlichkeit und Inhalt.

Bei all diesen Unterschieden, die das Bedürfnis, sich von der jeweils anderen Erscheinungsform als wahrer, verbindlicher, wissenschaftlicher abzugrenzen, nur noch vergrößert, erweisen sie sich alle doch als in vielen Einzelheiten ihres Verfahrens, ihrer Struktur und vor allem in ihrer anthropologischen Funktion als wesentlich gleich. Es wird immer dringlicher, diese Systeme in ihrem Zusammenhang zu sehen und vergleichend zu studieren. Schon deshalb aber scheint eine gemeinsame Bezeichnung für sie alle, etwa die hier verwendete als ideologische Systeme, unausweichlich zu sein.

II. DIE IDEOLOGIE ALS GEGENSTAND DER FORSCHUNG - WANDEL UND KRISE EINES BEGRIFFS

Verglichen mit den auch für die Tierwelt zuständigen Antriebs- und Leitsystemen, deren sich Biologie, Psychologie und Verhaltensforschung angenommen haben, ist die gemeinsame Natur und Funktion der ideologischen Systeme nur unzureichend erforscht. Das liegt vor allem daran, daß sich der menschliche Geist immer nur bemüht hat, das jeweils eigene System zu entwickeln und zu verteidigen, die jeweils anderen oder gegnerischen zu widerlegen. Dazu kam in unserer Epoche das Streben, solche Systeme allgemein als "ideologisch" - also falsch - zu entlarven. Darüber unterblieb es, sie von einer höheren Ebene aus vergleichend zu analysieren und nach ihrer Entstehung, Struktur und Funktion zu erforschen, um den Mechanismen auf den Grund zu kommen, die den Menschen in der Welt orientieren, sein Handeln motivieren und steuern. Heute aber macht die weltweite Kommunikation und Konfrontation der verschiedenen Kulturen und ideologischen Systeme eine solche vergleichende Ideologienforschung möglich und unausweichlich.

Inzwischen hat die moderne Anthropologie für eine solche Untersuchung der ideologischen Systeme gewisse Voraussetzungen geschaffen[1]. So, wenn sie - etwa mit den Kulturanthropologen Bronislaw Malinowski[2], Ruth Benedict[3] und Margaret Mead[4] - primitive Stämme in Amerika und Polynesien untersucht und ihr von dem unseren grundverschiedenes Denken und Verhalten analysiert hat, also zeigte, daß es in der Menschheit sehr unterschiedliche ideologische Systeme gibt, die aber überall die gleiche Funktion der Umweltorientierung und Verhaltenssteuerung ausüben. Dazu kommt die Biologie und Verhaltensforschung mit Adolf Portmann[5], Konrad Lorenz[6], Irenäus Eibl-Eibesfeldt[7] und anderen, die die Verhaltenssteuerung der Tiere durch angeborene Verhaltensdispositionen oder Instinkte, aber auch die Offenheit und Verunsicherung des Menschen durch die Rückbildung dieser Instinkte nachweisen.

Schließlich hat die philosophische Anthropologie mit Arnold Gehlen[8] den Ursprung und die Rolle der Institutionen untersucht, jener spezifisch menschlichen Schöpfungen wie Recht, Wirtschaft, Familie, Bildungswesen, Staat, die den durch Instinktverlust verunsicherten Menschen entlasten, indem sie ihm viele der ununterbrochen notwendigen Entscheidungen abnehmen.

Aber alle diese Disziplinen haben sich hauptsächlich am Tierverhalten, bestenfalls an primitiven Kulturen orientiert. Hochkulturen auf die gleichen Fragen hin zu untersuchen, daran hindert sie deren Komplexität und Vielfalt. Zwar hält die Geschichtsforschung dafür empirisches Material in unendlicher Fülle bereit; aber der Glaube der Historiker an die Einmaligkeit der Geschichte hat seine Verwertung für das Studium des Humanverhaltens wie der es steuernden ideologischen Systeme bis heute verhindert.

Noch andere Gründe verzögern eine Ideologieforschung solcher Art. Seit das überlieferte biblische Weltbild durch die Entdeckung nichtchristlicher Systeme relativ und einer Überprüfung durch empirische Methoden bedürftig wurde, bemüht sich die Wissenschaft um den Nachweis von Wahrheit oder Falschheit der Inhalte des herrschenden Glaubenssystems, nicht um dessen Entstehung, Struktur und Funktion. So zerfällt ihr die Welt in Wahres und Falsches, Wahrheit und Ideologie. Die Ideologie wird nur als Alternative zur Wahrheit verstanden. Sie bleibt Gegenstand der Erkenntnistheorie oder Wissenssoziologie, die ihre Aufgabe darin sehen, Ideologien zu entlarven, an ihnen bestenfalls die Ursachen des Irrtums zu ermitteln. Wer es unternimmt, Ideologien nicht nur nach ihrem Verhältnis zur Wahrheit, sondern auch nach anderen Gesichtspunkten - eben nach ihrer Entstehung, Struktur und Funktion - zu untersuchen, der gerät in den Verdacht, gesellschaftlichen Nutzen höher zu schätzen als Wahrheit: ein Verrat an Ziel und Ethos der Wissenschaft, der - etwa von Theodor Geiger - pathetisch abgelehnt wird.[9] Hans Freyers Warnung, sich den Weg zum Verständnis der Ideologie als einer gesellschaftlichen Erscheinung nicht durch die verfrühte Frage nach ihrem Wahrheitsgehalt zu verbauen,[10] hat wenig Beachtung gefunden.

Indes ist eine Wandlung des Ideologiebegriffs unverkennbar. Selbst in wissenschaftstheoretischen Auseinandersetzungen der jüngsten Zeit spielt die Ideologie, wenn auch unter anderem Namen, wieder eine positive, zumindest ambivalente Rolle. Versuchen gegenüber, sie auf das "falsche Bewußtsein" einzuengen, hat Alexander Rüstow darauf hingewiesen,[11] solche Ideologien enthielten in ihrer Komplexität falsche und wahre Sätze und seien schon deshalb nicht als schlechthin falsch zu betrachten. Beschränke man den Ideologiebegriff auf die falsche Anschauung, dann sei eben ein Oberbegriff für richtige und falsche Anschauung notwendig. Deshalb ist in unserem Zusammenhang ein Blick über die Entwicklungsgeschichte des Ideologiebegriffs[12] nicht zu vermeiden.

Ideologie war für A. Destutt de Tracy zur Zeit der Französischen Revolution die Lehre von den Ideen, eine wissenschaftliche Disziplin, wie später die Soziologie die Lehre von der Gesellschaft. Beiden Begriffsbildungen liegt der Glaube der Aufklärung zugrunde, man könne die die menschliche Erkenntnis trübenden Faktoren - Bacons "idola" - durch einen richtigen Gebrauch der Vernunft überwinden und insbesondere das politische Handeln auf die Grundlage einer objektiven Wissenschaft stellen. Eben dies leuchtete zunächst auch Napoleon ein, bis er, sobald diese Art Wissenschaft seiner Politik hinderlich wurde, die "Ideologen" zu bekämpfen und als realitätsferne Träumer zu verspotten begann. Diese Abwertung der Ideologie war Karl Marx gerade recht. Was für Napoleon die Ideologen, waren für ihn die Philosophen, die "die Welt nur verschieden interpretiert" haben, während es ihm - wie Napoleon - darauf ankam, "sie zu verändern". Für Engels wurde die Ideologie schließlich zum "falschen Bewußtsein" der feindlichen Bourgeoisieklasse, mit dem diese ihr Klasseninteresse verschleiert und ihre Herrschaft verteidigt. Ihr gegenüber sollte das Proletariat, diese Ideologie entlarvend, seine wahre Klassenlage durchschauen und damit der proletarischen Wahrheit gegen die bourgeoise Ideologie zum Durchbruch verhelfen.

Aber schon Lenin kam mit diesem engen und polemischen Ideologiebegriff nicht mehr aus. In seinem Kampf gegen den Trade-Unionismus, der sich damit begnügte, die ökonomische Lage der Arbeiterschaft zu verbessern, hat er die Notwendigkeit einer revolutionären Theorie verkündet. "In den Klassenkampf des Proletariats", sagte er, "wird der Sozialismus von den Ideologen hineingetragen".[13] Die Berufsrevolutionäre, die er forderte, mußten also Missionare einer Ideologie sein. Seither ist die Ideologie im Sprachgebrauch des Marxismus-Leninismus eine - wenn sie nur dem proletarischen Klasseninteresse entspricht - durchaus positiv zu bewertende Lehre, ja die Wahrheit schlechthin. Selbst die Reformmarxisten oder Revisionisten, die doch die orthodoxe Formel von der "wissenschaftlichen Weltanschauung" nicht nachsprechen, definieren die Ideologie nach ihrer unentbehrlichen gesellschaftlichen Funktion: sie diene einer sozialen Gruppe zur Organisation ihrer Werte, die notwendig seien, damit die Gruppe erfolgreich tätig sein kann.[14]

Auch im Westen hat sich die Definition der Ideologie als Lüge oder falsches Bewußtsein zumindest als unzweckmäßig erwiesen. Hier bedeutet Ideologie zusehends ein System von Ideen und Werten, über dessen Wahrheit oder Falschheit zunächst nichts ausgesagt wird. In amerikanischen Abhandlungen, in französischen und englischen Enzyklopädien kann man die Ideologie so definiert finden. Talcott Parsons[15] z.B. charakterisiert sie als ein System von Überzeugungen einer Gesellschaft, und Seymour M. Lipset[16] hält Ideologien für notwendige Instrumente im internationalen Kampf um freie politische und wirtschaftliche Institutionen. Carl J. Friedrichs[17] beschreibt die Ideologien als Systeme von Ideen und notwendige Impulse für politisches Handeln. Im Gegensatz zu Karl Mannheim hält er die Frage nach ihrem Wahrheitsgehalt für weniger wichtig als die nach dem Vorhaben, dem sie dienen. Der Grand Larousse encyclopédique definiert die Ideologie ähnlich wie die Große Sowjetenzyklopädie, ohne allerdings, wie diese, "richtige" und "falsche" Ideologien zu unterscheiden.[18] Unter dem Namen "Beliefs in Society" behandelt Nigel Harris[19] ein dem hier verwendeten Ideologiebegriff entsprechendes Thema.

Unter deutschen Gelehrten und Gebildeten allerdings, die zu allem Unglück von einer vernichtenden Großideologie in die Katastrophe gerissen worden sind, hält sich die abwertende Definition der Ideologie länger als überall sonst in der Welt. Erwin Hölzle, der für eine objektive Verwendung des Ideologiebegriffs durch Historiker plädiert, hat aus Zitaten vor allem deutscher Wissenschaftler eine ganze Schimpfkanonade zum Ideologiebegriff zusammengestellt.[20] Ihnen gilt Ideologie als bequeme Bezeichnung für Täuschung oder Selbsttäuschung, von der man seine eigene Darstellung wirkungsvoll distanzieren kann.

Nun hat die Soziologie schon seit Vilfredo Pareto[21] die Funktion der Ideologien im Denk- und Erkenntnisprozeß der Gesellschaft sachlich zu beschreiben begonnen. Maßgebend war dabei die Einsicht, daß die Wirklichkeit, an der die Ideologie gemessen werden könnte, nicht bekannt ist, so daß sich die Ideologiekritik auf die Ermittlung der psychologischen oder soziologischen Ursachen der Unwahrheit beschränken müsse. Das hat auch Theodor Geiger,[22] bei all seinem pathetischen Kampf gegen selbst die nützlichste Ideologie, zugegeben. Mit ihm und Max Scheler[23] ist die Ideologie zum Gegenstand vor allem der Erkenntnistheorie und Wissenssoziologie[24] geworden, die - statt einfach Ideologien zu entlarven - die Zusammenhänge zwischen Denken und Gesellschaftsstruktur analysiert. So kommt Karl Mannheim[25] zu seinem resignierenden totalen Ideologieverdacht, demzufolge selbst der Glaube an die Erkennbarkeit der Wahrheit als Selbsttäuschung erscheint. Dabei unterscheidet Mannheim den partikularen, in der zweckhaft bewußten Verfälschung von Sachverhalten gegebenen Ideologiebegriff vom totalen, der die gesamte Bewußtseinsstruktur einer Epoche oder Gesellschaft meint, gerade darum aber kaum vollständig bewußt werden kann.[26] Dem starken erkenntnis- und wissenschaftstheoretischen Interesse der Deutschen bietet sich der Ideologiebegriff als Antithese gegen einen Begriff von Wahrheit[27] an, die sie mit immer perfekteren Methoden der Logik und der empirischen Forschung doch noch zu ermitteln hoffen. Eine bemerkenswerte Einschränkung vollziehen unter ihnen die Neomarxisten, denen die Ideologie als konservative oder konterrevolutionäre Rechtfertigungslehre für bestehende Herrschaftsverhältnisse erscheint, dergegenüber revolutionäre Welt- und Gesellschaftsbilder offenbar die pure Wahrheit darstellen. Eine solche, im Grunde wieder auf Marx zurückführende Unterscheidung nimmt etwa Werner Hofmann[28] vor.

Indes gibt es auch im deutschen Denken Ansätze zu einer sachlich neutralen Definition des Ideologiebegriffs. Hat schon, wie erwähnt, auf dem 12. Deutschen Soziologentag Alexander Rüstow dem bewußt verengenden Wortgebrauch Adornos die Notwendigkeit eines Oberbegriffs für wahres und falsches Bewußtsein entgegengehalten,[29] weil ein solches Gedankensystem Wahres und Falsches enthalte und durch den Nachweis seiner Unrichtigkeiten nicht widerlegt sei, so haben die Erfahrungen einer ideengeschichtlich aufgefaßten Historiographie zu einem Plädoyer für einen - zumindest vorläufig und aus Gründen der Methode - neutralen Ideologiebegriff geführt. Nun beginnt auch die Theologie - vor allem die katholische unter dem Eindruck des Zweiten Vatikanischen Konzils - unvoreingenommen über die Ideologie nachzudenken und sich selbst

- bei aller Abgrenzung der Ideologie von Philosophie und
Theologie - in ihrer den Glauben voraussetzenden Systemimmanenz zu erkennen.[30]

Für diesen Prozeß der Neutralisierung des Ideologiebegriffs
ist der viel zitierte Positivismusstreit in der deutschen
Soziologie sehr aufschlußreich. Er zeigt, daß eine Forschungslogik, die alle ideologischen Elemente ausschalten will, die
Wissenschaft auf einen engen Bereich gesellschaftlich irrelevanter Aussagen beschränkt. Er zeigt aber auch, daß eine
solche Beschränkung selbst aufklärerisch kritische Wissenschaftler veranlaßt, als Verteidiger einer wertenden, aus
der Interpretation von Fakten und Texten Anweisungen für die
Praxis ableitenden Wissenschaft aufzutreten.

Aus einer bestimmten Situation und Weltanschauung, nämlich
aus der Verteidigung sozial fortschrittlicher, später als
neomarxistisch erkennbarer Positionen gegen den sich um 1930
drohend entfaltenden - mit einer späteren Vokabel so genannten - Faschismus hat Max Horkheimer mit Theodor Adorno und
anderen die "Kritische Theorie" der Frankfurter Schule entwickelt.[31] Ihr politisches Engagement, um die Erfahrungen
der Emigration verstärkt, mußte - bei all ihrer kritischen
bis selbstkritischen Reflexion - mit dem strengen Empirismus
in Konflikt geraten, den der sog. Wiener Kreis in der Nachfolge Franz Brentanos und Ernst Machs mit Rudolf Carnap und
besonders Karl Popper[32] vertrat. Die Argumente der beiden
Gruppen wurden auf dem Tübinger Soziologentag von 1961 erstmals ausgetauscht und später in einem Sammelband zusammengefaßt.[33] Gegen Poppers Beschränkung der Wissenschaft auf empirisch verifizierbare - radikaler: nicht falsifizierbare -
Aussagen verteidigten die "Dialektiker" um Adorno und Habermas die Legitimität subjektiver Erfahrung und politischer
Zielsetzung mit den Mitteln der Philosophie, der kritischen
Reflexion und Hermeneutik. Der strenge Empirismus reduziere

die Wissenschaft - so argumentierten sie - zur bloßen Forschungstechnik und beraube sie aller Fähigkeit zu gesellschaftlich relevanter Orientierung und Handlungsanweisung. Damit aber suchten sie der Wissenschaft eine Funktion zu sichern, die dem hier vertretenen Begriff des ideologischen Systems zukommt, nämlich die Gesellschaft wie den Einzelnen in der Welt zu orientieren, Werte zu setzen und Verhalten zu steuern. Ohne eine solche Funktion vollzieht sich - so machte diese Kontroverse klar - eine Trennung wertfreier aber bedeutungsloser Wissenschaft im Bereich der Erkenntnis von willkürlichen, wissenschaftlich unkontrollierten Entscheidungen im Bereich der Praxis.

Daß eine solche Trennung im Letzten unmöglich ist, zeigt nicht nur das Plädoyer der Dialektiker, sondern auch die Erfahrung der "Positivisten" selbst. Auch Karl Popper muß die Zulässigkeit eines subjektiven Standpunktes des Wissenschaftlers zugestehen, demgegenüber er freilich die Objektivität der Wissenschaft gewahrt wissen will. Dessen ungeachtet verrät er sich selbst als Anhänger einer sehr dezidierten Weltanschauung, eines ideologischen Systems in dem hier gemeinten Sinn.[34] Er ist ein echter Aufklärer, erbitterter Feind Platos und Hegels und hält besonders Plato für eine Art Faschisten. Zumindest als Motivation für seine Forschung und als Leitsystem für seine Fragestellungen bedarf er eines Weltbildes, das - nach der hier verwendeten Terminologie - ideologischer Natur ist.

Das Beispiel Karl Poppers zeigt, daß der radikale Empirismus einen breiten Raum lebens- und gesellschaftswichtiger Probleme ohne wissenschaftliche Kontrolle läßt. Weltorientierung und Verhaltensnormen dem Privatbefinden des Wissenschaftlers, seinen Emotionen und seinem Dilettantismus zu überlassen, ist kein Ausweg aus diesem erkenntnistheoretischen Dilemma. Wenn gar Rudolf Carnap das alles der Kunst und der Religion überlassen will,[35] dann ist eben Religion wichtiger als Wissenschaft geworden, Wissenschaft zur bloßen Forschungstechnik reduziert.

Mit den Mitteln einer so verstandenen Wissenschaft ist "eine Beantwortung der den Menschen zentral interessierenden Fragen, bei denen es ihm um sein eigenes Dasein, den Sinn seines Lebens geht"[36] gar nicht möglich. Er beantwortet sie mit Hilfe der Philosophie, die wissenschaftlich orientiert, aber nicht im strengen Sinne wissenschaftlich sein, im besonderen nicht mit naturwissenschaftlichen Methoden arbeiten kann. Das gilt umso mehr, soweit es um den Bereich des Transzendenten geht, den entdeckt - oder erfunden - zu haben die spezifisch menschliche Leistung des Menschen ist.

Man kann natürlich auch die Wissenschaft - das gilt besonders hinsichtlich der Sozialwissenschaften - als eines der Systeme betrachten, die dem Menschen die Welt deuten und Handlungsanweisungen vermitteln, also, in unserer Terminologie, sein Verhalten motivieren und steuern. Einen interessanten Versuch in dieser Richtung hat vor kurzem Thomas Luckmann unternommen, als er vor der Deutschen Gesellschaft für Soziologie die gegenwärtige Krise der Sozialwissenschaften analysierte.[37] Danach habe die Wissenschaft mit der Widerlegung der mythologischen und schließlich der religiösen Weltdeutungen diese - dem Menschen offenbar unentbehrliche - kosmologische Funktion selbst übernommen, ein Versprechen, das sie nicht einzulösen vermochte. Eben an der Unfähigkeit, Weltdeutungen zu vermitteln, ohne in heilswissenschaftliche Praktiken mit gegenaufklärerischer Tendenz zu verfallen, und mit der Abweisung jener kosmologischen Funktion das Feld irrationalen, szientistischen und antiszientistischen Ideologien zu überlassen, äußern sich demnach Versagen und Krise der Sozialwissenschaften.[38]

Im Zusammenhang unserer Frage nach den verschiedenen, von Menschen entwickelten Systemen der Welterklärung, der Deutung auch des Sinnes menschlicher Existenz in Gesellschaft und Geschichte erscheint so nunmehr auch, nach und neben den Mythologien, Religionen und Philosophien, die Wissenschaft als eines jener ideologischen Systeme; nun freilich als dasjenige unter ihnen, das sich um seiner intersubjektiven Geltung und um der Übereinstimmung von Sache und Bewußtsein willen (Thomas von Aquin: Adaequatio rei et intellectus!) über die Voraussetzungen seiner Aussagen Rechenschaft zu geben sucht und dabei notwendigerweise an die Grenzen seiner kosmologischen Funktionsfähigkeiten stößt. Um seinen Ideologiecharakter zu überwinden, müht sich dieses vermeintlich letzte der ideologischen Systeme seit Descartes um die Methode der Wahrheitsfindung, tastet es mit Popper, der um das "problem of cosmology" genau weiß,[39)] die Grenzen der Empirie ab und sucht mit Husserl "die Entfernung der modernen Wissenschaft von elementaren Wirklichkeitsdeutungs- und Sinngebungsfragen" durch einen - so sieht es Luckmann - radikalen Empirismus "rückgängig zu machen".[40)]

Um sich mit diesen ihm wichtigen Fragen rational und intersubjektiv kontrolliert auseinandersetzen zu können, hat der menschliche Geist in Jahrtausenden Verfahren entwickelt, die, wenn auch nicht naturwissenschaftlich, so doch wissenschaftlich legitim, geisteswissenschaftlich, metaphysisch sind, Regeln unterworfen und durch lange Denkschulung und wissenschaftliche Ethik der Willkür enthoben. Sie bewegen sich freilich auf dem Boden eines jener großen ideologischen Systeme, von denen hier die Rede ist. Sie denken in dessen Kategorien und haben darin den notwendigen Maßstab für ihre letzten Werte. Man könnte sie systemimmanent nennen. Eine ganze Gruppe von geistes- und sozialwissenschaftlichen Disziplinen, die Geschichte, die Literatur- und Kunstwissenschaft, die Jurisprudenz etwa, ist anders als in diesem Sinne systemimmanent gar nicht möglich.

Es gibt eine christliche Theologie und eine marxistische Philosophie, aber auch eine Reihe von Einzeldisziplinen auf der Grundlage dieser beiden. Die Aufklärung hat eine bestimmte wissenschaftliche Grundhaltung und Ethik entwickelt, und sie konnte das nur, weil sie selbst - ungeachtet ihrer entideologisierenden Funktion - eines der großen ideologischen Systeme darstellt.[41] Selbst der Positivismus und Neopositivismus geht bei seinem Bestreben nach Ausschaltung aller ideologischen Elemente von einem bestimmten Wertesystem und Wahrheitsbegriff aus, agiert also ebenfalls auf dem Boden eines ideologischen Systems.

Systemimmanente Wissenschaft dieser Art ist keineswegs ein Anachronismus, der etwa in Gestalt der theologischen Fakultäten an den Hochschulen aus Tradition und Pietät aufrechterhalten wird, auch hier zum allmählichen Aussterben verurteilt. Gerade heute, wie im Rückschlag gegen einen fast schon erreichten Zustand vermeintlicher Ideologiefreiheit, bemüht sich eine neue Linke mit allen Mitteln, an den westdeutschen Universitäten gläubige Marxisten durchzusetzen.[42] Es kommt zu Konflikten, wenn etwa ein der wissenschaftlichen Objektivität verpflichteter Professor Diplomarbeiten zu beurteilen ablehnt, die den gerade geltenden marxistisch-leninistischen Parteistandpunkt kritiklos und im Agitprop-Stil verkünden.[43] Die von der ernsten Wissenschaft gegen solche Parteilichkeit vorgebrachten Argumente aber werden von den Marxisten als Äußerungen einer "bürgerlichen", also ebenfalls klassen- und ideologiebestimmten Wissenschaft zurückgewiesen.

Mit ähnlichen Problemen konfrontiert, dafür aber aus Tradition einem wissenschaftlichen Standard verpflichtet, ist die Religionswissenschaft, vor allem jene, die zum Zweck des Verstehens ihres Forschungsgegenstandes das eigene System übergreift, um es mit anderen zu vergleichen: die vergleichende Religionswissenschaft also. Hier müßte - so ist zu vermuten - zwischen wissenschaftlicher Wahrheit und unwissenschaftlicher Ideologie eine Grenze verlaufen, die auch jene "metaphysischen" Bereiche, die die radikalen Empiriker dem ideologischen Denken überlassen, in die Gesetze und Regeln wissenschaftlichen Denkens einbezieht. In der Tat unterscheidet sich die vergleichende Religionswissenschaft mit Joachim Wach[44] bewußt von der apologetischen Theologie eines besonderen religiösen Glaubens. Dieses "apologetische Interesse", dem alles nur Beweismittel für "seine" Lehre ist – und das es in säkularen Lehrsystemen von der Art des Marxismus genauso gibt wie in Religionen – ist das Kriterium für die Unwissenschaftlichkeit einer Denkmethode oder Argumentation.[45] Es wird durch die systemvergleichende Fragestellung, die doch das Übergreifen mindestens eines, des eigenen Systems voraussetzt, überwunden.

Ein solches apologetisches Interesse liegt aber auch dort vor, wo man sich bemüht, ein Denksystem, eine Philosophie, eine Weltanschauung als falsch zu erweisen, als "Ideologie zu entlarven". Auch hier nämlich werden die Fakten nur als Beweismaterial für den Ideologiecharakter einer Theorie wichtig.
In der Praxis läuft das auf die uralte Konfrontation der ideologischen Systeme hinaus: auf die Widerlegung des einen Denk- und Wertsystems durch das andere. Erst der systemübergreifende Vergleich zweier oder mehrerer ideologischer Systeme kann dieses apologetische Interesse an einem von ihnen überwinden; aber auch das nur dann, wenn das System in seiner Struktur und Funktion zum Objekt der Forschung, nicht der Widerlegung oder Apologie geworden ist. Hier liegt der Grund für die methodisch unerläßliche, vorläufige Zurückstellung der sogenannten Wahrheitsfrage.

III. ZUR PHYLOGENESE DER IDEOLOGISCHEN SYSTEME

Zur Phylogenese der ideologischen Systeme gesicherte Aussagen zu machen, ist ähnlich schwierig wie der Versuch einer Entstehungsgeschichte der Sprache. Die viertausend Jahre bruchstückhaft bekannter Sprachenüberlieferung lassen kaum Schlüsse auf die vorhergehenden zehntausende oder hunderttausende von Jahren der Sprachentwicklung zu.[1] Die Entstehungsgeschichte der ideologischen Systeme ist demgegenüber etwas besser daran, weil sie auf urgeschichtliche Fels- und Höhlenmalereien, auf Zeugnisse von Totenkult, Tötungen und Riten zurückgreifen kann. Außerdem läßt das Leben gegenwärtiger Naturvölker - wenn auch mit Vorsicht - gewisse Schlüsse über die Denkmethoden und Weltbilder der frühen Menschen zu. Aber wie die Sprachgeschichte und Sprachenpsychologie bewegen sich auch Ethnologie und Urgeschichte - abgesehen von ihrer problematischen Kommunikation untereinander - immer noch auf unsicherem Boden.

Immerhin haben die letzten hundert Jahre ein so umfangreiches Material zur Ur- und Frühgeschichte des Menschen erbracht,[2] daß wesentliche Einsichten in die Folge jener Entdeckungen und Erfindungen möglich wurden, die den Menschen von seinen tierischen Vorfahren entfernten und allmählich zum Menschen werden ließen. Wie strittig immer noch Ort und Zeit dieser Ereignisse, aber auch ihre Aufeinanderfolge und vor allem ihre Bewertung als noch tierisch oder schon menschlich sei, und welche Vorbehalte auch die neuere Forschung gegen den naiven Evolutionismus vergangener Jahrzehnte anzumelden habe[3]: die Menschwerdung läßt sich danach als in drei Linien vollzogen begreifen. Wir haben sie eingangs angedeutet: Es handelt sich um die noch am ehesten übersehbare Entwicklung der Technik, um die in jüngster Zeit anregend untersuchte Entstehung der Institutionen und schließlich um die weniger erforschte der ideologischen Systeme. Von welchem Punkt jeder dieser Entwicklungslinien an man - bei aller Klarheit

über den grundsätzlichen Unterschied zwischen Tier und Mensch
- die lange Geschlechterfolge der Primaten als schon menschlich charakterisieren will, bleibt dabei dem Gutdünken des Betrachters überlassen. Neben mehr technischen Merkmalen wie der Herstellung von Werkzeugen, der Verwendung des Feuers, dem Gebrauch der Sprache zu absichtsvoller Kommunikation könnte dafür - wäre es nur nachweisbar - das erste Auftreten eines geistigen Systems der Welterklärung und Verhaltenssteuerung das klassische Kriterium darstellen.

Die als Technik bezeichnete Linie der Menschwerdung verläuft von der Benutzung vorgefundener Objekte bis zur Herstellung von Werkzeugen. Anfänge selbst solcher Herstellung sind z.B. bei W. Köhlers Teneriffa-Schimpansen beobachtet worden, wobei freilich eine nicht überschreitbare Grenze den Unterschied zwischen Mensch und Tier deutlich werden läßt. Auf der anderen Seite ist diese Linie bis zur modernen Technik und Kybernetik verlängert zu denken. Zu dieser technischen Seite der Menschwerdung gehört aber auch der Schritt von der tierischen Furcht vor dem Feuer zu seiner Benützung und Beherrschung, von der aus man weitere Stufen bis zur Kenntnis und Verwendung von Elektrizität und Atomkraft ansetzen kann. Auch der Fortschritt von der Jagd zur Ausbeutung wandernder Herden und zu der vermutlich im Kult wurzelnden Haltung und Züchtung von Tieren läßt sich zu dieser Entwicklung der Technik rechnen; ebenso der Fortschritt vom Sammeln zum Pflanzen, vom Anbau von Knollen- und Fruchtbäumen zum Getreide-Anbau. Schließlich wird auch die Entwicklung der Sprache vom Ausdrucksmittel zum Medium der Kommunikation mit Darstellungsfunktion und Symbolgehalt der spezifisch menschlichen Schöpfung der Technik zugerechnet werden müssen, da auch die Sprache ein Instrument ist - wenn auch eines, das die Entwicklung anderer Weltbewältigungssysteme erst ermöglicht und steuert.

Diese anderen, nicht im eigentlichen Sinne technischen Weltbewältigungssysteme sind uns in Gestalt der Institutionen

und der Ideologien entgegengetreten. Verzichten wir hier auf
eine Charakteristik der Institutionen wie Recht, Gesetz,
Herrschaft, Staat und Ehe, die dem Menschen "eine Verhaltens-
sicherheit und gegenseitige Einregelung möglich machen, wie
sie von den verunsicherten Instinktresiduen gerade nicht geleistet wird",[4] so bleibt die Genese jener weiteren menschlichen Schöpfung zu betrachten, der Weltbilder und der ideologischen Systeme zur Orientierung des menschlichen Bewußtseins, zur Motivierung des Handelns und zur Steuerung des
Verhaltens. Sie ist neben der Entwicklung der Technik und
der der Institutionen ein Vorgang besonderer Art, wenn auch
mit diesen beiden eng verflochten, von ihnen bedingt und sie
beide bedingend. Es ist auch die - mit Ausnahme ihres reli-
gionsgeschichtlichen Teils - bisher am wenigsten erforschte
Linie der Menschwerdung.

Auch hier allerdings läßt sich an einzelnen Punkten des We-
ges eine Vorwegnahme durch das Tier unterstellen, wenn etwa
sogar schon Nicht-Primaten um eines angestrebten Jagderfolges willen den eigenen Hunger zugunsten einer Gemeinschafts-
leistung des Rudels hintansetzen. Aber dieses Handeln gegen
den Instinkt ist offenbar selbst zu sehr instinktgesteuert,
als daß man es auf die Einsicht in eine Werteordnung zurückführen könnte. Erst eine solche Einsicht erscheint uns spezifisch menschlich. Hinter ihr steht ein Bild von einer Hierarchie der Werte, der Ansatz zu einem Weltbild. An welchem
Punkt dieser Entwicklungslinie man auch immer den Übergang
vom Tierischen zum Menschlichen ansetzen will: es handelt
sich hier um etwas von der Technik grundsätzlich verschie-
denes, nämlich um die Entstehung jenes von den Instinkten
deutlich unterscheidbaren geistigen Antrieb- und Leitsystems,
das das Handeln auf Grund von lernbaren und formulierbaren
Einsichten steuert, eben jenes ideologischen Systems, von
dem hier die Rede ist.

In seinem anregenden Versuch, die Institutionen und ihre Entstehung zu analysieren,[5] hat Arnold Gehlen einen Mechanismus aufgedeckt, der verschiedenen Entwicklungsschüben der menschlichen Urgeschichte und Geschichte zugrundezuliegen scheint: die Entfaltung ungeahnter Fähigkeiten durch die "Emanzipation des Mittels vom Zweck", durch die "Entlastung" oder "Freisetzung" bestimmter Organe von bestimmten, sie bis dahin voll auslastenden Funktionen zu neuen, dem betreffenden Lebewesen vorher unmöglichen Tätigkeiten. Diese Freisetzung zu neuen Funktionen, die der betreffenden Spezies plötzlich ein neues Feld der Betätigung eröffnet, die Ausbildung neuer oder die Anpassung vorhandener Organe bewirkt, neue Überlebenschancen gewährt und eine Überlegenheit über Konkurrenten sichert, mag auch die jähen Epochenschwellen und Schübe erklären, in denen sich die Geschichte der Menschheit vollzieht und die die Anthropologen und Historiker so sehr in Erstaunen versetzen wie zur Kritik an einem naiven Evolutionismus veranlaßt haben: etwa das plötzliche Erwachen einer hohen geistigen und künstlerischen Kultur im Jungpaläolithikum, Kulturschwelle des vierten vorchristlichen Jahrtausends in den Stromländern des Vorderen Orients, schließlich auch die technische und industrielle Revolution unserer Tage. Dem gleichen Mechanismus der Entlastung sind ja auch die Biologen und die Anthropologen auf der Spur, wenn sie beobachten, welch tiefgreifende Wirkungen der Übergang der Hominiden zum aufrechten Gang und die damit gewonnene Verfügbarkeit der Hände für Technik und Intelligenz gehabt haben müssen.

Eine Entlastung oder Freisetzung dieser Art mag auch die Entstehung der ersten Weltbilder ermöglicht haben. Voraussetzung dafür, Eindrücke und Erlebnisse zu deuten und dazu in den Zusammenhang eines Weltbildes einzuordnen, muß die Entlastung vom Zwang zu unmittelbar und konzentriert zweckgerichtetem Handeln gewesen sein. Eine solche Entlastung ist schon durch die für den Menschen charakteristische Instinktreduktion gegeben. Das Aussetzen des Zwangs zu unmittelbarer und eindeu-

tiger Reaktion auf einen auslösenden Reiz allein gewährt
schon einen Augenblick der Unsicherheit und alarmiert neue
Instanzen, um die notwendige Handlungsentscheidung herbeizuführen. Es befreit auch das Handeln vom Zweck und schafft damit einen Spielraum, in dem erst die Frage nach Ursache oder
Sinn einsickern kann. Auch **hier** also scheint - mit einer jener fruchtbaren Ambivalenzen, die die Schöpfung beherrschen
- ein Mangel zum Anlaß des Fortschritts geworden zu sein.

Von besonderer Bedeutung für das Entstehen solcher Interpre-
tationen einzelner Sachverhalte, größerer Zusammenhänge, ja
der ganzen Welt ist dabei offenbar eine Wendung zurück, eben
jene momentane Abwendung vom Handlungszweck nach rückwärts,
zur Ursache: die Frage nach dem Warum. In dieser Rückwärts-
wendung läge demnach der Anfang jener spezifisch menschlichen
Weltbilder, der Keim aller ideologischen Systeme, die fortan die Orientierung, Motivierung und Steuerung des Menschen
übernehmen, damit die Instinkte ablösend und um ganze Bündel
von Funktionen hinter sich lassend. Wer so zuerst nach dem
Warum fragte - so könnte man überspitzt formulieren -, sei
auch der erste Mensch gewesen.

Nun wäre es noch wichtig zu wissen, welcher Methoden sich
der so erwachte menschliche Geist beim Entwurf seiner Weltbilder, und also bei der Interpretation der ihm solcherart
bewußt gewordenen Welt bediente - und noch bedient. An zeitgenössischen Naturvölkern haben die Ethnologen die für den
Menschen charakteristische Projektion seiner eigenen, menschlichen Denk- und Verhaltensweisen auf Naturobjekte aller Art,
auf Tiere, Pflanzen aber auch Steine nachgewiesen. Das Verfahren, die in der Umwelt beobachteten Lebewesen und Dinge
nach der eigenen inneren Erfahrung zu beurteilen, ist offensichtlich ein erstes Bauelement für das Bild, das sich der
Mensch von der Welt macht. Dafür bringt nicht nur die Ethnologie eine Fülle von Beispielen bei; sie sind uns auch aus

Hochkulturen, und nicht nur aus der kindlichen Denkweise, geläufig.

Der Felsblock, der einen Menschen erschlägt, muß - so schließt der Beobachter nach der Analogie seiner eigenen inneren Erfahrung - die Absicht gehabt haben, diesen Menschen zu töten. Kausalität wird - wie ältere Ethnologen sagten - "prälogisch" als Willensakt interpretiert. Die Krankheit, die einen befällt und Schmerzen im Eingeweide erzeugt, läßt sich durch das eigene Erlebnis beim Verzehr von Tieren erklären: irgend ein Wesen - Geist, Zauberer oder Feind - ist in den Kranken eingedrungen und verzehrt seine Eingeweide. Man kann es vielleicht besänftigen und zum Verzicht auf die Mahlzeit veranlassen, darf aber, nach verbreiteter Vorstellung, ernsthaft nichts gegen die Krankheit tun, weil man jenen Geist nur erzürnen würde. Deshalb wird der Kranke, wie vielfach bezeugt, ohne Pflege seinem Schicksal überlassen.[6]

So scheint die Entstehung der Weltbilder und also der ideologischen Systeme auf einem verblüffend einfachen und durchgehend gültigen Prinzip zu beruhen, auf der Verwendung der inneren Erfahrung zur Interpretation der verschiedensten Erscheinungen und Ereignisse in der Umwelt. Dieses Prinzip ist auch noch in unseren Hochkulturen wirksam, scheint also ein allgemein anthropologisches Konstruktionsprinzip zu sein. Man braucht nicht auf den Volksglauben zurückzugreifen, der Blitz und Donner als Akte göttlichen Zornes erklärt. Die Sprache auch des Gebildeten ist voller Metaphern, die diesem Prinzip entstammen, wenn etwa von freundlichem Wetter oder von einem Verhängnis die Rede ist, vom Geist einer Epoche oder eines Volkes. Wer von Kausalität spricht, hat damit doch nur einen Namen für etwas gesetzt, was sich der Primitive nach der Analogie seines inneren Erlebens viel anschaulicher erklären konnte. Es klingt überheblich und ist widerlegt, wenn wir sein Denken deshalb als prälogisch bezeichnen.[7]
Unser Begriff des Zufalls ist einfach ein Verzicht auf jede

Erklärung, deren die menschliche Natur doch offenbar so sehr bedarf.

Anderes Material für Weltbilder enthalten die Träume, die der Primitive als real betrachtet. Auch die Träume stehen also für eigene Erfahrung, einsichtig und unwiderlegbar. Im Traum findet sich der Mensch an einem fernen Ort: er kann also offenbar - unter Zurücklassung seines Körpers - an diesen Ort gelangen. Im Traum spricht er mit einem, vielleicht schon lange verstorbenen Verwandten: dieser muß also leben, er mag schaden oder nützen können; man wird ihn günstig stimmen, von schädlicher Wiederkunft abhalten müssen, und man wendet dazu Mittel an, die auch einen Lebenden zu Wohlwollen und Wohlverhalten veranlassen würden.

Die Neigung, sich Vorgänge und Kräfte der Umwelt nach der eigenen inneren Erfahrung zu erklären, ist für jenen Anthropomorphismus verantwortlich, der die frühesten Weltbilder des Menschen charakterisiert und bis heute selbst aus dem wissenschaftlichen Denken nur unter großen Schwierigkeiten - wenn überhaupt - verdrängt werden kann. Auch dieses Denken vollzieht sich nämlich im Rahmen eines Welt- und Geschichtsbildes, das Ernst Topitsch als intentional bezeichnet,[8] weil sich der Mensch die Weltgeschichte nur nach der Analogie seines eigenen planenden und auf ein Ziel gerichteten Handelns vorstellen kann, als Vollzug der Intentionen eines menschenähnlichen Wesens oder einer Kraft - Vorsehung, Geschichte, Weltgeist oder wie immer genannt - die ihr Ziele setzt und ihren Ablauf steuert.

Ein ebenso urtümlicher und der menschlichen Natur offenbar entsprechender Zug der primitiven und selbst noch hochkulturellen Weltbilder wie der eben angedeutete Anthropomorphismus ist die Selbstverständlichkeit, mit der sich der Mensch im Mittelpunkt der Welt sieht und alles übrige - die "Umwelt" - kreisförmig um sich herum anordnet. Ethnologen nennen das gelegentlich Ethnozentrismus, riskieren damit aber eine Verwechslung mit dem soziologischen Begriff gleichen Namens, wie ihn Sumner Welles[9] für etwas verwendet, was besser mit Nationalismus bezeichnet wäre und als solcher auch bezeichnet worden ist. Hier geht es freilich nicht um die mit diesem verbundenen Werthaltungen und Emotionen, sondern einfach um die Unmöglichkeit, die Welt anders als vom eigenen Standort aus zu sehen, mit anderen Worten um die natürliche Bindung des Menschen an seinen Ort, von dem aus er überhaupt erst ein Bild von der Welt gewinnen kann. W.E. Mühlmann hat so das geographische Weltbild der Yurok-Indianer im Nordwesten Kaliforniens nachgezeichnet,[10] dessen innersten Kreis das eigene, genau bekannte Siedlungsgebiet am linken Ufer des Klamath-Flusses darstellt, während ringsherum die Stammesgebiete der fremden und meist feindlichen Nachbarstämme angeordnet sind, im weiteren Umkreis dann der Ozean und schließlich, ganz außen, ein Reich, das man als den Himmel bezeichnen kann. Von diesem aus dringen durch ein Loch - das übrigens in den Weltbildern vieler anderer Naturvölker, etwa der Pygmäen, seinen Platz hat[11] - die wichtigen "Himmelsgaben": Güter, Nahrungsmittel, Fähigkeiten und Kräfte in die vom eigenen Stamm besiedelte Mitte herein. Es bedarf kaum des Mühlmannschen Hinweises auf die antike und vorkopernikanische Vorstellung von der Erde als einer vom Ozean umflossenen, kreisförmigen Scheibe, wie sie die Weltkarten bis an die Schwelle der Neuzeit darstellen und der Volksglaube auch der Kulturvöler noch lange danach bewahrt hat. Diesem anthropozentrischen Weltbild entspricht auch die überhöhte Bedeutung, die der Mensch dem eigenen Lebenskreis beimißt, während darin räumlich wie zeitlich entferntere Bereiche und Gegenstände nur allgemein, undeutlich und verschwommen erscheinen.

Auch wir, Träger eines modernen, wissenschaftlichen Weltbildes, müssen einige Reflexion und Abstraktion aufwenden, um uns den Kosmos nicht egozentrisch und anthropozentrisch vorzustellen, den Menschen nicht als Gipfel und Ziel der Schöpfung und die Erde nicht als den einzig bevorzugten, unter allen allein mit intelligenten Wesen bevölkerten Himmelskörper. Durchaus kontrovers ist unter den Gelehrten der verschiedenen Nationen das Welt- und Geschichtsbild, das von den aufstrebenden, jüngeren Völkern der Dritten Welt als europazentrisch kritisiert wird - wie wir gestehen müssen, nicht zu Unrecht.

Das anthropozentrische, ja ethnozentrische Weltbild ist andererseits die Voraussetzung dafür, daß das absolut Gute und Böse, das Numinose oder einfach das in der täglichen Erfahrung nicht vorhandene, vielleicht sogar nicht erträgliche, aber vorstellbare und ersehnte Vollkommene in einer anderen Welt, jenseits und oberhalb der empirischen lokalisiert wird, daß also zu den ältesten Weltbildern ein Himmel gehört. Ihm kann dann eine dritte, eine Gegenwelt entsprechen, ein Ort der bösen Dämonen, eine Hölle, ein Reich der Toten. Diese transzendenten Welten scheinen zunächst gar nicht so transzendent gewesen zu sein, sondern an bestimmten Orten auf der Erde selbst lokalisiert: auf dem Olymp oder - wie bei südamerikanischen Indianerstämmen - flußaufwärts und flußabwärts, im Westen, wie bei manchen Polynesiern, oder im Osten, jenseits des Meeres, wie bei den Guaraní in Brasilien. Es bestätigt die Bindung der menschlichen Phantasie an die eigene Erfahrung, daß sich Landschaft und Lebensverhältnisse dieser jenseitigen Welten sehr menschlich ausnehmen: Die Oberwelt, das Paradies oder die utopische Insel erfüllt die jeweils aktuellen Träume nach Glück und Gerechtigkeit, während die Hölle oder Unterwelt für ihre Bewohner je nach Ort und Epoche verschiedene Qualen bereithält, von Langeweile bis zu Foltern, von Wassermangel bis zu ewigem Feuer.

Im ganzen zeigt sich, daß die weltbildschaffende Phantasie der ideologischen Systeme von den Anfängen der Menschheit bis in unser Industriezeitalter nach dem gleichen Prinzip verfuhr und verfährt: sie überträgt die jeweils eigenen Erfahrungen und Sehnsüchte in eine Welt der Vollkommenheit, ihre Ängste in deren Gegenwelt. Was das Weltbild der prähistorischen Menschen von dem unseren unterscheidet, sind jeweils diese Erfahrungen. Gemeinsam ist beiden die Methode, sie zum Guten oder Bösen steigernd in eine jenseitige Welt zu versetzen und zwischen diesen Welten eine den zwischenmenschlichen Beziehungen ähnliche KOmmunikation herzustellen.

Es wirkt wie eine dialektische Gegenstufe zu diesem Ausgriff schon der frühen Menschheit in eine jenseitige Welt, wenn sich der gleiche Mensch heute bewußt und angestrengt aus ihr zurückzieht, sie als interessengesteuerte Erfindung zur Aufrechterhaltung von Herrschaft, als Ideologie, entlarvt, bestenfalls als Erzeugnis des ewig menschlichen Schutz- und Trostbedürfnisses (Feuerbach), bis zu jenem naiven russischen Kosmonauten, der auf seinem Flug um den Erdball keine Spur vom lieben Gott entdecken konnte. Dieser Rückzug aus der Transzendenz ist zweifellos eine große Leistung der Naturwissenschaft, die damit einen weiten Bereich jener jenseitigen Welt ins Diesseits herübergeholt, in berechenbare und verwendbare Gesetze verwandelt und den Weltraum, nun in einer ganz anderen, "realeren" Weise, zugänglich gemacht hat. Gleichwohl hätte der Mensch eine entscheidende, ihn erst zum Menschen machende Potenz verkannt und aufgegeben, ließe er es mit diesem Rückzug in die Immanenz bewenden.

Denn der Mensch hat sich - und das ist das, was ihn über das Tier hinaushob - mit seinem Denken in Sphären hinausgewagt, in denen er mit den jedem animal zur Verfügung stehenden Mitteln, nämlich den Sinnen, nichts mehr ausrichten konnte. So war er gezwungen, die dort gemachten Erfahrungen und Erlebnisse in der Sprache und mit den Mitteln zu bewältigen, die ihm zur Verfügung standen, nämlich eben mit den sinnlichen, diese Sphäre also mit Gestalten nach seinem Bild und Gleichnis zu bevölkern. Er setzte Symbole, er belebte die neu entdeckte Welt mit Wesen, die ihm selbst oder den in seiner

Umwelt wahrnehmbaren Geschöpfen glichen, er drückte Übersinnliches durch Sinnliches aus, wie ja auch die Sprache keine originären Worte für Geistiges hat, sondern das Übersinnliche durch Metaphern aus dem Bereich des Sinnlichen ausdrückt. Es war, wie wenn ein Lebewesen, das Jahrmillionen auf dem Festland gelebt hatte, aus irgend einem Grunde ins Meer stieg, um weitere Jahrmillionen dort zu leben: da mußte es auch Organe entwickeln, die es zu diesem Leben im Wasser befähigten. Beim Übergang vom Meer aufs Land geschah bekanntlich das gleiche im umgekehrten Sinn. Daß sich der Mensch jene übersinnliche Welt erobert hat, mit "Organen", die er dazu aus sich entwickelte, und daß er diese Sphäre mit Gestalten bevölkerte, die ihm nach seinen bisherigen irdischen, sinnlichen Erfahrungen zur Verfügung standen, daß er diese Sphäre zu seiner zweiten, transzendenten Welt machte, das ist seine große, spezifisch menschliche Leistung am Anfang seiner Geschichte als Mensch.

Er hat diese transzendente Welt - so wenigstens empfand er das - nicht geschaffen, sondern entdeckt und konnte sie deshalb als geoffenbart erleben. Der Grad an Realität, den er ihr beimaß, konnte ihm ebenso hoch, ja höher erscheinen als der, den seine sinnlich erfahrbare Umwelt hatte. Der Glaube daran war für ihn also gar nicht so anstrengend wie für spätere Geschlechter, die, um "sicheren Boden unter die Füße" zu bekommen, auf jene erste, sinnlich greifbare Welt zurückfielen, von der sie ausgegangen waren. Erst in dieser Phase konnte so etwas aufkommen wie der Streit zwischen Nominalismus und Realismus am Ausgang des Mittelalters und die Skepsis, die dann freilich den Impuls zu einer zweiten großen Entdeckungsfahrt enthielt, nämlich zur Entdeckung der empirischen Welt der Naturwissenschaften. Auf ihr fand der Mensch der europäischen Neuzeit ein neues Universum an Kräften und Gesetzen, das ihm nun fast noch großartiger erschien als jene transzendente Welt - ohne daß es sie ihm doch ganz zu ersetzen imstande war.

Die Rückkehr zu sich selbst (Hegel), die Aufhebung dieser "Entfremdung", vollzog sich dann freilich nicht ohne die große Frustration, die Feuerbach die ganze Breite jener ersten Ausfahrt vergessen ließ, so daß er sie auf eine Suche nach Schutz und Trost reduzierte, und die Marx veranlaßte, in der Religion nur das Opium für das Volk, Freud eine "wahnhafte Umbildung der Wirklichkeit" zu sehen.

Das alles deutet schon darauf hin, daß sich die ideologischen Systeme und die sie untermalenden Weltbilder mit den unterschiedlich gegliederten und je nach Epoche anders produzierenden Gesellschaften entwickeln, daß sie also eine der menschlichen parallele Geschichte erleben. Und in der Tat haben Ethnologie und Prähistorie in den letzten Jahrzehnten eine Fülle von Material nicht nur zum frühen Bestehen und zu den Grundstrukturen ideologischer Systeme, sondern auch zu den Zusammenhängen zwischen diesen Systemen und den Lebensbedingungen bzw. Produktionsverhältnissen der verschiedenen Epochen erarbeitet.[12)]

So zeigen die ersten Wildbeuter und auch noch die frühen Jäger- und Sammlerkulturen - nach ihren Äußerungen von den ersten offensichtlich menschlichen Fundstätten bis zu der Höhlenkunst Südwesteuropas wie nach ihren Resten in Gestalt heutiger Naturvölker zu schließen - in ihren Weltbildern gewisse gemeinsame Grundelemente, die zweifellos mit ihrer Lebensweise und Umwelt zusammenhängen. Mehrere von ihnen, in verschiedenen Epochen und an weit auseinanderliegenden Stellen der Erde bezeugt, meistern ihr Leben mit Hilfe von Zauberriten, die die Aufgabe bestimmter, dafür von Ahnengeistern ausgewählter und initiierter Männer oder auch Frauen - Schamanen oder Schamaninnen - darstellen.[13)] Dazu bedienen sich diese Schamanen einer rituell, zum Teil durch Trance bewerkstelligten Kommunikation - Seelenreise an den Wohnort des betreffenden Geistes - mit der für dieses oder jenes Anliegen zuständigen jenseitigen Macht. Über ihre Herkunft, Berufung und ihr besonderes Verhältnis zu bestimmten Tieren - vor allem Vögeln oder Bären - gibt es genaue Überlieferungen und Vorschriften, zu denen die Schamanendarstellungen in den Höhlen von Trois Frères und Lascaux genau passen. Das dort schon bezeugte "Schamanisieren" läßt sich noch bei heutigen Völkerschaften Nordasiens von Lappland bis zur Tschuktschenhalbinsel beobachten und in seiner Modifizierung durch christliche, mohammedanische und lamaistische Einflüsse studieren. Schamanismus gibt es auch bei anderen Völkern, so bei Indianerstämmen des nordwestlichen Amerika. Zauber, Zauberritual und die dafür besessenen Magier sind so seit dem Jungpaläolithikum bei Jägerkulturen von grundlegender Bedeutung. Geburt, Jagd und Nahrungserwerb, Heirat und Tod, Wohnung und Krankenheilung, vor allem aber die lebensnotwendige Jagd, sind mangels Einsicht in die Kausalitäten der Natur erst gar nicht anders zu bewerkstelligen als durch solche Magie. Ihre hauptsächlichen Stilelemente sind Vorahmung und Nachahmung - etwa die Vorwegnahme des erwünschten Jagderfolges durch seinen Vollzug am Höhlenbild des Jagdtieres. Spätere Pflanzer- und Bauernkulturen werden das gleiche Prinzip der vorweggenommenen, der Natur zur Nachahmung vorgeführten Fortpflanzung in Gestalt vorahmender Fruchtbarkeitsriten verwenden - wenn auch mit ihrer besonderen, dem Getreidebau und der Viehzucht entsprechenden Zielsetzung.

Ein von jenen Wildbeuter-, Jäger- und Sammlerkulturen grundsätzlich verschiedener Erwerb von Nahrungsmitteln und Lebensbedürfnissen - hier erst kann man eigentlich von Produktion sprechen - kennzeichnet die Pflanzerkulturen, die noch kein Getreide kennen, sondern - von der aufkommenden Schweinezucht abgesehen - Knollen und Früchte ernten. Dieser Produktionsweise entsprechend tragen ihre Weltvorstellungen - man mag sie Religion oder, vorsichtiger, ideologische Systeme nennen - einen vom Schamanismus der Jäger und Sammler deutlich verschiedenen Charakter. Für sie scheinen - über erstaunliche Entfernungen verstreut - bestimmte Grundmotive eines quasi-religiösen Weltbildes charakteristisch zu sein. Die Ethnologie hat sie an den Mythen und meist auch den diese Mythen dramatisierenden Riten polynesischer Stämme wie der Marind-anim und Kiwai auf Neu-Guinea, der Wemale auf der Insel Ceram, der Uitoto in Südamerika und gewisser Indianerstämme Süd-Kaliforniens ermittelt und analysiert.[14] Alle diese Mythen erklären das Wachsen der lebenswichtigen Nutzpflanzen aus der Tötung eines numinosen Wesens, meist eines Mädchens, aus dessen zerstückeltem und in den Boden gepflanzten Körper die erwünschten Fruchtbäume und Knollenpflanzen wachsen. Diese erste Tötung aber hat erst den Tod in die Welt gebracht, der wiederum erst die Voraussetzung für das Nachwachsen neuer Pflanzen, Tiere und Menschen, also für die Fortpflanzung und für alle dieser Fortpflanzung gewidmeten Handlungen und Institutionen darstellt. Mit Tötung und Fortpflanzung sind auch in späteren und höheren Kulturen Schuldgefühl und heilige Verpflichtung verbunden. Für den engen, kausalen Zusammenhang zwischen Tod und Geburt - die immer etwas von Wiedergeburt hat - findet der Mensch dieser Kulturen eine Parallele im Schicksal des Mondes, dessen Verschwinden und Wiedererscheinen bei Neumond zu allen Zeiten faszinierend gewirkt hat. Daher spielt in der Vorstellungswelt vieler dieser frühen Kulturen der Mond eine fast noch größere Rolle als die Sonne. Die Wissenschaft nennt diese Kulturen lunar und findet das Mondmotiv auch in späteren Hochkulturen wieder, in denen mit dem Mond auch der Stier, vielleicht seiner an den Mond erinnernden Hörner wegen, zum Numinosum geworden ist.

Vor allem um das Mittelmeer herum haben Mond und Stier in den Vorstellungswelten, Religionen und Ritualen der verschiedenen Epochen und Völker eine zentrale Rolle gespielt. Sie wirken heute noch in den spanischen Stierkämpfen wie in verschiedenen, an den Mond geknüpften Vorstellungen des Volksglaubens nach. Eine überraschende Parallele zu dem mythi-

schen Zusammenhang zwischen Tötung und Fruchtbarkeit und der
Rolle des getöteten göttlichen Mädchens dabei offenbart sich
schließlich in dem Mythos von dem Mädchen (der Korê) Persephone (lat. Proserpina) und ihrer Mutter, der Fruchtbarkeitsgöttin Demeter. Ihr Schicksal spielt die zentrale Rolle bei
den Eleusinischen Mysterien, ähnlich wie das der Mulua (=
Korê) Heinuwele bei den Riten der Insel Ceram, wie denn die
dramatis personae des ganzen, in Mysterien und Riten vom Mittelmeer bis in den Pazifischen Ozean und darüber hinaus dramatisierten Mythologems von der getöteten jungfräulichen
Gottheit und ihrer Mutter, der Fruchtbarkeitsgöttin, vom Tode und von der aus dem getöteten Leib aufsteigenden Fruchtbarkeit überall die gleichen sind. Ob solch genaue Übereinstimmung dieser Mythen - bei denen in Südamerika dem überall
sonst üblichen Schwein der schweinähnliche Tapir entspricht
- auf einer Übertragung von einem Kulturkreis über unvorstellbare Entfernungen zum anderen beruht oder auf der allen
Menschen gleichen Psychologie mit unter gleichen Umständen
gleichen Phantasieprodukten, darüber diskutieren die Kulturanthropologen.[15] Aber selbst wenn sich das Lernen über eine Entfernung von Griechenland bis Polynesien nachweisen
ließe, spricht vieles für die von Mühlmann vertretene These
von den in allen diesen Pflanzerkulturen gleichen psychologischen Strukturen und Vorstellungswelten.

Diese frühen - und die ihnen unter den heutigen Naturvölkern
entsprechenden - Kulturen der Wildbeuter, Jäger, Fischer,
Sammler und Pflanzer zeichnen sich durch ein den Menschen der
modernen Hochkulturen kaum mehr nachvollziehbares Verhältnis
zu den Tieren aus. Welche Rolle bestimmte Tiergattungen im
Weltbild jener Kulturen spielten und spielen, wie verwandt
Mensch und Tier ihren Angehörigen vorkamen, davon zeugen vor
allem die über die ganze Welt verbreiteten Mythen von der
Verwandlung von Menschen in Tiere und umgekehrt. Claude Lévi-Strauss hat dafür eine unendliche Fülle von Material erarbeitet und interpretiert.[16] Auch unsere Märchen stecken voller

Motive der gleichen Art. Sie bezeugen für das urtümliche Weltbild des Menschen eine so nahe Verwandtschaft zwischen Mensch und Tier, das Fehlen oft jeden grundsätzlichen Unterschiedes zwischen beiden, daß man fast eine Schwelle in der Geschichte der Ideologien anzunehmen geneigt ist, die eine solche Identifikation zwischen Mensch und Tier von dem späteren sich über alle anderen Geschöpfe erhebenden Selbstbewußtsein des Menschen trennt. Sie müßte mit dem Lernprozeß zusammenhängen, der den Menschen befähigte, das Tier planmäßig und methodisch für seine Zwecke in Dienst zu nehmen, es zu domestizieren und schließlich nach seinen Bedürfnissen zu züchten.

Auch der Übergang zum Getreidebau muß einen tiefgreifenden Wandel der Weltanschauungen und Religionen hervorgerufen haben. Von ihnen wird die Epoche der Jäger und Sammler und auch noch der den wandernden Herden nachziehenden Nomaden als eine - ohne schwere Arbeit an Feldbau und Siedlung - verhältnismäßig unbeschwerte und glückliche Epoche geschildert. Im biblischen Mythos vom Paradies glaubt man sie wiederzuerkennen. Die Aufnahme des Ackerbaus erscheint als Abstieg vom goldenen in ein silbernes Zeitalter. Kains Feldfrüchte sind Gott als Opfergaben nicht wohlgefällig, womit wohl eine hirtenideologisch konservative Kulturkritik angedeutet werden soll.

Die Naturabhängigkeit und Seßhaftigkeit des Bauern läßt in dessen Weltbild die Kräfte und Prozesse der Natur unverhältnismäßig in den Vordergrund treten. Die Fruchtbarkeit und ihre Voraussetzungen in Gestirnen, Jahreszeiten und Wetter werden lebenswichtig und mobilisieren die ersten großartigen Leistungen der Wissenschaft, der Mathematik und der Astronomie. Überall werden Analogien zum eigenen Leben erkannt, zur Fruchtbarkeit des Weibes, zum Sterben und zur Wiedergeburt des Samens, des Mondes, des Menschen. Die dreitägige Unsichtbarkeit des Mondes scheint noch in der dreitägigen Grabesruhe Christi ihre Entsprechung zu haben. Und weil solche Gewalten günstig gestimmt, zur Nachahmung fruchtbringender Akte veranlaßt werden sollen, führt man ihnen solche in Gestalt von Fruchtbarkeitsriten vor - nicht anders als schon die Jäger des Meustérien die Tötung des Wildes in ihren Höhlenmalereien vorweggenommen haben. Hier liegt doch offensichtlich die Vorstellung von einer der Motivierung menschlichen Willens analogen Einwirkung auf Naturkräfte zugrunde, jene von einer frühen Archäologie "prälogisch" genannte Entsprechung der Kausalität.

Für den seßhaften Bauern aber wird auch der Tote zum Problem. Anders als der Nomade muß er ihn beseitigen und seinen - schon durch die Verwesung - schädlichen Einfluß verhindern. Das ist ein entscheidendes Argument für die - vorher auch schon anders motivierten - Bestattungsriten und für den Totenkult, der im Glauben an ein Fortleben nach dem Tode seinen Grund haben muß. Schon vom Neandertaler ist ein - allerdings vereinzelter - Fall ritueller Bestattung nachgewiesen. In der Jungsteinzeit herrschen komplizierte Bestattungsformen mit Grabbeigaben zur Ernährung und standesgemäßen Lebenshaltung des Toten, Zeugnisse für den Glauben an sein Fortleben, aber auch für die Vorstellung von einer hierarchischen, der selbsterlebten analogen Gesellschaft im Jenseits. Auf dem Umweg über solche Gesellschaftsbilder aus dem Totenreich können wir heute die Wirklichkeit etwa der altägyptischen Gesellschaft erschließen.

Neben den Resten von Siedlungen und Mahlzeiten gibt es solche von Opferstätten und Opferhandlungen, die den Glauben an jenseitige Mächte und das Bedürfnis verraten, sie günstig zu stimmen: auch hier offenbart sich die Übertragung zwischenmenschlicher Beziehungen und Reaktionsweisen auf das Verhältnis des Menschen zu anthropomorph gedachten jenseitigen Wesen oder Prinzipien.

Es liegt nahe, diesen Zusammenhängen zwischen Lebens- bzw. Produktionsverhältnissen und Weltanschauung bis in unsere Gegenwart nachzugehen. Von ihr aus betrachtet zeigen sich die vergangenen fünftausend Jahre als eine im Grunde bäuerliche Epoche. Ihre Weltbilder und Religionen sind bei allen Unterschieden untereinander von den gleichen Grundmotiven erfüllt, die schon in den Mythen, Opfern und Riten im dritten Jahrtausend vor Christus auftreten und noch im heutigen Volksglauben wie in Lehre und Ritual der Hochreligionen lebendig sind. Seit etwa zweihundert Jahren aber hat sich die Welt grundlegend geändert. An die Stelle der bäuerlichen Kultur ist die moderne Industriegesellschaft getreten, die auf den naturwissenschaftlichen Erkenntnissen schon der vorhergehenden Jahrhunderte beruht und in einer atemberaubenden technischen Entwicklung ihrem Höhepunkt und Verfall entgegenzustürmen scheint. Am Christentum, der von den fortgeschrittensten Nationen getragenen - und an ihrem Fortschritt gewiß auch ursächlich beteiligten - Religion ist zu merken, wie schwer es ihm, dem als Hirten- und Bauernreligion im Vorderen Orient konzipierten, gelingt, sich an das naturwissenschaftlich technische Weltbild der Industriegesellschaft anzupassen. Neue "Religionen" sind mit ihm in Wettbewerb getreten: Aufklärung, Liberalismus, Marxismus, von denen der letztere aus den Nöten der ersten Phase der Industrialisierung entscheidende Impulse geschöpft hat: die Arbeit als Lebensgrundlage, das Feindbild des Klassenkampfes und die Zielvorstellung eines freien, von der Entfremdung erlösten Menschen. Das bürgerlich-revolutionäre Mythologem von Freiheit, Gleichheit und Brüderlichkeit hatte dazu die Grundlage gelegt. Deutlicher noch als in der Auseinandersetzung mit dem Christentum ist die Affinität zwischen revolutionären Gesellschaftslehren sozialistischen Charakters und der modernen Industriegesellschaft, vor allem ihrer Anfangsphase, an der Konfrontation zwischen Kommunismus und Islam zu beobachten, wie sie sich etwa in Zentralasien abspielt. Dort wirkt der Islam, der durch Jahrhunderte hindurch eine großartige Kultur getragen hat, mit seiner, für zum Teil noch nomadische Viehzüchter und Kaufleute entworfenen Ethik und Gesellschaftsstruktur als Feind und Hemmnis der Industrialisierung.

Wie das letzte Beispiel zeigt, gilt der Zusammenhang zwischen Lebens- oder Wirtschaftsweise und ideologischem System auch umgekehrt. Bestimmte Religionen oder Weltanschauungen begünstigen die eine, erschweren die andere Wirtschaftsform, damit möglicherweise aber auch Gesellschaftsstruktur und Verhalten. Solchen Wirkungen etwa gilt die berühmte Theorie Max Webers von der Rolle des Kalvinismus bei der Entwicklung des Kapitalismus.[17] In seiner Genealogie der Wirtschaftsstile hat Müller-Armack gezeigt, wie der Katholizismus agrarische, der Protestantismus gewerbliche und frühindustrielle Wirtschaftsformen begünstigte, was einen Vorsprung der katholischen Länder Europas im Barock, der protestantischen im 19. Jahrhundert zur Folge hatte.[18] Die Weltgeschichte ist voll von Beispielen für diese Wechselwirkung zwischen ideologischem System und Gesellschaftsaufbau, Lebensstil, Wirtschaftsform. Sie galt offenbar schon in den frühesten Epochen der menschlichen Geschichte.

Als durchgängiges Konstruktionsprinzip für den Aufbau der ersten Weltbilder war die Übertragung der eigenen inneren Erfahrung auf die Dinge und Vorgänge der Umwelt zu erkennen. Ein zweites Prinzip dieser Art, ihm verwandt und auf dem gleichen Gedanken beruhend, ist etwas, was man die Mythologisierung oder Mythisierung nennen könnte. Die Existenz von Menschen, Tieren oder Dingen der Umwelt, aber auch das regelmäßige Eintreten bestimmter Vorgänge - wie Geburt und Tod, das Verhalten der Gestirne, die Jahreszeiten -, wird dadurch "erklärt", ein Ritus, eine Institution wird dadurch stabilisiert und legitimiert,[19] daß ihre Entstehung, ihr erstes Eintreten erzählt wird. Als Deutung des Undeutbaren genügt seine Entstehungsgeschichte; Genesis steht für Causa.

Daher die Rolle der Theogonien und Kosmogonien in den Weltbildern der primitiven wie noch der Hochkulturen, in ihren ideologischen Systemen und Religionen. Der Bericht von der Stiftung einer Verhaltensregel, eines Ritus oder einer Institution steht für die Erneuerung und Bestätigung dieser Stiftung und macht sie für die Hörenden erst verbindlich.[20]

Die gleiche Tendenz zur Übersetzung vom Dramatischen (Ritus) ins Epische (Mythos) äußert sich dort, wo Erwünschtes durch die Erzählung herbeigeführt werden soll, daß und wie es schon einmal eingetreten ist. Zaubersprüche beginnen mit einem Bericht von der gelungenen Heilung des Übels, das jetzt beseitigt werden soll. Das Wesen, das das Gute bewirken soll, wird dazu durch die Erzählung veranlaßt, wie es das einmal schon bewirkt hat. Der Merseburger Zauberspruch berichtet, wie Wotan den Fuß seines Pferdes heilte: so möge auch jetzt der eben verrenkte Pferdefuß in Ordnung kommen. Aber noch die katholische Liturgie baut ihre Orationen nach dem gleichen Prinzip auf: "Gott, den drei Jünglingen hast Du die Flamme des Feuerofens gelindert; gewähre uns die Gnade, daß uns die Flamme der Leidenschaft nicht versenge!" Im lateinischen Original macht ein Relativsatz den Zusammenhang noch sinnfälliger als die Hauptsatzkonstruktion der modernen Übersetzung.

Diese Überführung von Erfahrenem oder Erhofftem ins Epische macht sich, wie zu sehen, auch noch in unseren Hochkulturen geltend. Sie muß also - wie jenes erste Prinzip des Analogieschlusses von der inneren Erfahrung auf die Umwelt - einer allgemein menschlichen Veranlagung entsprechen. In ihr verrät sich eine spezifisch menschliche Technik der Weltinterpretation.

Damit sind die beiden - man kann es so nennen - Techniken bezeichnet, die der Mythenbildung zugrundeliegen: der Analogieschluß von der inneren Wahrnehmung auf die Umwelt, auf

dem der Anthropomorphismus der menschlichen Vorstellungen
von diesseitiger und jenseitiger Welt beruht, und der Ersatz
von Wesensdeutung durch Entstehungsgeschichte, von Causa
durch Genesis. Dazu kommt eine dritte "Technik": Die Vergegenständlichung von Begriffen, die Konkretisierung des Abstrakten, die Personifizierung von Kräften, deren Wirkung
deutlich zu spüren ist, ohne daß das sie bewirkende Subjekt
greifbar wird. Ein in Natur oder gesellschaftlicher Umwelt
beobachteter Vorgang muß in der Vorstellung des Menschen ein
Subjekt haben, das diesen Vorgang will, verursacht, durchführt.

Es entspricht diesem Konkretismus, wenn die Menschen früher
Kulturen ihre eigene und die ihr analoge transzendente Welt
mit Geistern, Prinzipien oder Kräften bevölkern, die ein bestimmtes Ressort verwalten, so wie Menschen einer arbeitsteiligen Gesellschaft für bestimmte Bereiche, Verfahren oder Objekte zuständig sind. Die frühen Jäger- und Sammlerkulturen
kennen darum Herren und Geister für jede Tiergattung und
Pflanzenart, für Flüsse und Berge, weshalb ihre Weltvorstellung als animistisch bezeichnet wurde. Der Schamanismus beruht, wie erwähnt, auf der Kommunikation mit solchen Geistern.
Aber noch in den Religionen der Hochkulturen, die sonst über
diesen Animismus hinausgewachsen sind, werden Wald und Feld,
Erde, Himmel und Meer von solchen Geistern, Göttern oder Halbgöttern, nun mit sehr menschenähnlichem Aussehen und Verhalten, beseelt und beherrscht, und selbst das Christentum
macht seine Heiligen für bestimmte Ressorts verantwortlich.
Vor aller Einsicht der Wissenschaft in die wahren Ursachen
und Gesetze des Naturgeschehens hatte eine dieser Entgötterung gegenläufige Personifizierung sogar von Eigenschaften
und Fähigkeiten stattgefunden. Die Schönheit, die Wahrheit,
die Liebe waren zu Gestalten verdichtet worden, die dann in
einer selbst schon aufgeklärten Epoche als Allegorien - wie
im Barocktheater - oder als nationale Symbole - wie die Britannia oder Germania - wiederkehrten. Hier ist also überall

die gleiche, Gestalten nach eigenem Bild und Gleichnis schaffende menschliche Neigung und Anlage am Werke.[21]

Diese Ausstattung mit Wesenheiten, die doch in einer Art Jenseits beheimatet und dabei persönlich sind, mit den Menschen in Kontakt treten und sie beeinflussen oder verpflichten, ist offenbar die Ursache dafür, daß solche archaischen Weltbilder und Welterklärungssysteme gewöhnlich als Religion definiert und zum Gegenstand der Religionswissenschaft erhoben werden. Dabei mag die Vorstellung mitwirken, solcher Glaube an Wesenheiten dieser Art, dazu die Heilighaltung gewisser Orte, Bäume, Tiere, Ereignisse sei eine Wirkung göttlicher Offenbarung, wenn auch vielfach mißverstanden und degeneriert. Der in vielen urtümlichen Kulturen festzustellende Glaube an einen Hochgott wird so zum Beweis für einen ursprünglichen – und also wohl geoffenbarten – Monotheismus, wie ihn die Wiener Schule des P. Wilhelm Schmidt in vielen Kulturen entdeckt und interpretiert.[22] Wie immer auch ein solcher Monotheismus in der Tat das Ursprüngliche und erst später durch den mehr Abstraktion erfordernden Animismus, Manismus, Dynamismus ersetzt oder ergänzt worden sei[23]: er läßt sich durchaus als Offenbarung deuten. Aber das gilt auch von jenen anderen, die Welt mit transzendenten Wesenheiten bevölkernden Vorstellungen. Dagegen sind die archaischen Weltbilder von vielen Elementen, Motiven, Bindungen erfüllt, die sich nicht einfach als religiös definieren lassen, die Rechtsordnungen aufrichten, Verwandtschaftsbeziehungen regeln, Tabus verkünden, Identitäten – etwa mit Tieren – herstellen. Sie müssen nicht religiös, oft nicht einmal religiös motiviert sein. Die Grenzen zur Religion sind fließend, und man kann so zu einer Art Pan-Religionismus gelangen, der schließlich die Religion entwertet und die späteren Hochreligionen in ihrer Besonderheit nicht mehr erkennen läßt.[24]

Es fehlt also ein neutraler, Religion und Nicht-Religion zusammenfassender Oberbegriff für alle diese Weltbilder und

Welterklärungssysteme, die durchwegs zugleich Antriebs- und Leitsysteme sind. Unter ihnen erst lassen sich die spezifisch religiösen hervorheben - ebenso wie in jedem dieser Systeme religiöse und nichtreligiöse Elemente vereint sind. Danach wäre der Oberbegriff nicht die Religion, sondern eben die ein Weltbild, Werte- und Normengefüge enthaltenden, verhaltenssteuernden Systeme - hier ideologische Systeme genannt -, unter denen manche den Charakter einer Religion beanspruchen können, andere nicht.

Eine solche Klassifizierung wird auch durch die Empirie der modernen Industriegesellschaft nahegelegt, in der es Leitsysteme religiöser und nichtreligiöser Art nebeneinander gibt, die sich gegenseitig der Unwissenschaftlichkeit oder des Ideologiecharakters beschuldigen und dabei doch die Funktion der Welterklärung und Verhaltenssteuerung gemeinsam haben.

Die hier angedeutete dritte Technik oder Verfahrensweise beim Aufbau von Weltbildern, Weltanschauungen, ideologischen Systemen läßt sich so als Vergegenständlichung, Konkretisierung kennzeichnen. Uns ist die spätere Technik der Abstraktion geläufiger. Ihr aber ist die Vergegenständlichung, die Bevölkerung der Welt mit Wesen, Subjekten, Gestalten vorausgegangen. Sie ist der produktive, gewissermaßen künstlerische Teil der Mythenbildung.

Vom mythischen zum historischen Denken war freilich noch ein Schritt zu vollziehen. Ihn beschreibt Arnold Gehlen als den Fortschritt von der deutenden Überlieferung eines Sachverhalts oder Normenbestandes zur bewußten Setzung zukunftswirksamer Taten und zu ihrer Fixierung in Bild und Schrift. Er nennt diesen Vorgang die Emanzipation des Historischen vom Mythischen.[25)]

Scharf läßt sich diese Grenze freilich nicht ziehen. Auch das moderne historische Bewußtsein enthält mythische Elemente. In gewissen Fällen versetzt es den Inhalt seiner Berichte in die Gegenwart. In anderen stiftet es reale Bindungen und Wesensveränderungen, wie das nur je die Leistung des Mythos war. Die Ereignisse der biblischen Geschichte zum Beispiel wurden nicht nur von den Malern des Mittelalters in ihre Zeit versetzt, als gegenwärtig empfunden und dargestellt. Auch heute noch werden sie als Gegenwart tradiert und vom gläubigen Gemüt als solche empfunden. Religionsunterricht und Geschichtsunterricht in den Schulen haben verschiedene Voraussetzungen und Horizonte. Das Gefühl für Zeitabstand und Dauer, das sich Didaktiker des Geschichtsunterrichts in ihren Schülern zu wecken bemühen, ist für die biblische Geschichte irrelevant. In der Abendmahlsfeier oder Kommunion hat schließlich das Christentum einen für die Riten und für den sie durch Verbalisierung ablösenden Mythos charakteristischen Wiederholungsakt bis heute bewahrt: Ritus und Einsetzungsbericht erinnern nicht nur an die Stiftung des Sakraments, sie vollziehen die Stiftung täglich neu.

Andererseits hat auch die berichtende, ihrer Absicht nach nicht stiftende Historie deutliche Gegenwartsfunktionen angenommen: Das Geschichtsbild integriert die gesellschaftliche Gruppe, deren gemeinsame Vergangenheit und Leistung es darstellt. Das gewann hohe gesellschaftspolitische und nationale Bedeutung im Prozeß der Selbstkonstituierung der modernen bürgerlichen und industriell tätigen Nationen, im sogenannten nationalen Erwachen, nach seinem klassisch gewordenen italienischen Modell das Risorgimento genannt.[26] Völker, die ihre eigene Sprache schon aufgegeben hatten, haben sich so durch ein Geschichtsbild ihrer Eigenart und Gemeinschaft besonnen. Staaten, Parteien, Religionsgemeinschaften und ideologische Bewegungen rechtfertigen sich und werben mit einem ihr Alter, ihre Leistung und Größe, ihre Rechtmäßigkeit beweisenden Geschichtsbild. Manche bekämpfen dabei das

wissenschaftliche Streben nach Wertfreiheit und Objektivität
als fluchwürdigen Objektivismus und fordern von der Geschichtsforschung Parteilichkeit. Selbst die auf ihre wissenschaftliche Objektivität stolze, methodisch perfektionierte Geschichtsschreibung des Historismus hat nicht darauf verzichtet, Helden in den Mittelpunkt ihrer Berichte zu stellen, seien es
nun Staatsmänner, die "die Geschichte machen", oder kollektive Helden - wie zuerst Jules Michelet die französische Nation
zur Heldin der großen Revolution erhob oder marxistische Hi-
storiographen die Arbeiterklasse und die Sowjetunion. So
steckt auch in der modernen, aufgeklärten Geschichtsschreibung ein kultisches Element.

Das wird durch ein argumentum e silentio bestätigt, wenn die
in politisch-ideologisch brisanten Epochen - zum Beispiel in
eben jenem Risorgimento - zu einem lebhaft diskutierten Anliegen breiter Schichten gewordene Geschichte nach Abflauen der
Spannung plötzlich an Interesse verliert, ihre Beliebtheit
als Unterrichtsgegenstand oder Studienfach einbüßt,[27] als eine Art l'art pour l'art diffamiert wird. Man errichtet keine
Denkmäler mehr, weil der Heldenkult lächerlich pathetisch erscheint. Historische Gemälde und Romane sind nicht mehr ge-
fragt, es sei denn, ein rigoroses ideologisches Regime zwingt
Schreiber und Leser zur Flucht ins Historische. Genau dies
ist heute jenseits des Eisernen Vorhangs der Fall. Wo andererseits die Geschichte allzu lange funktionslos weitertradiert
wurde, dort wird sie schließlich, von ihren Hütern unvermerkt,
durch eine aufsteigende ideologische Bewegung wie den Neomarxismus in ihren Dienst genommen. Beispiel: die umstrittenen Rahmenrichtlinien für Sozialwissenschaft in Hessen und in
Nordrhein-Westfalen 1973.[28]

Der Überblick über die Phylogenese der ideologischen Systeme
und ihren Zusammenhang mit den Lebensformen und Produktionsweisen der jeweiligen Gesellschaft mag trotz all dem den Ein-

druck erweckt haben, dieser Zusammenhang gelte vornehmlich für frühere, "vorgeschichtliche" Epochen und Kulturen, allenfalls noch für die Jahrhunderte vor unserer Aufklärung im 18. Jahrhundert. Eine rational denkende, um die Überwindung von Ideologie und Aberglauben bemühte Gesellschaft habe - wenngleich selbst noch nicht zum Ideal absoluter Ideologiefreiheit vorgedrungen - ein anderes, reflektierendes und kontrolliertes Verhältnis zu den großen Ideologien und Religionen. Sie könnte also diese ideologischen Systeme und ihre Wirkungen wie Phänomene der Geschichte oder Folklore studieren. Vor allem die Frühphase der mit solchen Erscheinungen befaßten Forschungsdisziplinen, der Ethnologie und der Kulturanthropologie, verraten manchmal unbewußt eine wohlwollende Herablassung ihrem Studienobjekt gegenüber, dessen "prälogischer", konkretistischer, irrationaler Denkweise sie sich überlegen fühlen. Inzwischen ist von dieser Herablassung einiges geschwunden, was am Stil der einschlägigen Veröffentlichungen deutlich zu merken ist.

Zu solcher Vorsicht mahnt gerade die neueste Geschichte auch - und vor allem - der zivilisierten und industrialisierten Gesellschaften. Sie hat gerade bei ihnen verheerende wie faszinierende Wirkungen ideologischer Systeme, Geschichtsmythen und Erlösungslehren gezeigt, die sie durch Aufklärung und Rationalismus längst überwunden glaubte. Der Nationalismus als Glaube an die Erneuerung und Erlösung der Nation und der Rassismus als die Lehre von der Überlegenheit der eigenen Rasse konnten noch als Rückfälle in die Barbarei einer im Grunde schon vergangenen Zeit erklärt - und mißverstanden - werden. Aber auch der Marxismus erwies sich bei all seiner fortschrittlichen, ja revolutionären Tendenz als eine großartige Erlösungslehre, fähig, Millionenmassen in fanatischen Glauben und Opfermut zu versetzen, Großstaaten zu revolutionieren und Weltmächte aufzubauen - und das alles unter Erscheinungen, die der Phänomenologie und Dramatik der aus der Geschichte bekannten ideologischen Bewegungen und Religionen bis in die Einzelheiten glichen: Heilige Schriften mit Institutionen zur Überwachung der Rechtgläubigkeit, Geschichtsmythos und Eschatologie, Kampfzeit und Machtübernahme mit Ausbau von Herrschaft und Bürokratie, Dogmenstreit und Ketzerverfolgung, Terror, aber auch Säkularisierung. Und noch die Studentenbewegung um das Jahr 1968 offenbarte - bei all ihrer selbstbewußt verkündeten kritischen Rationalität - das fortdauernde Bedürfnis nach einer Glaubenslehre welcher Art immer, nach Vernichtung der alten und Aufbau einer neuen Gesellschaft dieser Lehre entsprechend, aber auch die Anfälligkeit für Mythologie und Ritual ideologischer Bewegungen wie die Hingabe und Opferbereitschaft, die Gläubige aller Religionen auszeichnet.

Solche Beobachtungen verbieten es, die ideologischen Systeme und Religionen als Erscheinungen vergangener Epochen und einer mehr von irrationalen Motiven als von kritischer Reflexion gesteuerten Menschheit zu betrachten und zum Gegenstand von Forschungszweigen zu machen, die auf primitive Kulturen gerichtet sind und ihre Kategorien und Methoden aus deren Beobachtungen schöpfen. Sie erfordern vielmehr eine den Menschen in allen seinen Kulturen und Epochen umfassende Anthropologie, die auch im modernen, kritischen und rationalen Menschen des Industriezeitalters die im Homo sapiens gemeinsamen Kräfte, Motive und Steuerungssysteme erkennt: Instrumentarien, die voneinander durch Jahrhunderttausende menschlicher Geschichte gar nicht so verschieden sind.

Die folgenden Kapitel sollen deshalb versuchen, Aufbau und Funktionsweise der ideologischen Systeme und die für sie charakteristischen Motive und Mechanismen zu analysieren, die unsere Gegenwart ebenso kennzeichnen wie die frühe Geschichte des Menschen.

IV. FUNKTION DER IDEOLOGISCHEN SYSTEME

A. Aufbau und Gliederung gesellschaftlicher Gruppen

Auf welchen Wegen immer der Mensch dazugekommen sei, sich ein Bild von der Welt zu machen, aus diesem Bild die drängenden Fragen nach seiner eigenen und der Natur, Herkunft, Rolle und Bestimmung zu beantworten, ein System von Werten und Normen aufzubauen und sich davon in seinem Verhalten und Sein bestimmen zu lassen: dieses höchst wirkungskräftige Bild, das ideologische System, hat für den Einzelnen als auch für die Gesellschaft eine Reihe von Funktionen übernommen, die für die Lebens- und Arterhaltung des Menschen grundlegend wurden. Es scheint notwendig, zumindest die wichtigsten unter diesen Funktionen zu analysieren, um die Beziehung zwischen ideologischem System und menschlichem Verhalten zu verstehen.

Unter der Vielfalt dieser Funktionen des ideologischen Systems lassen sich mehrere Gruppen unterscheiden. Eine solche Gruppe betrifft den Aufbau, die Organisation oder Gliederung der Gesellschaft. Eine andere trägt dazu bei, dem Menschen ein Bild von der Welt zu vermitteln, ihm die Welt zu deuten und ihn darin zu orientieren; sie vor allem hat vor Augen, wer von "Weltanschauungen" spricht. Zu einer dritten Gruppe lassen sich jene Funktionen des ideologischen Systems zusammenfassen, die dem Menschen eine Rolle in dieser Welt anweisen und ihm den Sinn seines Lebens verraten. Alle diese dem Menschen unentbehrlichen Informationen oder Antriebe vermitteln oder verraten ihm die ideologischen Systeme, von denen hier die Rede ist.

Untersuchen wir zunächst jene Funktionen, die das Entstehen, den Aufbau und die Gliederung gesellschaftlicher Gruppen betreffen.

1. <u>Gruppenbildung</u>

Eine erste Funktion des ideologischen Systems besteht darin, daß es seine Anhänger zu einer Gruppe integriert. Das gilt vor allem für große, die unmittelbare gegenseitige Bekanntschaft und Interaktion ihrer Mitglieder nicht mehr gewährleistenden Gruppen: Nationen, Religionsgemeinschaften, Parteien, Klassen. Ihr Zusammenhalt, ihre Aktionsfähigkeit, ihr Selbstbild ist ohne eine sie einigende und von ihrer Umwelt abgrenzende Ideologie gar nicht zu denken. Aber auch schon an kleinen Gruppen ist das Auftreten ideologischer Elemente mit integrierender Funktion zu beobachten.

Mit solchen Gruppen haben sich Soziologen und Sozialpsychologen eingehend beschäftigt.[1] Ihre Dynamik, ihre Struktur, die in ihnen herrschende Rollenverteilung sind Gegenstände zahlreicher Studien geworden, ebenso ihre Tendenz, sich - wie zwanghaft und zufällig auch ihr Zustandekommen sei - fortschreitend zu stabilisieren, aus sogenannten Sekundärgruppen zu Primärgruppen zu entwickeln, die nicht mehr nur wie jene durch den Zweck ihres Zustandekommens gebunden sind, sondern immer stärker auch durch Gewohnheit, Gemüt, durch vielerlei vom Gruppenzweck unabhängige Bindungen.[2] Es sind vor allem ideologische Elemente, die diesen Prozeß der Integration und Stabilisierung bewirken. Daß eine kleine Gruppe über den Anlaß ihres Zustandekommens, über den Zwang, der sie geschaffen hat, hinaus bestehen bleibt - wie eine Klassenkameradschaft 25 Jahre nach dem Abitur, eine Regimentskameradschaft lange nach Auflösung des Regiments, eine Studentenverbindung nach längst beendetem Studium -, das wäre ohne die Mitwirkung eines wertenden und normensetzenden Gesellschaftsbildes nicht möglich, in dem diese Gruppe von ihrer Umwelt abgehoben, mit einer besonderen Rolle ausgestattet, anderen Gruppen überlegen, ihre Mitglieder verpflichtend erscheint, also ohne die Mitwirkung einer Ideologie, die sie auch über ihre ursprüngliche Zwecksetzung hinaus integriert, ihr ein Eigenleben und einen gewissen Subjektcharakter verleiht.

Für jene großen, persönlich nicht mehr überschaubaren Gruppen - die Großgruppen unterschiedlicher Art und Begründung - ist eine Integrationsideologie unentbehrlich, ja konstitutiv. Nationen, Völker, Religionsgemeinschaften, Parteien - insbesondere große Weltanschauungsparteien oder "Bewegungen" - aber auch Sozialschichten oder Klassen werden durch ein gemeinsames Weltbild und dessen institutionelle wie moralische Konsequenzen zu einer ihrer Einheit und Eigenart bewußten, arbeitsteiligen Gruppe integriert, auch ohne daß sich ihre einzelnen Glieder kennen oder einander gar sympathisch finden. Seit der Romantik rätselt man daran, ob es die Sprache, die Herkunft, die Kultur oder die Staatsangehörigkeit sei, was z.B. eine Nation begründet; aber das sind nur die - austauschbaren - Merkmale, an denen sich die Ideologie orientiert, derzufolge Menschen dieser jeweiligen Art eine nationale Großgruppe bilden.[3] Das Entscheidende ist das ideologische Weltbild, in dem die betreffende Gruppe als besonders hervorgehoben, berühmt, liebenswert und verpflichtend erscheint, sei es nun eine Nation, eine Religionsgemeinschaft, Partei, Klasse oder was immer.[4]

Wie notwendig einer zahlreich gewordenen und über weite Räume verbreiteten Menschheit eine solche Organisation in Großgruppen und also die Entwicklung von Ideologien zu ihrer Integration ist, das geht schon aus der Tatsache hervor, daß eine Gemeinschaft, welcher Art immer, aus einer Gruppenbindung entlassen, die nicht selten lange ersehnte Freiheit von solchen Bindungen schnell wieder aufgibt, sich für neue Bindungen als höchst anfällig erweist. Aufklärung, Aufhebung der Leibeigenschaft, der Zünfte, das Nachlassen kirchlicher Bindungen haben die Gesellschaft West- und Mitteleuropas um 1800 freigesetzt, aber nur für neue Bindungen, in diesem Falle für den Nationalismus, der dann das 19. und noch das 20. Jahrhundert erfüllt und das europäische Staatensystem umgestaltet hat, wie er das heute in der Dritten Welt tut. Nach dem 2. Weltkrieg hat sich - ein weiteres Beispiel - der frustrierte Nationalismus der Deutschen dem Europa-Ideal zugewandt. Daß der Zusammenbruch der nationalsozialistischen Ideologie, entgegen der Hoffnung vieler Polit-Pädagogen, keine Freiheit von Ideologien überhaupt zur Folge hatte, sondern vor allem die Jugend - nach dem kurzen Zwischenspiel der "skeptischen Generation" - in die Arme der ersten besten Ideologie führte, die ihr unterkam, haben wir am Beispiel der neo-marxistischen Re-Ideologisierung miterlebt.[5]

In allen diesen Fällen war die zunächst herrschende Gruppenbindung auf Grund veränderter biologischer, wirtschaftlicher, gesellschaftlicher Gegebenheiten immer stärker als hemmend, bedrückend, unerträglich empfunden worden. Die sie begründende und rechtfertigende Ideologie mußte demzufolge als falsch, als im Interesse nur einer Minderheit erdacht und aufrechterhalten, eben als "Ideologie" erscheinen. Es wurde zum Verdienst, sie zu bekämpfen und zu widerlegen, sie als Ideologie zu entlarven, ihre Fesseln zu sprengen. Häufig gelang das, aber - wie sich bald zeigte - wieder nur mit Hilfe eines neuen, eine andere Gesellschaftsstruktur oder eben die Freiheit von aller Bindung idealisierenden Welt- und Gesellschaftsbildes, einer zur vorausgegangenen antithetischen Ideologie. Die Enttäuschung oft gerade der besten Freiheitskämpfer ist dann die regelmäßige Folge solcher Befreiung aus einer Bindung in die andere.[6] Das läßt die düstere - oder auch tröstliche - Ahnung entstehen, daß überhaupt ein ideologisches System nicht mit Entideologisierung, also durch ein Vakuum an Ideologie, sondern nur durch ein anderes ideologisches System bekämpft werden kann.

Soll deshalb jeder Freiheitskampf als verfehlt, als zum Scheitern verurteilt, als die eine Bindung oder Knechtschaft nur wieder durch eine andere - womöglich schlimmere - ersetzend abgelehnt werden? Immer wieder zieht eine konservative Ideologie solche Folgerungen aus dem fast unvermeidlichen Umschlag von Revolution in Repression. Allein gerade in dieser enttäuschenden Dialektik zwischen Freiheit und Bindung, Überwindung der einen Gruppenintegration durch eine andere, scheint ein den betroffenen Menschen - schon um der nötigen Innovationsenergie willen notwendiger - meist unbewußter, wie von einer Vorsehung geplanter Regelmechanismus am Werk zu sein, der Erstarrung verhindert, Entwicklung und Anpassung - durch Nichtanpassung (!) - ermöglicht.

Wichtig für die integrierende Funktion eines ideologischen Systems sind einige Motive oder Elemente, die sich an den Integrationsideologien der Großgruppen verschiedener Art und Motivierung beobachten lassen. In dem betreffenden Welt- und Gesellschaftsbild muß die zu integrierende Gruppe genügend Ansehen - Prestige - besitzen, um auf ihre Angehörigen die nötige Werbe- und Bindekraft ausüben zu können. Hier liegt die Wurzel jenes von Außenstehenden oder Gegnern gern verurteilten Gruppendünkels nationaler, rassischer, aber auch religiöser oder sozialer Art, der der eigenen Gruppe Vorzüge zuschreibt, Fremdgruppen verachtet, aber auch die - vermeintlichen - Vorzüge der Eigengruppe für den einzelnen Gruppenangehörigen in Anspruch nimmt. Er ist in der Tat - für andere - unerträglich und objektiv unmoralisch. Aber diese in zahlreichen Untersuchungen nachgewiesene Bevorzugung der eigenen Gruppe[7] - der Ingroup - entspricht, anthropologisch gesehen, zugleich auch einem zur Erhaltung und Funktionsfähigkeit großer Gruppen notwendigen Mechanismus, der schon in frühen Perioden der menschlichen Geschichte zur Lebens- und Arterhaltung des Menschen funktioniert haben muß. Er wird sich nie völlig ausschalten, höchstens sublimieren, durch ethische Normen einer diese Gruppen übergreifenden Ideologie in Grenzen halten, bestenfalls zur Integration übergeordneter, "universalistischer" Gruppen verwenden lassen.

Ein weiteres Motiv der Integrationsideologie ist die Rolle, die sie der von ihr zu integrierenden Gruppe zuschreibt, um ihr Selbstbewußtsein und ihre Werbekraft zu heben. Eine solche, von niemand sonst in der Weltgeschichte zu erfüllende, von einer überlegenen Instanz - Gott, Schöpfungsplan, Geschichte - als Sendung aufgetragene Rolle kann einer Gruppe dieser Art die Existenz, die Souveränität, die Herrschaft über andere Gruppen bis zur Weltherrschaft rechtfertigen. Bestimmte, sonst kaum durch gemeinsame ethnische, rassische oder religiöse Merkmale zusammengehaltene Großgruppen werden durch einen solchen Sendungsglauben ihrer selbst bewußt, zu großen Leistungen und Opfern befähigt, in ihrer Politik gesteuert. Zahlreiche staatenlose Völker sind mit Hilfe eines solchen Sendungsglaubens zu souveränen Nationen gereift, Glaubensgemeinschaften durch den Glauben an ihre göttliche Sendung zu Weltkirchen geworden.[8] Die Nation der Vereinigten Staaten von Amerika, aus Einwanderergruppen verschiedener Rasse und ethnischer Herkunft, durch keines der bei der Selbstkonstituierung der modernen Nationen sonst üblichen ethnischen Merkmale geeint, ist das bekannteste Beispiel einer durch nichts als durch einen Sendungsglauben integrierten Colluvies gentium.[9]

Die hier als Element einer Integrationsideologie erscheinende Rolle der zu integrierenden Gruppe muß nicht aktiv, überlegen, triumphal sein. Gerade die Rolle einer gefährdeten, unterdrückten, ungerecht leidenden Gemeinschaft, eine Märtyrerrolle, entwickelt oft ungeahnte Integrationskräfte. Die unter drei Mächte aufgeteilte polnische Nation des 19. Jahrhunderts hat sich an einer solchen Märtyrerrolle aufgerichtet. Die Proletarier aller Länder, die von Imperialisten und Kolonialisten Ausgebeuteten, die verfolgten Kirchen in atheistischen Staaten, die religiösen, nationalen, ideologischen Minderheiten sind als Gruppen nicht selten besser integriert denn die Herrschenden, die Mehrheiten, die Ausbeuter und Unterdrücker. Revolutionäre Gruppen sind in ihrer Kampf- und

Heldenzeit besser zusammenzuhalten als nach der Revolution, wo ihnen der ganze Staatsapparat, Aufstiegsmöglichkeiten und Risikofreiheit zur Verfügung stehen.

Die überlegene Integrationskraft der Unterlegenen läßt sich besonders deutlich an jenen Grenzfällen ablesen, in denen eine Selbstauflösung oder Desintegration der unterlegenen Gruppe in den Entschluß zu ihrer Selbstverteidigung umschlägt, zum Beispiel am plötzlichen Umschlag des jüdischen Assimilationsstrebens zum Zionismus oder am Auftreten der Schwarzen Moslems wie der Black-Power-Bewegung unter den Negern Amerikas nach jahrzehntelangen Versuchen der Angleichung an die Weißen. In beiden Fällen ist der Kampf gegen die Diskriminierung der eigenen Gruppe durch die Mehrheit fast über Nacht zur trotzigen Bejahung dieser Diskriminierung, zur Abgrenzung und Integration der eigenen, oft fast schon untergegangenen Gruppe geworden.[10] Das nationale Erwachen im Europa des 19. und in der Dritten Welt des 20. Jahrhunderts zeigt viele Beispiele dafür.

Auch die Völkerkunde kennt das Streben unterlegener Gruppen nach Assimilierung an eine als überlegen betrachtete Nachbar- oder Herrengruppe: der Kanum-irebe an die Marind-anim in Neu-Guinea, der Syrjänen an die Russen, der Birartschen an die Chinesen.[11] Diese desintegrierende Wirkung eines kollektiven Minderwertigkeitskomplexes[12] wirkt freilich nur bis zu jenem genau bestimmbaren Punkt, an dem die Vergeblichkeit des Assimilationsstrebens, etwa seine Ablehnung durch den Antisemitismus, die Negerverachtung durch die Weißen, bewußt wird, eine Kompensation des Minderwertigkeitsgefühls erfolgt und ein trotziger Wille zur Selbstbehauptung einsetzt. An den Zahlen- und Machtverhältnissen hat sich nichts geändert. Es war eine Verschiebung der Wertakzente im ideologischen Welt- und Gesellschaftsbild, die in solchen Fällen den Umschlag vom Assimilationsstreben einer unterlegenen Gruppe zu ihrer entschlossenen Selbstintegration bewirkte.

Natürlich hat die Integrationsideologie, wie jedes der ideologischen Systeme, zwei Seiten: Die Kraft, die große Gruppen bindet, lebensfähig und kulturschöpferisch macht, ist zugleich die Ursache verheerender Konflikte, Religionskriege, Weltkatastrophen. Zum Nationalismus gesteigert, verhindert die Bindung an das eigene Volk notwendige übernationale Zusammenschlüsse. Auf eine Krise ihres Selbstbewußtseins und Zusammenhalts - etwa infolge eines politischen oder militärischen Zusammenbruchs, Diskriminierung, Minderheitenstatus oder Anzeichen der Desintegration - reagiert eine solche Gruppe mit einer Wertsteigerung, ja Absolutsetzung des in Frage gestellten Wertes: der Nation, Religion, Partei oder ähnlich. Diese Absolutsetzung des Zentralwertes aber ruft einerseits Leistungssteigerung bis zu heroischer Selbstaufgabe hervor, andererseits Fanatismus, Verbrechen, Terror bis zum Völkermord im vermeintlichen Dienst der Nation, Religion, Partei, also der jeweils bedrohten und deshalb absolut gesetzten Gruppe. So nahe sind einander die Wurzeln des Guten und des Bösen; ja, sie sind miteinander identisch!

Das augenfälligste Ergebnis einer solchen Absolutsetzung der Großgruppe ist der integrale Nationalismus,[13] den das Europa der letzten hundert Jahre in Gestalt der Action française, des italienischen Faschismus und des deutschen Nationalsozialismus kennt. Auf die durch eine Niederlage ausgelöste Krise ihres Selbstbewußtseins haben die betroffenen Völker in gleicher Weise reagiert: die Franzosen nach 1871, die Deutschen nach 1918 und die Italiener auf den für sie schmählichen Ausgang des - wenn auch auf Seite der Sieger erlebten - Ersten Weltkrieges. Die Motive der daraus aufsteigenden Integrationsideologie waren in allen drei Fällen überraschend gleich: Ablehnung der eigenen Schuld, Bezichtigung eines fremden, in die Gruppe eingedrungenen, sie vermeintlich zersetzenden und ihren Charakter verderbenden Elements, Rückgriff auf die Vergangenheit, aus deren Reinheit und Ruhm die Erneuerung erfolgen sollte, der Ruf nach dem starken

Mann als Erlöser: all das begründet mit dem absoluten Wert der eigenen Nation oder Rasse.[14] Die Einsicht in die allgemein anthropologische Natur dieser Reaktionsweise hätte viel neuen Haß vermieden, aber auch zahlreiche Parallelen aus der Weltgeschichte zutage gefördert: den jüdischen und den polnischen Messianismus, manche Formen des Chiliasmus und der religiösen Intoleranz, des Radikalismus diskriminierter Sekten und Rassengruppen, schließlich auch die Selbstisolierung des sendungsgläubigen, jede ideologische Koexistenz ablehnenden Kommunismus. In allen Fällen handelt es sich um eine durch äußeren Druck oder innere Krise hervorgerufene, den subjektiven Wert und die Bindekräfte der betreffenden Gruppe ins Absolute steigernde Integrationsideologie.

Eine Generation, die die verheerenden Wirkungen des Nationalismus, also einer Integrationsideologie großer, in Staaten organisierter, militanter Gruppen erlebt hat und angesichts der bis heute immer wieder aufflammenden Nationalismen um den Weltfrieden fürchten muß, mag die gruppenbildende Funktion der großen weltanschaulichen Systeme als höchst gefährlich, als inhuman und unmoralisch empfinden. Sie sucht die Rettung in einem Universalismus, der keine Gruppenbindung kennt, zumindest bereit ist, Menschen nur nach ihrer individuellen Qualität, nicht nach ihrer Zugehörigkeit zu dieser oder jener Gruppe zu beurteilen. Aber dieser Universalismus hat sich, wo immer er in der Geschichte auftrat, als Täuschung erwiesen, als wiederum nur eine Gruppenbindung, wenn auch auf der nächsthöheren Ebene.

Das auf dem Erlebnis des Alexanderreiches und der Pax Romana errichtete stoische Weltbild betrachtete die damals bekannte und organisierte Welt als eine Einheit und wird noch heute als universalistisch gerühmt. Aber es schöpfte seine integrierenden Kräfte immer deutlicher aus dem Bewußtsein der Bedrohung durch eine barbarische, von außen andringende Welt, war also wieder nur der Patriotismus einer begrenzten, in

Gefahr und Untergang um so enger gebundenen Gesellschaft,
die sich als Hüterin einer großen Ordnung und Kultur zu rechtfertigen suchte.[15] Nach den Weltkriegen der Nationalstaaten
unserer Zeit ist das Ideal der One World am Horizont erschienen.[16] Aber es hat sich wieder nur als eine Vereinigung der
bestehenden Staaten verwirklichen lassen, die die Vereinigten Nationen eher als Bestätigung ihrer Souveränität und gegenseitigen Nichteinmischung benützen.

Allein selbst wenn es je gelänge, die Gruppenbindungen nationaler oder auch anderer Art zu überwinden und die Einheit
der menschlichen Gesellschaft zu verwirklichen: die dann erreichte universale Ordnung würde sich - so ist nach aller geschichtlichen Erfahrung zu vermuten - vom ersten Tag ihres
Bestehens an wiederum in Gruppen gliedern. Denn eine solche
Gruppenstruktur der Menschheit folgt notwendig aus der Freiheit des Menschen, aus seiner Möglichkeit, sich die Welt zu
deuten und dazu Gesellschaftsbilder zu entwickeln, Vorstellungen von der richtigen Ordnung der Gesellschaft und von
den Mitteln, sie aufzurichten. Vermutlich werden diese Bilder auf ihre Anhänger wiederum gewisse Integrationskräfte
ausüben, ihnen den Unterschied zu ihrer Umwelt deutlich machen, ihre Hingabe in Anspruch nehmen und diese Hingabe mit
Rechtfertigung, Selbstachtung und Sinnerfüllung des Lebens
belohnen. Schon die Notwendigkeit, in überschaubaren Gebilden zusammenzuarbeiten, wird auch jene einheitlich regierte
Welt in Gruppen und Organisationen gliedern, die sich voneinander abgrenzen, miteinander in Wettbewerb treten, durch ihre innere Bindung aber erst die Fähigkeit zu arbeitsteiligen
Gemeinschaftsleistungen gewinnen. Eine solche Gliederung der
menschlichen Gesellschaft, aufgrund welcher Kriterien und in
welcher Größenordnung immer sie erfolge, scheint also nicht
nur unvermeidlich, sondern der notwendige Preis für die Freiheit, aber auch die unerläßliche Voraussetzung für die Entstehung, die Fülle und den Reichtum von Kulturen zu sein, ein
Konstruktionsprinzip der Menschheit, das nicht als ein zu

überwindendes Durchgangsstadium betrachtet werden kann, sondern als eine anthropologische Gegebenheit hingenommen werden muß. Das Instrumentarium, das der Menschheit bei all dem zur Verfügung steht, ist eben das wie immer motivierte ideologische System mit seiner große Gruppen integrierenden und die einzelnen an sie bindenden Funktion.

2. Abgrenzung gegen die Umwelt - Das Feindbild

Zur gruppenintegrierenden Funktion der ideologischen Systeme gehört komplementär die Abgrenzung gegen die Umwelt. Auch diese Funktion hat, anthropologisch gesehen, eine lebens- und arterhaltende Bedeutung, weil sie die bergende Rolle der Gruppe und ihre Eigenart bewußt macht. Das Bewußtsein vom Unterschied zwischen eigener und fremder Art mag wegen der ungerechten und konflikterzeugenden Vorurteile, die es bedingt, in einer zivilisierten Gesellschaft noch so viele Bedenken hervorrufen und zu Bemühungen herausfordern, es zugunsten einer humanen und vorurteilsfreien Haltung dem Fremden gegenüber zu überwinden: es hat offensichtlich schon in der menschlichen Urgeschichte wie bei gesellig lebenden Tieren eine gewisse Schutzfunktion gehabt, eine lebens- und arterhaltende Aufgabe erfüllt.

Diese Schutzfunktion mußte umso wirksamer werden, je stärker die anders- oder fremdartige Umwelt den Charakter einer feindlichen Gegenwalt erhielt und so Instinkte der Abwehr, Emotionen, Furcht oder Aggression hervorrief. Deshalb enthält jedes ideologische System ein Feindbild.

Carl Schmitts Freund-Feind-Theorie[17] wurde zunächst - wie ihr Autor - als faschistisch verfemt. Das hinderte die Antagonisten des Faschismus aber nicht, sie zu übernehmen, nachdem Ralf Dahrendorf gegen harmonisierende Gesellschaftsmodelle verschiedener Richtungen den Konflikt als wesentliches und

notwendiges Merkmal jeder Gesellschaft erwiesen hatte.[18)]
In Gestalt der Konflikttheorie ist diese Einsicht schließlich zum Angelpunkt einer Renaissance des Klassenkampfs geworden, den die deutsche Linke bis in die Lehrpläne der Primarschulen und Kindergärten hinein durchzusetzen sucht.[19)]
Aber auch alle anderen Ideologien und Religionen haben mit einem Feindbild gearbeitet. Selbst das Christentum, das doch die Feindesliebe predigt, ist ohne ein solches nicht ausgekommen, wenn es Heidenkriege und Ketzerverfolgungen rechtfertigte, ja befahl, und den im Kreuzzug Gefallenen die unmittelbare Aufnahme ins Paradies versprach. Immerhin hat es dadurch, daß es den bösen Feind als Teufel ins Jenseits verwies, eine Unterscheidung zwischen dem zu hassenden bösen Prinzip und dem zu liebenden Feind ideologisch ermöglicht - wenn auch mit sehr problematischem Erfolg. So scheint ein Feindbild für alle ideologischen Systeme konstitutiv zu sein, ein unentbehrliches Konstruktionselement jedes dieser Systeme.

Wie nach aller geschichtlicher Erfahrung Gruppen durch Druck oder Bedrohung von außen integriert und ihrer Einheit bewußt werden, so steigern sich Integrationsbereitschaft und -energie, je konkreter und eindrucksvoller die Vorstellung vom Urheber dieser Bedrohung wird. Vom Feindbild hängt also Integrationsgrad und Effektivität der Gruppe ab. Es wird darum wohl auch von den an der Integration und Aktionsfähigkeit der Gruppe Interessierten manipuliert.

Was in solchen Fällen vor sich geht, ist eine Kanalisierung latenter Aggressionen auf ein bestimmtes Objekt. An sich furchtsame und harmlose Tiere gehen zum Angriff über, wenn sie in die Enge getrieben werden und einen Feind konkret vor sich sehen. Ein klassisches Beispiel für den gleichen Effekt ist die Entfesselung des Antisemitismus unter den Deutschen durch Hitler. Gegen eine wehrlose Minderheit, als die sich die Juden mit Recht empfanden, hätte er nie die barbarischen Energien aufpeitschen können, mit denen selbst biedere Fa-

milienväter bei den Massenmorden an Juden mitwirkten. Erst
das überdimensionale Feindbild vom "Juden", der für alles
verantwortlich sei, für den Bolschewismus, für die deutschfeindliche Verschwörung der Welt, für den Verlust des Ersten
Weltkriegs und für die Zersetzung des deutschen Volkstums
wie der nordischen Rasse, war imstande, die latenten Aggressionen einer sich diskriminiert und bedroht fühlenden Gesellschaft zum Antisemitismus zu verdichten.

Das ist der Extremfall eines in jedem ideologischen System
vorhandenen Mechanismus. Solche Extreme machen die moralische
Ablehnung verständlich, die der Aggression überall entgegenschlägt und sie zum sogenannten Bösen stilisiert hat.[20] Daher auch die moralische Ablehnung des Feindbildes und des
Freund-Feind-Denkens überhaupt. Aber wie inzwischen die Aggression zugleich als lebens- und arterhaltende Kraft bei
Mensch und Tier erwiesen ist, so gilt eine ähnliche Ambivalenz auch für das sie erregende und kanalisierende Feindbild.

Eine vergleichende Analyse aller bekannten Feindbilder und
ihrer Funktion lehrt einiges über die Komplexität und Funktionsweise des Feindbildes. So scheint es zunächst mit dem
im menschlichen Vorstellungsleben überall wirkenden Prinzip
der Antithese in Zusammenhang zu stehen. Auch die Ausbildung
von Eschatologien und Utopien beruht ja bekanntlich nicht
auf einer nach Art der Futurologie durch Extrapolation ermittelten Wahrscheinlichkeit, sondern auf der Antithese zur
gegenwärtig empfundenen Not, Bedrängnis oder Bedrohung.

So richtet sich auch das Feindbild nicht nach der Wirklichkeit, sondern nach dem Gegensatz gegen die Werte, die man
sich selbst zuschreibt oder zuschreiben möchte. Die im 19.
Jahrhundert in Europa erwachenden und sich gegen ihre andersnationale Umwelt abgrenzenden Völker haben sich zur Hebung
ihres Selbstbewußtseins wie zur Rechtfertigung ihrer Souveränitätsansprüche die Eigenschaften zugeschrieben, die in

der Wertetafel der Epoche gerade hohen Kurswert hatten: Freiheit, Gleichheit, Demokratie, alte Kultur, fortgeschrittene Zivilisation.[21] Dies alles bestimmte nicht nur das Bild, das sie sich von ihrer eigenen Geschichte machten und durch wiederentdeckte, gelegentlich gefälschte Quellen und Literaturdenkmäler unterbauten, sondern auch die Vorstellungen vom benachbarten, als Vormund oder Unterdrücker empfundenen Volk, dessen Bild die entgegengesetzten Züge erhielt: es war eben nicht freiheitlich und demokratisch, es neigte zu Gewalt und Militarismus, es hatte eine den Idealen der Gegenwart genau entgegengesetzte, also feudale Gesellschaftsordnung. Belege für all das lassen sich in jeder Nationalgeschichte finden. Solche Feindbilder blieben denn auch Jahrzehnte über ihren tatsächlichen Wahrheitskern hinaus in der Vorstellungswelt der erwachten Völker lebendig. Davon zeugen die alle Versöhnungen und Freundschaftsverträge überdauernden Klischees der Völker voneinander.

Es sind nicht nur Völker, die sich derart gegeneinander abgrenzen. Ideologisch begründete Großgruppen haben kein anderes Mittel dafür als das Feindbild, da ihnen die ethnischen Merkmale wie Sprache, Abstammung oder auch der rassische Typ fehlen. Sie neigen dazu, sich und ihre Gegner mit Hilfe anderer Merkmale zu stilisieren. Das gilt zum Beispiel vom Kommunismusbild des Antikommunismus nach dem Zweiten Weltkrieg. Russentum, Struktur und Verfahrensweisen des Sowjetregimes, bürgerliche Vorstellungen vom Marxismus flossen darin zu einem den bürgerlichen Ordnungs- und Moralbegriffen entgegengesetzten Feindbild zusammen und lassen sich heute noch - wenn auch deutlich eingeschränkt - zur Abgrenzung gegen die Linke verwenden. Umgekehrt baut sich das Bild vom Kapitalismus aus den Stilelementen auf, die ihn in der Frühphase der Industrialisierung charakterisiert haben. Sowjetische Karikaturen des Kapitalisten bevorzugen einen heute längst ausgestorbenen Typ des 19. Jahrhunderts mit Zylinder und Zigarre und flechten jüdische Züge hinein. Der heutige polnische und sowjetische, als Antizionismus deklarierte Antisemitismus kann auf diese Koinzidenz der Stilelemente zurückgreifen.

Das Feindbild hat offenbar auch die einem allgemein menschlichen Bedürfnis entsprechende Funktion der Selbstbestätigung und Entlastung. Ein dem Selbstbild entgegengesetztes Feindbild gibt nämlich Gelegenheit, eigene Vorzüge bewußt zu machen und eigene Schwächen zu kompensieren. Überlegenen oder in der Umwelt als überlegen geltenden Feinden - auch nur zu Feinden stilisierten Nachbarn - gegenüber tritt in Anfängen der Selbstkonstituierung und Selbstabgrenzung eine stereotype Argumentation auf: Mögen die anderen - so heißt es etwa im polnischen 17. und im tschechischen 18. Jahrhundert - überlegene Macht, höhere Zivilisation, größeren Reichtum zur Schau tragen: unser Volk übertrifft sie an Tugend, Naturnähe, Tapferkeit oder welchen Vorzug immer man damals gegen den Westen in Anspruch nehmen konnte.[22] Das gleiche Argument ist einige Jahrzehnte später aus dem Munde der Slawophilen gegen den dekadenten Westen und später im kommunistischen Rußland gegen den untergehenden Kapitalismus zu hören. Aber schon in der Renaissance haben deutsche Humanisten nach dem gleichen Schema ihr Selbstbewußtsein gegen die antike Tradition der Italiener und ihren daraus abgeleiteten Kulturstolz verteidigt.[23] Dieser Kulturstolz, als Arroganz interpretiert, ist schließlich im Erwachen der Völker zum feststehenden Charakteristikum des jeweils westlichen, im gleichen Prozeß um eine Phase fortgeschritteneren Nachbarvolkes geworden, zum stereotypen Merkmal von dessen Feindbild. Solche Arroganz fordert zur Kompensation heraus.

Derart moralische Kompensation wird aber auch mit dem Abwälzen eigener Schuld auf andere angestrebt. Das Feindbild bietet sich als Subjekt solcher Schuld an. Das Motiv des Sündenbocks, den die Juden des Alten Testaments in die Wüste hinaustrieben, mit den Sünden des Volkes beladen, veranschaulicht das hier zugrundeliegende Bedürfnis nach Entsühnung. Die Schuld für alles Übel auf eine fremde Person oder Gruppe zu häufen entspricht diesem Bedürfnis. Damit erklärt sich auch die Monokausalität, die bei solchen Verfahren häufig auftritt. Es sind die Juden, die Freimaurer oder die Jesuiten, die an allem schuld sind, heute die Amerikaner oder - allgemeiner - die Imperialisten. Selbst die Entwicklungshilfe erscheint ihren Empfängern als Instrument des Neo-Kolonialismus, zur Tarnung ausbeuterischer Ziele in Gang gesetzt. Auch in der eigenen Gruppe wird so die Schuld auf eine Untergruppe geschoben: auf "die da oben" oder auf eine Minderheit welcher Art immer. Das erleichtert und entschuldigt, enthebt eigener Verantwortung. Aber es errichtet auch ein Feindbild außerhalb der eigenen Person oder Gruppe, auf das eigene Schuld abgewälzt werden kann und trägt zur Stilisierung des Feindbildes bei.

Die hier beobachtete Neigung ideologischer Systeme zur Monokausalität deutet auf ein weiteres Merkmal des Feindbildes hin: auf seine Tendenz zur vergröbernden Vereinfachung. Das Feindbild ist großflächig und lapidar. Der Feind muß ganz und undifferenziert schlecht, ja böse sein. Findet sich nur ein guter Zug an ihm oder wird ihm bei aller Bosheit auch nur eine notwendige, positive Funktion zugestanden, dann ist er als Feindbild nicht mehr verwendbar. In die Emotionen ihm gegenüber mischt sich Verständnis, vielleicht sogar Mitleid, und eben dies entkleidet das Feindbild seiner Funktion. Darum ist Differenzieren nie Sache eines Religionsstifters oder ideologischen Führers. Ein ideologisches System im Stadium seines Aufstiegs sieht darin schon gefährliche Schwäche, Revisionismus und Ketzerei. Schon das Kennenlernen des feindlichen Glaubens gilt als Vorstufe zum Abfall. Diskussionen mit nichtmarxistischen Systemen, gar Kontakte mit ihren Vertretern, waren für die Revisionisten und Reformmarxisten der sechziger Jahre gefährliche Anklagepunkte[24] und haben in der

Folge tatsächlich zu Parteiausschluß, Emigration, wenn nicht zu schlimmen Repressalien geführt. Djilas, Kolakowski, Sviták, Kosík, Hegedüs, Havemann, Garaudy, Ernst Fischer und viele andere sind Opfer dieses Bedürfnisses einer Großideologie nach einem undifferenzierten, monolithischen Feindbild.[25]

Es gibt Beispiele dafür, daß ideologische Führer wie einfache Gläubige es ablehnen, Differenziertes über den Feind zu erfahren, Positives über ihn auch nur anzuhören. Sie empfinden das als Versuchung, als Schwächung im Glauben und halten sich für verpflichtet, die Ohren dafür zu verschließen, um die eigene Festigkeit und Kampfkraft nicht zu gefährden: Hitlers wütende Ablehnung aller Informationen über die Fortschritte der sowjetischen Wirtschaft und Wehrkraft in den dreißiger Jahren ist als ein Beispiel für dieses Bedürfnis nach Simplifizierung des Feindbildes klassisch geworden.

Die gleichen Tendenz der ideologischen Systeme verhindert es, ein realistisches und eben darum differenziertes Bild vom Feind zu gewinnen. Der Ungläubige war immer zugleich böse, unfähig, in den Himmel zu kommen. Der Imperialist oder Kapitalist konnte edler Regungen, eines sozialen Gefühls für Proletarier, nicht fähig sein. Wo soziales Verhalten von dieser Seite allzu offenkundig war - am Bau von Arbeitersiedlungen, an Vermögensbildung, Gewinnbeteiligung der Arbeiter und ähnlichen Projekten - mußte es sich deshalb um böswillige und raffinierte Versuche handeln, den Arbeiter im Kampf um seine Rechte zu verunsichern, den Klassenkampf zu unterlaufen, das "System zu stabilisieren". Auf der anderen Seite gilt das gleiche für den Antikommunismus. Auch er konnte es nicht zulassen, daß es unter den kommunistischen Parteien Osteuropas eine Entwicklung "über Marx hinaus" gebe,[26] daß ein Gespräch mit manchen seiner Gläubigen doch einen Sinn habe. Deshalb wurden die Aufstände von 1956 in Polen und Ungarn als Optionen für den Westen und sein System mißverstanden. Zu spät erst konnten Ostexperten - schon wegen ihres Kommunismusinteresses kommunistischer Neigungen verdächtigt - die Bedeutung des Revisionismus und Reformmarxismus bewußt machen. Aber dieses Gesetz gilt für alle Systeme: nach wenigen Jahren war es wieder der Antikommunismus, der der gleichen Simplifizierung verfiel: wer dann bei allem Verständnis im Kommunismus auch Probleme sah, wurde als unbelehrbarer Antikommunist diffamiert.

Die Tendenz zu monolithischer Stilisierung des Feindbildes scheitert aber an der regelmäßig eintretenden, wenn auch späten Wiederentdeckung des Menschen im Feind. Solche Wiederentdeckungen sind ein stehendes Motiv in der Weltliteratur: der edle Barbar, der fromme Heide, der milde Pascha, die Wilden, die "doch bessere Menschen" sind, sie alle bezeichnen die in jedem Zeitalter und von jedem ideologischen System aus mögliche, plötzlich aufleuchtende Differenzierung des Feindbildes. Mit welcher Mühe auch sowjetische Kulturpolitiker die klare Schwarz-Weiß-Technik in der Darstellung des positiven und des negativen Helden aufrechtzuerhalten suchten: die Zeichnung differenzierter Charaktere auf der einen wie anderen Seite war fast schon eine Garantie für Publikumserfolg. Nach langer Abgeschlossenheit hinter dem Eisernen Vorhang wurden östliche Reiseberichte, die am kapitalistischen Westen auch etwas Gutes fanden, zu Bestsellern - soweit das die Zensur zuließ. Das war die natürliche Reaktion auf ein rigoros festgehaltenes, monolithisch stilisiertes Feindbild.

Das gleiche gilt natürlich vom Westen. Osttouristen äußern ihr Entzücken über die liebenswürdigen Tschechen, Polen, Russen, die sie doch auch in den kommunistischen Staaten getroffen hätten. Die Revision des Osteuropabildes gerade auch bei vielen aus Osteuropa vertriebenen Deutschen hat sicher nicht wenig zur Popularität der Ostpolitik beigetragen, wie sie die Regierung der Bundesrepublik betreibt. Auch hier also die

Reaktion auf ein überzogenes, monolithisches Feindbild.

Aber das sind - wenn auch regelmäßig auftretende - Einzelerscheinungen. Sie wirken eben deshalb so spektakulär, weil die Herrschaft des monolithischen Feindbildes so zäh ist und gerade von ideologisch unterbauten Herrschaftssystemen bewußt und rigoros aufrechterhalten wird. Charakteristisch dafür sind die Sprachregelungen, die solche Systeme weit über ihren Herrschaftsbereich hinaus durchzusetzen suchen und das oft mit Erfolg. Das Wort Sprachregelung stammt aus dem nationalsozialistischen Regime. Solche Sprachregelungen, an die Presse ausgegeben und sie verpflichtend, haben das Bewußtsein und Weltbild auch der parteilosen, gleichgültigen, ja feindseligen Bevölkerung unverkennbar beeinflußt. Die westlichen Demokratien konsequent als Plutokratien zu bezeichnen, die Sowjetbürger als Bolschewiken, das gab diesen Begriffen einen schwer nachprüfbaren, aber weithin wirksamen, abwertenden, Emotionen hervorrufenden Akzent. Heute muß man diese Sprachregelungen als dilettantisch bezeichnen gegenüber der Virtuosität, mit der von der Gegenseite die Begriffe Faschismus, Imperialismus oder Kapitalismus auf ganze Komplexe von Gegnern verallgemeinert, simplifiziert und im Sprachgebrauch der ganzen Welt durchgesetzt worden sind. Das alles wäre nicht gelungen, entspräche es nicht einem Bedürfnis nach einfachen und eindeutigen Feindbildern, auf deren Einfachheit und Eindeutigkeit es mehr ankommt als auf ihren Wahrheitsgehalt - wie sich schon aus der Beobachtung ergibt, daß zum Beispiel das Merkmal "imperialistisch", das ebenso auf die Sowjetunion zutrifft, fast allein für die Amerikaner und ihre Verbündeten verwendet wird. Ähnliche Sprachregelungen gelten ja auch für das Prädikat "friedliebend", das impliziert, der Gegner sei es eben nicht. Ein ganzes Lexikon solcher Sprachregelungen ließe sich zusammenstellen, wie das "Wörterbuch des Unmenschen",[27] nun aber nicht nur eine bestimmte Ideologie, sondern alle ideologischen Systeme erfassend. Es hätte freilich eine Erscheinung zum Gegenstand, die so allgemein menschlich ist, daß es besser das "Wörterbuch des Menschen" hieße.

Solche Feindbilder mögen als moralisch verwerflich, als wahrheitswidrig und gefährlich erscheinen. Die besten Impulse und Anstrengungen einer fortgeschrittenen Menschheit haben ihrer Überwindung gegolten. Einzelne hochstehende Religionen und Ideologien wie das Christentum, der Buddhismus, die Humanitätslehren der Aufklärung haben die Feindesliebe, zumindest die Gewaltlosigkeit in ihr Normensystem aufgenommen. Alle diese Bemühungen aber schöpfen einen guten Teil ihrer ethischen Qualität, aber auch die Schwierigkeit ihrer Verwirklichung, aus der urtümlichen, zunächst sicher der Lebens- und Arterhaltung des Menschen dienenden Konstruktion der menschlichen Weltbilder, zu deren eisernem Bestand ein die gesellschaftlichen Gruppen integrierendes und von ihrer Umwelt abgrenzendes Feindbild gehört.

Etwas wie ein Feind ist dem Menschen offenbar notwendig. Gegner brauchen einander. Dieser oder jener Feind müßte erfunden werden, wenn es ihn nicht gäbe. Durch neue Grenzen oder durch Umsiedlungen voneinander getrennte Gegner fehlen einander, und man kann beobachten, wie sie sich andere, jetzt nähergerückte Gruppen zu Ersatzfeinden stilisieren, etwa die vertriebenen Deutschen oder auch Algerienfranzosen die konnationalen Bewohner ihrer neuen Heimat.

Solche Beobachtungen regen die Frage an, wie vieles am Geschichtsbild einer noch so gebildeten Gesellschaft nicht auf die Technik der Feindbildpflege zurückgeht. Es war zum Beispiel einer der mühevollsten und langwierigsten Prozesse, erst von der modernen Quellenforschung in Gang gesetzt, die Geschichte des Islam von solchen Stilisierungen durch das gegnerische, abendländisch-christliche System zu befreien. Fast scheint es, als bestünde die Aufgabe der modernen Geschichtsforschung hauptsächlich darin, hinter solchen verfestigten Feindbildern die historische Wahrheit freizulegen.

Immer wieder kommt es zu Revisionen eingewurzelter Geschichtsbilder, die sich als Festschreibungen früherer Feindbilder erweisen. Oft setzen sich solche Korrekturen erst durch, wenn das an jenem Feindbild interessierte ideologische System an Wirkung verloren hat oder in Krise geraten ist. Das Bild vom barbarischen Heidentum konnte erst die Geschichtsschreibung der Renaissance korrigieren, das vom finsteren Mittelalter erst die der Aufklärung kritisch gegenüberstehende Romantik. Im Faschismus hat die ganze Welt ein willkommenes, trotz mancher Ansätze gegen jede Revision offensichtlich gefeites Feindbild gefunden. In kommunistisch beherrschten Gesellschaften wird das Geschichtsbild bewußt und rigoros dualistisch auf ein Feindbild hin stilisiert. Objektivität gilt hier als - ohnehin fiktiver - bürgerlicher Klassenstandpunkt und wird als politisch steriler Objektivismus disqualifiziert. Oberste Pflicht des Forschers ist Parteilichkeit.

Von der Forderung nach Parteilichkeit ist es nicht weit zur Haßpädagogik. Während der Nationalsozialismus das Ideal des kämpferischen Menschen predigte[28] und die Ablehnung der Objektivität mit der notwendigen Unterscheidung zwischen Gut und Böse zu rechtfertigen suchte,[29] hat der Kommunismus den Haß zur patriotischen Pflicht und Tugend erhoben.[30] Die verheerenden Folgen einer solchen Haßpädagogik sind an den Judenverfolgungen durch den Nationalsozialismus deutlich geworden. Ähnliche Folgen sind auch bei anderen Systemen und Bewegungen nicht auszuschließen, gegen welchen Feind immer sich derart ideologisch begründeter Haß richten mag. Solženicyn erkennt die Rolle der Ideologie welcher Art immer als Rechtfertigung der Untaten jedes Systems.[31] Die zu allen Zeiten und gerade auch heute offenbare Unfähigkeit der Menschheit, etwas gegen Haß und Verbrechen zu tun, wenn sie nur ideologisch gerechtfertigt werden, deutet auf eine tiefsitzende Veranlagung im Gesamtmechanismus der ideologischen Antriebs- und Leitsysteme.

3. Gruppenstruktur und Polarisierung

Wenn das ideologische System eine Gesellschaft zur Gruppe bindet und gegen ihre Umwelt abgrenzt, so gliedert es sie auch: in Schichten, Stände oder Klassen, in Regierende und Regierte, Mehrheiten und Minderheiten, Engagierte und Gleichgültige, Gute und Böse. Man kann auch sagen, daß die Ideologie Gesellschaften und Großgruppen nicht nur integriert und isoliert, sondern auch strukturiert. Denn es ist das ideologische Weltbild, das die für die Gliederung in solche Untergruppen oder Rangstufen maßgebenden Kriterien bestimmt.

Das ideologische System entscheidet auch darüber, welche der möglichen Gruppenbildungen in einer Gesellschaft, einem Staat oder Kulturkreis als ausschlaggebend, als Konfliktursache, als für die einschneidensten und folgenschwersten Grenzziehungen verantwortlich zu gelten hat. Um nur einen Ausschnitt aus der Geschichte Europas für derart wechselnde Strukturen anzuführen: Im Zeitalter der Religionskriege zwischen Reformation und Gegenreformation war es der religiöse Glaube, der die Bevölkerungen dieses Weltteils entzweite, commercium und connubium zwischen ihnen unterband, als Kriegsursache auftrat und den Machthabern die Aufgabe zuwies, in ihrem Land für die Einheit des "wahren" Glaubens zu sorgen. Cuius regio, eius religio, hieß die politische Doktrin dafür, Defensor fidei der Ehrentitel für einen entsprechend bewährten Herrscher. Wo damals Minderheitenkonflikte, Vertreibungen und Verfolgungen, Diskriminierung und gewaltsame Assimilation vor sich gingen, dort war es die religiöse Überzeugung und Zugehörigkeit der Betroffenen, die sie am meisten verpflichtete und ihr Schicksal bestimmte. Solcher Bindung gegenüber fielen andere, zu anderen Zeiten vielleicht einschneidendere Grenzziehungen und Gruppenbildungen kaum ins Gewicht: Unterschiede der Sprache und Nationalität etwa stellten damals, auch wo sie bewußt waren, keine Ursache für Gruppenkonflikt, Diskriminierung oder Haß dar. Soziale Unterschiede führten nur dort zu

Auseinandersetzungen, etwa zu Bauernaufständen, wo akute, freilich für den barocken Großgrundbesitz typische Formen an Unterdrückung und Ausbeutung vor sich gegangen waren, und auch sie wurden durch den religiösen Gegensatz verschärft oder auf eine überregionale Ebene gehoben.

Wenige Jahrzehnte später hatten sich Situation und Struktur entscheidend geändert. Aufklärung und nationales Erwachen hatten die kirchlichen Bindungen gelockert und die religiösen Gegensätze entschärft. Der nunmehr herrschenden Ideologie bedeutete die Konfession wenig, Sprache und Nationalität dagegen fast alles. Vor allem in dem inzwischen zu Bedeutung gelangten Bürgertum waren es sprachlich-völkische Gruppen, die sich gegeneinander abgrenzten, miteinander um Sprachenrechte, gesellschaftliche Positionen und um die nationale Zugehörigkeit historischer Figuren - Karls des Großen, Karls des IV. oder des Kopernikus - stritten. Sie traten einander nunmehr als ethnische Mehrheiten und Minderheiten gegenüber mit Diskriminierung und Assimilationsstreben, Massenbewegungen und parlamentarischen Konflikten bis zum revolutionären Streben nach staatlicher Souveränität. Die gleiche Gesellschaft, die vorher in religiöse Gruppen getrennt gewesen war, spaltete sich nunmehr in sprachlich-völkische, andere Grenzen als vorher trennten andere Menschen voneinander, Freunde wurden zu Feinden und umgekehrt. Ihre nationalen Trennungslinien projizierten sie weit in die Geschichte zurück, stilisierten sie zu Erbfeindschaften und sich selbst zu Urvölkern, die immer schon auf diesem Boden gelebt und ihn zu Recht in Anspruch genommen hätten. Schließlich sahen sie keinen Ausweg mehr, als sich gegenseitig zu vertreiben oder zu vernichten.

Aber eben zu der Zeit, als noch die letzten Vertriebenentransporte mit wegen ihrer Sprache und Volkszugehörigkeit Diskriminierten über die Staatsgrenzen rollten, trat wiederum eine andere Ideologie die Herrschaft an und richtete in der gleichen Gesellschaft andere Grenzen zwischen anderen Menschen auf. Über Nacht standen einander jetzt statt Sprachgruppen Gesinnungsgemeinschaften gegenüber: Kommunisten und Nichtkommunisten. Auch wo sich der Personenbestand nicht änderte, trennten die Linien der Feindschaft und der Abgrenzung jetzt andere Menschen als vorher. Zwischen Menschen der gleichen Sprache, geschweige denn der gleichen Religion, taten sich neue Gegensätze auf. Zwischen früheren Sprach- oder Konfessionsgegnern aber kam es zu spontaner Verständigung und Versöhnung: Deutsche und Tschechen bangten gemeinsam um das Schicksal des Prager Frühlings, Deutsche und Polen begannen miteinander vernünftig zu reden. Das Verhältnis zu den Juden änderte sich von Grund auf, und in Amerika entfalteten Weiße eine Bürgerrechtsbewegung zugunsten der Neger.

Dieser mehrmalige Wandel von Gruppenstrukturen, Abgrenzungen und Konfliktursachen kommt in anderen Epochen, Gesellschaften und Größenordnungen ebenso vor. Nach Abklingen der Religionskriege des 16. und 18. Jahrhunderts war Europa von kühnen Hoffnungen auf einen ewigen Frieden erfüllt, weil die einzig denkbare Kriegsursache, der Religionsstreit, beseitigt schien. Die Schöpfer der damaligen Friedensprojekte ahnten nicht, daß sich bald an Stelle des Konfessionalismus ein anderer Casus belli erheben würde: der Nationalismus, der die neuen, statt auf Dynastien auf Sprachvölkern begründeten Nationalstaaten zu neuen Kriegen gegeneinander führen sollte. Es waren die Weltkriege des 20. Jahrhunderts, die sich während ihres Verlaufs aus Konflikten imperialistischer Nationalstaaten zum Weltkonflikt zweier ideologischer Systeme wandelten. Ein ähnlicher Szenen- und Frontwandel auf Grund der Ablösung ideologischer Systeme betraf die europäischen, vom Osmanischen Reich beherrschten Völker auf dem Balkan: Der jahrhundertelange Widerstand der Christen gegen die Fremdherrschaft des Islam wurde um 1800 allmählich zum nationalen Freiheitskampf von Sprachvölkern - man muß schon sagen - umfunktioniert. An Stelle der geistlichen Ethnarchen traten Philologen und Dichter. Die nationale Wiedergeburt richtete sich nun auch gegen die christlichen Griechen, die im Osmanischen Reich eine wirtschaftliche und geistliche Elite dargestellt und eine Gräzisierung der Oberschicht unter den christlichen Balkanvölkern eingeleitet hatten.

Dieses Nacheinander in der Dominanz verschiedener strukturbildender Systeme wird nicht selten zum Nebeneinander. So können verschiedene Ideologien einander als Konfliktursache verstärken oder paralysieren. Es kommt dann auf die Interpretation an, welches Motiv der Gruppen- oder Parteienbildung der Betrachter als ursächlich und ausschlaggebend ansehen will: den sozialen Gegensatz zwischen Unterschicht und Oberschicht oder das religiöse Ressentiment zwischen Katholiken und Protestanten in Ulster. Religion oder Rasse im Spanien der Inquisition, das die Juden verfolgte und vertrieb, aber offensichtlich nicht ihrer Rasse, sondern ihres Glaubens wegen: Getaufte durften bleiben. Für die Antisemiten des Hitler-Regimes war dagegen die Rasse allein maßgebend. Hier half keine Taufe und kein durch Auszeichnungen aus dem Ersten Weltkrieg bewiesenes Bekenntnis zum Deutschtum.

Es ist genau diese Zwei- oder Mehrschichtigkeit der parteienbildenden Motive, die höchst erhellende Theorien daran hindern kann, der ganzen Komplexität einer gesellschaftlichen Strukturbildung gerecht zu werden: ein unerklärter Rest von Motiven bleibt zurück und kann dann plötzlich die schönste Theorie aus den Angeln heben. Das bekannte Beispiel dafür ist die Marx'sche Diagnose vom Klassenantagonismus als dem eigentlichen Schlüssel zur Sozialgeschichte. Sie traf für das Frühstadium der Industrialisierung in Westeuropa zu, wurde aber durch die nationale Solidarität weiter Teile der Arbeiterschaft - Bewilligung der Kriegskredite in den wichtigsten kriegführenden Ländern des Ersten Weltkriegs - weitgehend modifiziert.[32)]

Die Mehrschichtigkeit der gruppenbildenden Motive und der Konfliktursachen stellt Regierungen bei der Lösung von Minderheitenproblemen vor schwierige Aufgaben. Sie kann sie aber auch veranlassen, solche Probleme von sich aus zu schaffen. So ist in manchen Fällen die sonst auf die Homogenität ihrer Bevölkerung bedachte Staatsgewalt wider Erwarten an der Aufrechterhaltung von Gruppen mit verschiedenem Grad an ideologischer Indoktrinierung interessiert. Sie beschränkt etwa die als Staatsursache und -rechtfertigung dienende Staatsideologie bewußt auf einen Teil der Staatsangehörigen, enthält sie der übrigen Bevölkerung aber vor. Ein Beispiel dafür ist das alte Osmanische Reich. Hier blieb die Teilhabe an dem als Staatsideologie wirkenden Islam bewußt nur einem Teil der Staatsbevölkerung vorbehalten, weil sie Steuerfreiheit bedeutete. Der Staat war also schon aus finanziellen Gründen auf das Bestehen einer ideologisch nicht integrierten Bevölkerungsschicht oder Klasse angewiesen. Die christliche Rajah war zu dieser Rolle verurteilt. Das aber ergab ein ideologisches Zweiklassensystem, wie es heute - mutatis mutandis - in kommunistischen Staaten besteht. Auch hier nämlich stehen den organisierten Kommunisten die Parteilosen gegenüber. Das Problem für einen solchen Staat ist auch hier, ob er eine andere ideologische Basis findet, um auch der ideologisch nicht integrierten Gruppe eine Selbstidentifizierung mit dem Staat zu ermöglichen. Im Osmanischen Reich ist diese Integrationsideologie weder versucht noch gefunden worden, weshalb sich der Aufstieg der Unterschichten gegen diesen Staat gerichtet hat. In den kommunistischen Staaten scheint es, als hätte ein gesamtstaatlich orientierter Nationalismus, der Sowjetpatriotismus, die Rolle dieser Ersatzideologie übernommen.

Das Verhältnis zwischen Staatsmacht und Minderheit ist aber noch in anderer Hinsicht lehrreich: Bei der Lösung von Minderheiten-, insbesondere von Nationalitätenproblemen in multinationalen Staaten geht es nämlich vielfach gar nicht so

sehr um einzelne Rechte oder Positionen, sondern um die dem
betreffenden Staat zugrundeliegende Ideologie, die es seinen
minderheitlichen Gruppen gestatten oder auch verwehren kann,
sich mit ihm zu identifizieren.

In dieser Hinsicht haben sich die aus dem Risorgimento aufgestiegenen, sich als Staaten einer bestimmten ethnischen Gruppe rechtfertigenden Nationalstaaten den Weg zur Lösung ihrer Minderheitenprobleme oft selbst verbaut. Die Identifikation aller Bürger, auch der Minderheiten, mit dem Staat ist nämlich eine Frage der adäquat oder nichtadäquat konstruierten Staatsideologie. Schließt diese Ideologie eine der Minderheiten aus oder konstruiert sie sogar einen Gegensatz zwischen dem Staat und einer dieser minderheitlichen Gruppe, dann kann sich diese Gruppe mit dem Staat nicht identifizieren, sie kann sich nicht in die Staatsnation integrieren. Sie wird dann als illoyal, irredentistisch oder separatistisch angeklagt; aber die Schuld liegt bei ihren Anklägern, die ihr keine geistige Existenz ermöglicht haben.[33]

Der Nationalstaat nämlich, der sich als Staat einer bestimmten ethnischen Gruppe rechtfertigt, übernimmt im allgemeinen auch die Geschichts- und Sendungsideologie dieser Gruppe. Diese aber ist, ethnisch orientiert, nicht selten auf dem Gegensatz gegen die anderen ethnischen Gruppen aufgebaut, die nun gegebenenfalls im gleichen Staate wohnen. Die schönste Volksideologie des Risorgimento-Nationalismus aber reicht als Staatsideologie nicht aus, weil sie einen Teil der Staatsbevölkerung ideologisch aus dem Staat ausschließt, an der Selbstidentifizierung mit ihm hindert. Man kann also eine Staatsideologie richtig oder falsch konstruieren. Die Nationalstaatsideologien sind häufig falsch konstruiert. Dafür nur zwei einander entgegengesetzte Beispiele:

Die erste tschechoslowakische Republik, als Staat des - fiktiven - tschechoslowakischen Sprachvolkes konzipiert, beruhte auf Masaryks romantisch-idealistischer Ideologie von der demokratisch-humanitären Sendung der Tschechen gegenüber der feudalistisch-militaristischen deutschen Umwelt.[34] An dieser Ideologie konnten die Deutschen dieses Staates keinen Anteil haben, ja sie figurierten darin als die Gegner. Auch den Slowaken war das tschechische, den Hussitismus kanonisierende Geschichtsbild unerträglich. Kennzeichnenderweise haben um 1930 einige Tschechen die Insuffizienz dieser Staatsideologie erkannt und eine Staatsideologie zu entwickeln versucht, mit der sich Deutsche und Slowaken hätten identifizieren können. Es war freilich zu spät. Das andere Beispiel betrifft das Verhältnis der deutschen Elsässer zur französischen Nation. Hier hatte Frankreich neben dem zweifellos ebenfalls vorhandenen ethnischen Motiv eine ethnisch neutrale Ideologie zur Verfügung, die Ideologie der Großen Revolution. Sie war es, die es den deutschen Elsässern und anderen Nationalitäten Frankreichs – bei allen immer noch ungelösten Nationalitätenproblemen – ermöglichte, sich mit der grande nation zu identifizieren. Ähnlich hatte die Sowjetunion in ihrer ersten, vorstalinistischen Phase in Gestalt des Marxismus-Leninismus eine übervölkische Staatsideologie zur Verfügung, die ihr die großzügige Förderung von Nationalsprachen gestattete, bis sie freilich das Aufkommen nationaler Geschichtsbilder bei den nicht-russischen Völkern zu einer restriktiven Nationalitätenpolitik veranlaßte.[35]

Wie komplex die sozioökonomisch bedingten und ideologisch formulierten Antagonismen innerhalb einer Gesellschaft auch seien, einander ablösend oder überschichtend, sie neigen in der Regel dazu, sich in Gegensatzpaaren auszuprägen, zu polarisieren. Selbst wo einander drei verschiedene Weltanschauungs- oder Interessengruppen feindlich gegenüberstehen ist diese Tendenz zur Polarisierung unverkennbar: Die eine von den drei Positionen, gewöhnlich die gemäßigte, vermittelnde, wird zwischen den beiden anderen, einander diametral entgegengesetzten zerrieben, zur Bedeutungslosigkeit verurteilt. In den Hussitenkriegen waren es die gemäßigten Utraquisten zwischen radikalen Reformern und Reformgegnern. In den modernen Demokratien sind es die liberalen Parteien zwischen den beiden einander aus einer ideologischen Grundschicht bekämpfenden Blöcken. Der gegenwärtige Entkolonialisierungsprozeß zeigt eine Reihe von Beispielen für diese Polarisierung, die etwas von der Zentrifugalkraft an sich hat.

Diese Neigung zu einer Art Zweiparteiensystem, die in Extremsituationen schon mancher Demokratie gefährlich geworden ist, läßt sich offenbar auf eine im menschlichen Denken angelegte Bipolarität zurückführen. Sie hat auch eine gewisse Logik für sich. Auf jede große, die Menschen eines Zeitalters oder Kulturkreises beschäftigende Frage lassen sich nämlich zwei einander alternative Antworten denken. Sie prägen sich in jeweils zwei einander gegenübertretenden Philosophien oder Weltbildern aus, die dann durch ganze Epochen das Denken eines solchen Kulturkreises beherrschen, die darin angelegte Alternative erfüllen mögen: Plato und Aristoteles, Augustinus und Thomas von Aquin, theozentrisches und anthropozentrisches Denken, Empirie und Spekulation. Zwischen ihnen allen gibt es natürlich vermittelnde Standpunkte; diese aber haben jeweils etwas von einem der Hauptgegner an sich und unterliegen deren Schwerkraft wie einem der beiden Brennpunkte einer Ellipse.

Große gesellschaftliche Gruppen, Völker, Religionsgemeinschaften, Bewegungen oder Parteien fühlen sich - schon um der nötigen Profilierung und Abgrenzung willen - als Repräsentanten oder Vorkämpfer der einen von zwei einander gerade gegenüberstehenden Philosophien, Ideologien, Prinzipien. So haben sich die im Risorgimento erwachenden Nationen aus dem Kampf für eines der beiden zur Zeit gerade aktuellen Prinzipien gerechtfertigt und daraufhin selbst stilisiert, während der jeweils gegnerischen Großgruppe die Verantwortung für das entgegenstehende - und natürlich böse, reaktionäre, unzeitgemäße - Prinzip zufiel. Heute wollen alle demokratisch sein und nennen sich auch so, wie undemokratisch es bei ihnen in Wirklichkeit auch zugehe. Die jeweils gegenüberstehende Nation oder Partei ist natürlich totalitär oder faschistisch. Das aus der Revolution emporgestiegene Frankreich fühlte sich zur Verteidigung der Zivilisation berufen, vor allem gegen die Barbaren jenseits des Rheins. Die Tschechen wurden zu Vorkämpfern der Demokratie gegenüber den feudalistischen und militaristischen Deutschen. Diese selbst wieder glaubten im Besitz jenes Geistes zu sein, an dem die Welt genesen würde. Die Polen litten kraft ihrer altslawischen Freiheitsliebe für die Freiheit der übrigen Völker Europas. China und die Sowjetunion streiten um das Prädikat, die wahren Erben des Marxismus-Leninismus zu sein.

Die Weltgeschichte wird - könnte man sagen - dadurch in Gang gehalten, daß ein absolutes Gleichgewicht zwischen den beiden jeweils zur Diskussion stehenden Alternativen nicht dauern kann. Eine Zeitlang hat das eine Prinzip, dann wieder das andere die Oberhand. Das unterlegene mag für Jahrzehnte oder Jahrhunderte zur Bedeutungslosigkeit herabsinken, in Vergessenheit geraten. Aber es ist latent vorhanden. Bei einer sozioökonomischen oder politischen Klimaänderung ist es wieder da, gewinnt die Herrschaft und läßt es schließlich unbegreiflich erscheinen, wie das entgegengesetzte das Denken und Fühlen seiner Zeitgenossen überhaupt so sehr erfüllen und prägen konnte.

Die Gesellschaft unseres Kulturkreises und fast schon der ganzen Welt ist heute in ihrem Bewußtsein weitgehend von dem einen Gegensatz beherrscht, der seit dem Kommunistischen Manifest von 1848 als Klassenkampf bezeichnet und als das beherrschende Thema der Weltgeschichte verstanden wird.[36)] Der Begriff hat sich mit dem sogenannten Kolonialismus von seiner ursprünglichen Definition als Kampf der sozialen Klassen innerhalb einer Gesellschaft zum Antagonismus auch der Gesellschaften untereinander ausgeweitet, zum Kampf zwischen reichen und armen Ländern, Industrienationen und Entwicklungsländern, nördlicher und südlicher Hemisphäre. Jedesmal geht es um die Einteilung eines Landes, eines Kontinents oder der ganzen Welt in Herrschende und Beherrschte, Ausbeuter und Ausgebeutete, in Reiche, die immer reicher, und Arme, die immer ärmer werden, wenn nicht eine radikale Veränderung, ein Übergang der Produktionsmittel aus den Händen der einen in das Gemeineigentum aller die sozioökonomische Struktur der Welt von Grund auf verwandelt.

Nachdem andere Systeme die Welt durch Jahrhunderte anders eingeteilt haben - selbst in ständischen Gesellschaftsmodellen die verschiedensten Sozialschichten als "vor Gott gleich", als "gleichen Rechtes" oder als Volksgenossen einer Sprache oder Nation gegen eine ungläubige oder fremde Außenwelt abgrenzend -, hat jetzt der Gegensatz der sozial und ökonomisch definierten Klassen die Völker in sich und untereinander in zwei große Lager geteilt, deren eines mit allen Prädikaten des moralisch Guten, des Aufstiegs, der Verheißung ausgestattet, deren anderes nach den urzeitlichen Stereotypen des Feindbildes gezeichnet wird - mit allen Folgen für Gewissen, Selbstverständnis und Verhalten der auf welcher Seite immer Beteiligten.

Keine Frage, daß diese Weltsicht im Zeitalter der nun schon globalen technischen und industriellen Revolution umfassende und tiefgreifende Wirkungen hervorruft. Sie hat sich überall als die der Industrialisierung, Bevölkerungsvermehrung und Emanzipation aus früheren Bindungen adäquate Religion erwiesen. Die Gleichstellung, Befreiung und Aktivierung der mit der Industrialisierung neu auftretenden Massen, der "Erniedrigten und Beleidigten", hat ihr die lebendigen Elemente gerade auch der alten Religionen gewonnen, so daß Katholizismus wie Protestantismus der "sozialen Frage" immer entscheidenderes Gewicht beimessen, das sozialistische Element im

Christentum wie in seinem Stifter selbst entdecken und ihre
Religion, aller Transzendenz entkleidet, nur noch als Instrument der sozialen Hilfe und Revolution gelten lassen - wie
schon einmal, zur Zeit der Aufklärung, die christliche Religion auf Moral und bessere Agrarmethoden reduziert worden
war. Als literarisches Thema scheint nur noch der Klassenkonflikt interessant; seit Brecht wird er von Regisseuren
und Kritikern, die etwas auf sich halten, in jedes Bühnenstück hineininterpretiert, ob nun der Autor daran gedacht
hat oder nicht. Geschichtsschreibung, Sozialwissenschaft,
geisteswissenschaftliche Forschung aller Disziplinen haben
das Thema Gesellschaft und Gesellschaftskonflikt entdeckt
und damit in der Tat schwere Versäumnisse der "bürgerlichen"
Wissenschaft nachzuholen begonnen.[37] Mag der Marxismus, wo
er zur Staatsideologie geworden ist, statt der verheißenen
klassenlosen Gesellschaft in Wirklichkeit eine neue, noch
schlimmere Klasse von Herrschenden installiert, an Stelle
des Gemeineigentums an Produktionsmitteln einen Staatskapitalismus errichtet haben: er hat seiner Epoche eine Verpflichtung für die sozial Schwachen bewußt gemacht, die an Massenwirkung und an Rücksicht auf das Selbstbewußtsein des Einzelnen über die christliche Ethik der Wohltätigkeit grundsätzlich hinausgeht. Dabei gibt das auf den Klassengegensatz hin
konstruierte Weltbild den ewig gleichen menschlichen Antrieben und Verhaltensweisen Raum wie zu anderen Zeiten andere
Weltbilder: Das Bedürfnis, sich einer als gut erkannten Sache selbstlos, auch unter Opfern, hinzugeben und in dieser
Hingabe den Sinn des eigenen Lebens zu finden, veranlaßt auch
heute viele Menschen - Studenten, Lehrer, Kindergärtnerinnen
etwa - sich Kindern, Notleidenden, Asozialen zu widmen, ihnen die gerade aktuelle Heilslehre zu verkünden, aber auch
wirklich zu helfen. Manche von ihnen hätte man früher Heilige genannt, die es ja zu allen Zeiten gibt, wenn auch **aus**
verschiedenen Glaubensimpulsen.

Eine solche Festlegung des Denkens in einem ganzen Kulturkreis auf eine Dimension, nämlich auf die als Klassenkampf bezeichnete und bei einiger Phantasie durch die ganze Weltgeschichte nachweisbare Polarität zwischen Ausbeutern und Ausgebeuteten, hat allerdings auch ihre Probleme. Sie macht den Menschen in einem anderen als dem von Herbert Marcuse gemeinten Sinn eindimensional, sie reduziert alle seine komplexen und differenzierten Beziehungen auf den einen - im Frühstadium der Industrialisierung freilich besonders fühlbaren und schicksalhaften - Gegensatz zwischen Arbeitgeber und Arbeitnehmer, Kapitalisten und Proletarier, und damit auf ein irrationales, aggressionsträchtiges und ineffektives Konfliktmodell, das der vielfältigen und fruchtbaren Wirklichkeit zwischenmenschlicher Verhältnisse nicht entfernt gerecht wird. Wenn - in verständlicher Antithese zur üblichen Verschleierung von Konfliktursachen - die Schule auch das Verhältnis zwischen Eltern und Kindern zu einer Art von Klassenkonflikt stilisieren soll,[38] so verfehlt sie den Sinn und die Realität dieses Verhältnisses. Das gleiche gilt vom Verhältnis zwischen Lehrer und Schüler, Professor und Student, ja zwischen Führer und Angestellten eines Betriebes, Leiter und Mitarbeiter eines Forschungsteams und ähnlicher, auf Zusammenarbeit und Identifikation mit dem Arbeitsziel angewiesener Gruppen. Es war in der Bewegung um 1968 lehrreich zu erleben, wie etwa wissenschaftliche Lehranstalten oder Forschungsinstitute, die ihre - überall unvermeidlichen - Konflikte in Einzel- oder Gruppengesprächen zu lösen pflegten, weil ihnen das gemeinsame Ziel der Zusammenarbeit wichtig genug war, plötzlich in geschlossene Gruppen von Mitarbeitern verschiedener Ebene auseinanderfielen: Arbeiter, Angestellte, wissenschaftlicher Mittelbau, Professoren, die nun gegeneinander Standesinteressen vertraten, kämpferisch formuliert und mit dem tödlichen Ernst eines parlamentarischen Rituals abgehandelt. Aus der überfällig autoritären Ordinarienuniversität ist darüber in der Bundesrepublik die Gruppenuniversität geworden, in deren endlosen Sitzungen und scheindemokratischen Riten - von gewaltsamen Störungen abgesehen - neben dem Lehr- und Forschungsziel auch die Arbeitskraft und -effektivität der Beteiligten dahinschwindet, zugleich die wissenschaftliche Bedeutung der Universität.

Dieser Einengung des modernen Welt- und Gesellschaftsbildes auf das Klassenkampfmotiv unterliegen auch die Vorstellungen, die sich mit dem Begriff der Elite verbinden. Aller bedeutenden Elite-Theorien[39] von Pareto über Gaetano Mosca zu Robert Michels und Max Weber ungeachtet, gerät die Elite oder - wie sie auch definiert wird - die herrschende oder politische Klasse, wirtschaftliche oder politische Führungsschicht in die Schußlinie des Klassenfeindes. Nach dem Zusammenbruch des Nationalsozialismus schien vielen Deutschen der Elitebegriff mit der zu erneuernden Demokratie unvereinbar. Von Elite zu sprechen galt als faschistisch oder faschistoid. Es ließ sich trotzdem nicht leugnen, daß irgendeine Führungsgruppe oder Führungsschicht in jeder Gesellschaft vorkam, ja notwendig war, sogar - wenn auch unter anderem Namen - in kommunistischen Systemen, die sich durch eine planvolle Kaderpolitik und Kadererziehung auszeichnen.

Die bedeutendsten Elitetheorien der Neuzeit haben denn auch die Notwendigkeit und das Vorhandensein von Eliten in jeder Gesellschaft anerkannt und nur über die Definition, Auslese und Rolle der Eliten in verschieden konstruierten Gesellschaften gestritten. Eines oder mehrere Merkmale wurden mit unterschiedlichem Akzent als wesentlich für elitäre Gruppen oder Schichten hervorgehoben: Macht, Prestige, Reichtum oder Intelligenz.[40] Auch nach Offenheit oder Geschlossenheit der die Elite konstituierenden gesellschaftlichen Gruppen werden Eliten unterschieden; die Motive und Methoden ihres Kreislaufs werden klassifiziert.[41]

In unserem Zusammenhang interessieren die Kriterien, nach denen eine Gruppe oder Schicht aus der Gesamtgesellschaft ausgelesen und mit besonderen Funktionen oder Privilegien ausgestattet wird; denn über diese Kriterien entscheidet die in der betreffenden Gesellschaft herrschende Ideologie.

Eine ganze Reihe ideologischer Systeme macht die Geburt zum entscheidenden Kriterium der gesellschaftlichen Struktur. Das sind die für "feudale" oder "ständische" Gesellschaften - die es in allen Kulturkreisen gegeben hat oder gibt - charakteristischen Systeme. Egalitäre, "bürgerliche" Epochen oder Gesellschaften sehen in einem derart schicksalhaften weil biologisch festgelegten, Verdienste und Eignung vernachlässigenden Strukturprinzip pure Unvernunft und Arroganz. Meist haben sie es ja auch in seinem Verfall erlebt und ihm mit Erfolg ihr auf Ausbildung und Tüchtigkeit basierendes Prinzip der hierarchischen Gliederung entgegengesetzt. Sie verkennen dabei - auch wo sie die Vorzüge aristokratischen Stils durch Nachahmung honorieren - die Ratio jenes Einteilungsprinzips der Geburt. Es hat die Struktur großer Kulturkreise durch Jahrhunderte bestimmt, die auf technisch einfachen Entwicklungsstufen unentbehrliche Arbeitsteilung in Schichten verschiedener Funktion gesichert und ist, samt der es begründenden und rechtfertigenden Ideologie fast ebenso viele Jahrhunderte hindurch auch von den nicht Privilegierten als natürlich und gottgewollt anerkannt worden, bis es durch das ungehemmte Wuchern einzelner Funktionen, durch Machtmißbrauch und Isolierung seiner Träger die ideologische Antithese zu sich selber hervorrief: eben jenes Weltbild, dem die Einteilung der Menschheit in Geburtsstände als widersinnig und unsittlich erschien. Aber wie hemmend und fortgeschrittener Zivilisation unwürdig die Gliederung in Geburtsstände auch wirke: in Epochen, in denen die Familie - mangels familienübergreifender Institutionen - die grundlegende Lebens-, Erziehungs- und Wirtschaftsgemeinschaft, ja politische Einheit darstellte, Charaktere prägte, Verhaltensmuster

und Traditionen schuf, in solchen Epochen war der Gedanke,
die Geburt über die Zugehörigkeit zu Führungs- und Funktionsgruppen entscheiden zu lassen, nicht einmal unvernünftig. Es
kam nur darauf an, ob die betreffende Geburts-Elite offen
genug war, den Zugang begabter Angehöriger anderer Schichten
zu gestatten, oder zu geschlossen, um den allmählichen Verlust ihrer Funktionstüchtigkeit zu verhindern.

Das von "bürgerlichen" Gesellschaften und ihren egalitären
Ideologien an Stelle der Geburt gesetzte Kriterium der Intelligenz und Ausbildung ist in Epochen schneller Entwicklung viel geeigneter, funktionstüchtige, anpassungs- und er-
neuerungsfähige Führungs-Eliten und Funktionsgruppen zu sichern. Aber so vernünftig und selbstverständlich es seinen
Befürwortern erscheint: es hat ebenfalls seine spezifischen
Probleme. Einmal schon das Problem der Begabtenauslese, der
Berufslenkung und der Chancengleichheit, das die Bildungs-
politiker unserer Zeit so hoffnungslos in Atem hält. Dann
aber die ständige Durchbrechung des Eignungsprinzips durch
die fortwirkende, weil anthropologisch bedingte Tendenz zur
Vererbung der einmal erreichten Rangstufe und Gesellschafts-
schicht.[42)] Schließlich durch heterogene, Intelligenz und
Ausbildung überspielende Kriterien wie Konfessions-, Partei-
oder Verbandszugehörigkeit, Kameraderie aus prestigeträch-
tigen Schulen, Orden, Regimentern und Studentenverbindungen.
So unausrottbar scheinen diese Durchbrechungen des als allein
rational betrachteten Eignungsprinzips, daß man vermutet,
die Gesellschaft sei auf solche Ergänzungen auch der raffi-
niertesten Ausleseverfahren angewiesen. Aber selbst wenn es
gelänge, solche Störfaktoren völlig auszuschalten: wer garan-
tiert, daß in diesen Ausleseverfahren die wirklich notwendigen Eigenschaften geprüft werden und nicht andere, modische,
von der herrschenden Bildungsideologie überbewertete Qualifi-
kationen - oft über die sie vielleicht wirklich erfordernden
Stilperioden hinaus: Latein, Rhetorik, Musik oder Tanzkunst,
ein Kanon an früher einmal wichtiger Literatur?

Noch problematischer ist die Denkweise gerade auch moderner Gesellschaften, die den Zugang zu bestimmten Funktionen und Eliten nicht nur von der Zugehörigkeit zur herrschenden Konfession oder Partei, Nationalität oder Klasse, sondern auch von der Abstammung aus ihnen abhängig machen. Hier wird das Prinzip der Rasse auf nicht vererbbare Qualitäten übertragen, die damit aus wähl- oder erwerbbaren in schicksalhaft gegebene verwandelt, zum Maßstab für Sozial- und manchmal Lebenschancen werden. Das ist schon eine Art Rassismus, auch wenn es von Systemen mit ausgesprochen antirassistischer Ideologie praktiziert wird.

Ein Ausweg aus der unvermeidlichen Irrationalität und Ungerechtigkeit auch solcher Kriterien der hierarchischen Gesellschaftsgliederung ist die Wahl durch die Betroffenen. Auch hier aber ist der Einfluß unspezifischer Kriterien nur schwer auszuschalten: Statt der Geeigneten werden die Beliebtesten gewählt, die Gunst der Wähler rangiert vor dem Nutzen des Staates. Das Kriterium Wählerwille, von demokratischen Ideologien zum Ausleseprinzip für Vertretungskörperschaften und Parlamente erhoben, läßt sich immerhin als das geringste von mehreren möglichen Übeln rechtfertigen.

Welche Gesellschaft und Kultur aber auch immer man auf die von ihrem ideologischen System bevorzugten Kriterien für den Aufbau ihrer Hierarchie oder die Abgrenzung ihrer Eliten und Funktionsgruppen hin untersucht: diese Kriterien sind untereinander so verschieden und so austauschbar, von so unterschiedlicher Eignung für ihren Zweck, daß der Schluß naheliegt, es gehe im Grunde nicht um sie, sondern einfach um die Notwendigkeit jeder Gesellschaft oder Großgruppe, sich in Untergruppen unterschiedlicher Macht und unterschiedlicher Funktion zu gliedern, Eliten auszubilden, Rangordnungen aufzustellen, um nur zu funktionieren und also zu überleben. Welches Einteilungsprinzip sie dabei zugrundelegt, das ist in dem die betreffende Gesellschaft beherrschenden

Weltbild und dessen Wertesystem vorgegeben. Die Beschränkungen und Zwänge, die sich die betreffende Gesellschaft durch solche Eingrenzung in Untergruppen auferlegt, rufen die Sehnsucht nach Freiheit von solchem Zwang hervor, und das bedeutet: nach der Gleichheit aller Gruppenmitglieder. So entstehen die Gleichheitsideologien, die eine wie immer begründete Schichtung oder Gliederung als Angriff gegen die naturgegebene, gottgewollte Gleichheit aller Menschen ablehnen.

V. FUNKTIONEN DER IDEOLOGISCHEN SYSTEME

B. Welterklärung und Wahrheitsfindung

Die Organisation von arbeitsteiligen, die Leistungsfähigkeit des Einzelnen potenzierenden Gruppen hätte die Schöpfung - wenn es nicht auf Größenordnungen von vielen Millionen und besonders nicht auf das Bewußtsein ihrer Eigenart und Abgrenzung angekommen wäre - auch einem System wie dem der Instinkte überlassen können. Was den Menschen aber über alle Systeme dieser Art hinaushebt und eine Konstruktion wie eben die ideologischen Systeme notwendig macht, das ist sein elementares Bedürfnis nach einer Erklärung der Welt, nach einer Deutung ihres Sinnes und nach der Einsicht in den Sinn des eigenen Lebens. Das alles kann ihm nur ein geistiges System gewähren, eine Religion oder eine Philosophie, die zugleich den Anspruch erheben, ihm die Wahrheit zu verkünden, und die dafür seinen Glauben fordern. Deshalb ist nach der Analyse der den Gesellschaftsaufbau betreffenden Funktionen der ideologischen Systeme eine Untersuchung ihrer welterklärenden und wahrheitsverkündenden Rolle notwendig.

1. Erlösungsreligion und Fortschrittsglaube

Schon an der Frühgeschichte der ideologischen Systeme ist die Tendenz ihrer Schöpfer und Träger aufgefallen, zur Erklärung oder Rechtfertigung eines Sachverhalts vor allem verpflichtenden Charakters die zeitliche Dimension heranzuziehen. Ein Ritus, ein Verhaltensmuster wird durch die Erzählung des stiftenden Ereignisses nicht nur kommemoriert, sondern zugleich wiederholt, von neuem und für immer wirksam gemacht. Die gleiche Tendenz wirkt in den Kosmogonien, die die Entstehung oder Erschaffung der Welt erzählen, um sie zu erklären, ihre Ordnung und ihren Sinn zu deuten. Kants

berühmte Frage des Menschen nach seiner Herkunft beruht auf
dem gleichen menschlichen Grundbedürfnis und Erkenntnismuster. So scheint die zeitliche Dimension des Weltbildes einer grundlegenden Konstruktionsidee der ideologischen Systeme zu entsprechen.

Auf Grund dieser Konstruktionsidee findet sich der Mensch
nämlich als Glied in einem geschichtlichen Ereigniszusammenhang mit einem Anfang und einem Ende, in einer Art Stromkreislauf, der Spannung und Energie erzeugt, Kräfte nicht nur des
Überlebens, sondern auch der Kultur und des Erkennens. Eine
solche Deutung der Welt als Prozeß von einem Anfang zu einem
Zweck oder Ende nennt Karl Popper "Historizismus", und er
sieht darin die Hauptursache für die ideologische Verzerrung
der Wahrheit, aber auch für die schlimmen Folgen, die sich
aus dieser Verzerrung für die Humanität ergeben.[1] Vom Standpunkt der wissenschaftlichen Wahrheitsfindung mit Recht. Aber
woher sollte - so muß er sich fragen lassen - der Mensch sonst
die Energie zur Organisierung und Weiterentwicklung seiner
Art und Gesellschaft nehmen, woher die Hoffnung, die er zum
Überleben braucht, und woher eine Vorstellung vom Sinn seines
Lebens? Ihm dies alles zu gewähren, darin besteht die hier
zu analysierende zeitliche Funktion des ideologischen Systems.

In diesem Bild des Menschen von seiner Geschichte stehen sich
seit Urzeiten zwei einander ausschließende Konzeptionen gegenüber: die Vorstellung von einem ständigen Aufstieg der Menschheit aus primitiven und ungesitteten Anfängen zu immer höheren Graden der Kultur und Gesittung und die entgegengesetzte
Vorstellung vom Abstieg aus einem urtümlich guten, dem goldenen, Zeitalter zu Sittenverfall, Naturferne und Entfremdung. Dazu kommen andere Weltdeutungen von einer ständigen
Wiederkehr, von einer in Spiralen oder Zyklen verlaufenden
Geschichte des Kosmos, die aber in Gestalt von Götterdämmerung und Neuanfang ebenfalls die Grundelemente des Aufstiegs
und des Untergangs enthalten. Sie lassen sich als Versuche

deuten, den Widerspruch zwischen der aufsteigenden und der absteigenden Tendenz des Geschichtsverlaufs zu überwinden.

Die genialsten Versuche dieser Art stellen aber zwei Konzeptionen dar, die seit der Kulturschwelle des dritten vorchristlichen Jahrtausends unseren orientalisch-abendländischen Kulturkreis beherrscht und geformt haben. Das ist einmal die Vorstellung vom ewigen Kampf zwischen einem guten und einem bösen Prinzip, am bekanntesten in Gestalt der Lehre des Zarathustra, die auch im Christentum ihre Spur hinterlassen hat. Das ist zum anderen das Weltbild der Erlösungsreligionen, zu denen neben dem Judentum, dem Christentum und dem Islam in gewissem Sinne auch der Marxismus gehört. Vor allem die Erlösungsreligionen haben mit der dramatischen Konzeption von Urzustand, Sündenfall, Erlösung und Endzeitalter das Weltbild ihrer Gläubigen mit einer besonders energieproduktiven Spannung aufgeladen und die von ihnen geformten Kulturen, wenn auch nicht immer an humanen Werten, so doch an Aktivität und revolutionierender Kraft allen anderen überlegen gemacht. Ein Vergleich der ideologischen Systeme vom Typ der Erlösungsreligion zeigt sie in ihrer anthropologischen Rolle als Energiegeneratoren, aber auch in der überraschenden Ähnlichkeit ihrer Strukturen. Ihren dialektischen Dreischritt-Aufbau hat Ernst Topitsch vom Neuplatonismus der Spätantike über Gnosis und Kabbala bis in die neuzeitliche Philosophie Europas, vom schwäbischen Pietismus zu Hegel und von ihm zu Karl Marx verfolgt.[2)]

Auch über diese Erlösungsreligionen hinaus enthalten die meisten ideologischen Systeme das Motiv eines glücklichen und gerechten Urzustandes, des Paradieses, des goldenen Zeitalters, der vollkommenen Schöpfung. Dieser ursprüngliche Zustand dient als Vorbild des Sein Sollenden, als Ziel der Sehnsucht nach verlorenem Glück, zugleich aber als Beweis dafür, daß ein solcher Zustand der Gerechtigkeit und des Glücks möglich ist, da er doch einmal schon verwirklicht war und die

Absicht des Schöpfers, der Natur, die ursprüngliche Bestimmung der Welt und der Menschheit dokumentiert. Diese Aufgabe erfüllt für die Religionen das Paradies, für die sozialistischen Lehren der Urkommunismus, für nationale Ideologien die Überlieferung der alten Glorie des Vaterlandes, für andere Systeme die Kampf- und Heldenzeit, wie sie die großen Epen und Heldenlieder feiern: den Göttern nahe, heroisch und natürlich, voll Tugend, Ehre und Recht. Für die religiösen Reformbewegungen des ausgehenden Mittelalters war es das Urchristentum mit seinen urkommunistischen Zügen und seiner reinen, unverfälschten Lehre, für Rousseau und für die sich auf ihn berufenden kulturpessimistischen Bewegungen eine romatisch verklärte, naturnahe Frühgeschichte der Menschheit vor dem Einbruch der Zivilisation. Nostalgische Motive dieser Art müssen sich nicht nur auf eine vergangene Zeit beziehen. Sie erfüllen auch das Weltbild vertriebener und zerstreuter Gruppen, für die die verlorene Heimat die Rolle des idealen Urzustandes übernimmt: für die Juden der Diaspora Erez Israel, für die Flüchtlinge und Vertriebenen unseres Jahrhunderts die Heimat in Ostdeutschland und in Algerien. Doch auch hier wirkt mit der räumlichen Ferne der zeitliche Abstand.

Nostalgie ist übrigens nicht nur eine vorübergehende, sich manchmal in skurrilen Formen äußernde, mit einem Hauch von Snobismus umgebende Mode. Dafür kommt sie zu oft und in zu charakteristischen Zusammenhängen vor, ist sie auch schon in alten Kulturen wiederholt belegt. Sie muß also einem allgemein menschlichen Bedürfnis entsprechen, das einen Ersatz für erlebte Mängel in einer - natürlich romantisch verklärten - Vorzeit sucht, aus ihr manchmal sogar Kräfte der Erneuerung zu schöpfen meint. Das Motiv der Wiederherstellung, der Restitutio, der Renovatio Imperii ist ein wichtiger historischer Faktor. Revolutionen haben sich oft nicht als Kampf um neu erdachte, noch nicht dagewesene Ordnungen gerechtfertigt, sondern als Wiederherstellung eines ursprünglich gültigen, nun aber verlorenen oder verratenen Zustands. Das fällt gerade bei den modernen Bewegungen der jungen Intellektuellen in aller Welt auf, die bei ihrer Ablehnung von Technokratie, Großorganisation und Leistungsgesellschaft auf der Suche nach Alternativen immer wieder in rousseauhafte Bilder vom einfachen Leben zurückfallen.

Auf den Urzustand folgt notwendig das Motiv vom Sündenfall, der alles Elend verschuldet und den dramatischen Knoten schürzt. Für die jüdische und christliche Überlieferung ist es das Verzehren der verbotenen Frucht vom Baum der Erkenntnis. Ähnliche Fehlleistungen gibt es in anderen Mythen vom ersten Menschenpaar. Sozialisten aller Richtungen sehen in der Einführung des Privateigentums an Produktionsmitteln die Ursache allen Übels, und Völker in Krisen und Verfallszeiten beschuldigen den Einbruch fremder Eroberer oder auch den eigenen Abfall von den echten alten Sitten, die Verderbnis der nationalen Eigenart durch fremde Unterwanderung. Gläubige vieler, auch nichtreligiöser Systeme, können die zeitgenössischen Schwierigkeiten ihrer Gesellschaft nur aus der Verfälschung der reinen Lehre verstehen, aus Abweichungen oder Revisionismen.

In allen diesen Fällen ist die Konzentration auf eine einzige Ursache des gegenwärtig beklagten Zustandes bemerkenswert, die Neigung zum monokausalen Denken. Sie war schon bei der Analyse des Feindbildes zu beobachten, dessen simplifizierende Technik ebenfalls für das Verfahren der ideologischen Systeme charakteristisch ist. Auch hier hat sie offenbar die Funktion, das Weltbild zu veranschaulichen und die Emotionen auf einen Punkt zu konzentrieren. Diese Technik erweist sich freilich dann als problematisch, wenn die Aufhebung der Ursache nicht zugleich auch das angeblich von ihr allein verschuldete Elend beseitigt oder doch an seiner Stelle ein anderes einführt. Symptomatisch dafür ist etwa der innermarxi-

stische Disput darüber, ob die Aufhebung des Privateigentums
durch Errichtung des Sozialismus automatisch auch die Entfremdung überwunden, antagonistische Gegensätze, Irrtümer,
Mißstände und Fehlentwicklungen unmöglich gemacht habe oder
ob dies alles auch noch in sozialistischen Ländern vorkomme
und deshalb nach wie vor bekämpft werden müsse. Dies war zum
Beispiel das Thema der berühmten Kafka-Konferenz von 1963
bei Prag, die den Gegensatz zwischen konservativen Orthodoxen
und weltoffeneren Revisionisten beleuchtete.[3] Marxistische
Philosophen wie Adam Schaff hatten damals alle Mühe, Marx
dahin zu korrigieren, daß die Entfremdung doch auch aus anderen Quellen kommen könne als aus dem Privateigentum, und
daß sie auch im Sozialismus - angesichts der fortschreitenden Spezialisierung, die Marx nicht vorausahnen konnte - nie
völlig verschwinden würde.[4]

Aber die Konzentration der Erlösungslehren auf einen bestimmten Sündenfall hat neben dieser unvermeidlichen Enttäuschung
auch noch andere, im Sinne des jeweiligen Systems positive
Folgen: Das Schuldgefühl, das sie hervorruft - handle es sich
um eigene oder fremde Schuld - wirkt als Stimulans für den
Entschluß, am Kampf gegen das vom Sündenfall verschuldete
Elend mitzuwirken, enthält also ein revolutionäres Potential.
Zum anderen erweist die Konkretisierung und Verengung der Ursache aller Not den früheren, jedenfalls einen besseren Zustand als wiederherstellbar: Man weiß jetzt, wo der Fehler
liegt, und glaubt, mit seiner Beseitigung alles zum Guten
wenden zu können. So steckt in der falschen, unvermeidliche
Enttäuschungen heraufbeschwörenden Monokausalität eine List
der Geschichte: der Sündenfall läßt sich wiedergutmachen,
die Unzulänglichkeit der menschlichen Natur nicht; dies letztere aber bleibt zunächst verborgen.

Eine ähnliche Technik verwenden die Erlösungsreligionen oder
die zu ihrem Typ gehörigen ideologischen Systeme hinsichtlich ihres dritten Aktes oder Motivs: der Erlösungstat. Auch

sie ist augenfällig, bedeutet eine radikale Wende, beseitigt
alles Übel, führt ein glückliches und gerechtes Endzeitalter
herauf. Der klassische Fall dafür ist der Kreuzestod Christi.
Nicht immer ist diese Erlösungstat das Werk eines Einzelnen,
des Erlösers oder Messias. Es gibt auch einen kollektiven
Messias. Als einen solchen hat Jules Michelet die französische Nation gefeiert, weil sie es war, die die große Revolution durchführte.[5] Für den Marxismus ist das Proletariat
der kollektive Messias. Stalin war unter dem Eindruck des gewonnenen Krieges geneigt, das großrussische Volk in diese
Rolle zu heben.[6] So sehr das nationale Erwachen der kleineren Völker einzelnen Erweckern oder Propheten[7] zugeschrieben wird, schließlich erscheint die Befreiung zu nationaler
Souveränität doch als die Leistung des ganzen, oft durch
Jahrhunderte unterdrückten oder gar vom Untergang bedrohten
Volkes.

Es gehört zur Dramaturgie dieses dritten Aktes im Schauspiel
der Erlösungsreligionen, daß die Erlösungstat plötzlich und
spektakulär auftritt, ein neues Zeitalter eröffnet – wie das
gelegentlich durch eine neue Zeitrechnung dokumentiert wird –,
die Welt und Gesellschaft von Grund auf verändert – und sei
es auch nur geistig, indem sie sie etwa vom Fluch der Erbsünde befreit, zum Reich Gottes und seiner Gnade macht. Ein
allmählicher Wandel durch planvolle Reformen, deren Erfolg
vielleicht gründlicher und dauerhafter wäre, ist nicht Sache
eines solchen Systems. Wie sollten sie auch die revolutionäre
Energie erzeugen, die für die ersehnte Veränderung notwendig
scheint!

Der alte Streit, ob zur Aufrichtung des Sozialismus eine Revolution nötig sei oder ob ihn nicht auch eine allmähliche
Entwicklung im Stil der parlamentarischen Demokratie herbeiführen könne, sieht die wahrhaft Gläubigen[8] regelmäßig auf
Seite der Revolution. Evolutionisten erwecken den Verdacht
des Revisionismus, der Abweichung von der ursprünglichen

Lehre. So wird die Erbitterung verständlich, mit der sich
die Jungsozialisten in Westdeutschland gegen "systemstabilisierende" Reformen wenden, selbst gegen eine Wissenschaft,
die die Voraussetzungen einer Verbesserung der Verhältnisse
untersucht.[9]

Dem Prinzip von der notwendigen Peripetie im Erlösungsdrama
entspricht es aber auch, daß der Held der Erlösungstat zum
Messias stilisiert wird, zu einer Art Gottgesandtem, den eine transzendente Macht - und sei es der Weltgeist oder die
Geschichte - mit der Erlösung beauftragt hat. Selbst Glaubenssysteme, die einen kollektiven Messias vorsehen - das
Proletariat oder eine überlegene Rasse - kommen offenbar ohne eine solche Apotheose nicht aus. Theoretische Wegbereiter
der Revolution wie Karl Marx werden zu Propheten, deren Wort
allein schon als Wahrheitsbeweis genügt. Revolutionäre Führer wie Stalin und Mao-Tsetung, Hitler und Mussolini, werden
zu Halbgöttern erhoben. Ihre Vorläufer in mythischen Zeiten
mußten von Göttern abstammen, und Christus ist Gottes Sohn.

Bei all dieser Apotheose des Erlösers wird doch auch die aktive Teilnahme des letzten Gläubigen am Werk der Erlösung als
notwendig empfunden. Das ideologische System bedient sich
dazu subtiler Methoden. Es erhebt etwa die Masse zum Messias
und schreibt ihr mystische Kräfte zu, ein instinktives Wissen um das, was notwendig und richtig ist. So wird es kommunistischen Funktionären als schlimmster Fehler vorgeworfen,
keinen Kontakt mit der Masse zu pflegen, von ihr nicht zu
lernen. Andere Formen dieser Beteiligung der Masse am Erlösungswerk sind mystischer Natur. Man ißt - im Abendmahl -
den aus Brot verwandelten Leib des Erlösers; die Kirche stellt
den mystischen Leib Christi dar. Ein Strom der Gnade, vom Erlöser vermittelt, ergießt sich von Gott aus und läßt alle
Gläubigen an der Kraft und Ausstrahlung Gottes teilhaben.
In anderen Fällen wird die Einbeziehung des Einzelnen in das
Heilsgeschehen durch die Auslöschung oder Unterdrückung des

Individuums angestrebt: er geht in der Gemeinschaft auf und leitet seinen Eigenwert nur aus dieser ab. "Du bist nichts, dein Volk ist alles" oder "Das Ganze ist mehr als die Summe seiner Teile" so lehrten es nationale oder nationalistische Ideologien.

Den Schlußakt des Erlösungsdramas stellt das <u>Endzeitalter</u> dar, in dem auf Grund der Erlösungstat die Folgen des Sündenfalls überwunden, Gerechtigkeit und Friede für immer wiederhergestellt sind. Deshalb enthält jedes ideologische System vom Typ der Erlösungsreligionen - und eben auch der Marxismus - eine Eschatologie, eine Lehre von den letzten Dingen.

Solche Eschatologien, aus der Sehnsucht krisenhafter, zumindest von einzelnen Bevölkerungsschichten als unerträglich empfundener Epochen aufgestiegen, haben sich nicht selten zu chiliastischen Vorstellungen von einem tausendjährigen Reich der Ordnung und der Gerechtigkeit verdichtet. Gerade wo die offizielle Lehre etwa der mittelalterlichen Kirche in der Ausgestaltung des Endzeitalters Zurückhaltung übte, protestantische Theologen die letzten Dinge mehr des Einzelnen ins Auge faßten, dort ließ sich der Volksglaube von chiliastischen Endzeiterwartungen trösten, die in Sekten und in Massenbewegungen eine revolutionäre Rolle spielten, Propheten und Demagogen zur Wirkung kommen ließen. Darum hat, wer sich mit der Geschichte und Folklore des Chiliasmus befaßte, den Vergleich mittelalterlicher Milleniumserwartungen mit den modernen totalitären Bewegungen nicht vermeiden können, wie Norman Cohn der die "zahllosen Male" überblickt, in denen sich "Menschen in Milleniumshoffnungen zusammengefunden (haben), sowohl in verschiedenen Zeiten als auch in verschiedenen Weltgegenden und innerhalb der unterschiedlichsten Gesellschaftsordnungen mit variierenden Wertsetzungen und Glaubensinhalten, variierender Technik und Verwaltung".[10]

Damit ist schon gesagt, daß die Vision von einer glücklichen und gerechten, alles Elend aufhebenden, alles Unrecht gutmachenden Endzeit einem allgemein menschlichen Bedürfnis entspricht, in Krisen und Notzeiten welcher Art und Herkunft immer besonders lebendig und von revolutionärer Wirkung. Ideologische Systeme, die in einem sehr weiten Sinn zum Typ der Erlösungsreligionen gerechnet werden können, verfehlen nicht, sich dieses Konstruktionselementes zu bedienen; das gilt natürlich auch vom Marxismus.

Soweit Hochreligion und kirchlich verkündete Dogmatik, verlegt das Christentum sein Endzeitalter ins Jenseits. Es vermeidet damit die peinliche Situation anderer, innerweltlicher Systeme, ihre Eschatologie bei Nichteintreten der Weissagung von Zeit zu Zeit korrigieren zu müssen - wie das dem Marxismus in seiner von Chruschtschow ernsthaft geglaubten Fassung widerfuhr.[11] Aber selbst im Christentum verlangt der Volksglaube immer wieder nach Daten, an denen der Anbruch des Tausendjährigen Reichs zu erwarten ist, das - aller Jenseitigkeit zum Trotz - durchaus auf Erden platzgreifen soll. So ist auch in der christlichen Geschichtsphilosophie, nach der Prophezeiung Daniels (II, 38 ff.) das Römische Reich als das letzte der vier Weltreiche betrachtet worden,[12] weshalb es nach dem Untergang Westroms unter dem gleichen Namen, als das Heilige Römische Reich, weitergeführt werden mußte. Der Mythos vom Dritten Reich, das ebenfalls zu tausendjähriger Dauer bestimmt war, hat sich noch in unseren Tagen als durchaus wirksam erwiesen.

Es fällt auf, daß, mit Ausnahme von apokalyptischen Visionen, die sich in - freilich symbolisch umdeutbaren - Einzelheiten ergehen, die Schilderungen der Endzeit und ihrer Gesellschaft merkwürdig vage bleiben, auch wo - wie im Marxismus - die Kritik an den gegenwärtigen Zuständen sehr genau und wissenschaftlich ausgefallen ist. Marx hat über die schließlich zu erwartende klassenlose Gesellschaft wenig Konkretes ausgesagt, und selbst solche unter seinen Anhängern, die sie wie S. Strumilin im Stil der Futurologen wissenschaftlich zu konstruieren suchten,[13] haben sich auf - zum Teil umstrittene, zum Teil schon widerlegte - Programme beschränken müssen, soweit sie sich nicht, wie Lenin, in Metaphern vom Absterben des Staates - genauer von der Verschrottung der Staatsmaschine[14] -, wie E. Pašukanis vom Überflüssigwerden von Gesetz und Strafvollzug[15] oder wie V.N. Šulgin vom Absterben sogar der Schule[16] ergingen: Erwartungen, die schon unter Stalin in ihr genaues Gegenteil verkehrt worden sind.

Wie das ideologische System die Antwort einer Gesellschaft auf eine bestimmte Reizsituation darstellt, so entspricht auch die von ihm entwickelte Eschatologie den spezifischen Bedürfnissen der jeweiligen Ausgangslage. Eine um die christliche Zeitenwende weit verbreitete Stimmung, die auch in der stoischen Philosophie ihren Ausdruck fand, hat mit dem Christentum, wie mit anderen Heilslehren der Epoche, Endzeiterwartungen vornehmlich jenseitigen Charakters hervorgebracht; möglicherweise, weil die Pax Romana wenig Angriffsflächen für innerweltliche, politische Konstruktionen bot.[17] Umso diesseitiger fielen die Milleniumserwartungen des Mittelalters aus.[18] Das erklärt ihr Fortwirken auch in den modernen politischen Heilslehren und totalitären Bewegungen. Die Endzeitvision des Marxismus nahm in der Klassensituation des Frühindustrialismus die Gestalt einer klassenlosen Gesellschaft an, in der es keine Ausbeutung des Menschen durch den Menschen geben würde. Nationale Bewegungen, aus dem Druck von Unfreiheit oder Diskriminierung geboren, haben zu allen Zeiten von einem die Freiheit und Herrschaft des eigenen Volkes sichernden Nationalstaat oder Reich geträumt. Kein Wunder, daß Generationen, die unter verheerenden Kriegen zu leiden hatten, ein Zeitalter des allgemeinen Weltfriedens zum Gegenstand ihrer eschatologischen Sehnsucht erhoben, wie die verschiedenen Weltfriedensprojekte des 16. bis 18. Jahrhunderts von Jean Bodin über den Abbé Saint Pierre bis zu Immanuel Kant beweisen,[19] ebenso aber die Weltorganisationen unserer Weltkriegsepoche vom Völkerbund zur UNO und die an sie geknüpften Erwartungen nach Art der Utopie von der One World.

Natürlich hat das Endzeitalter utopischen Charakter. Während die eine reiche literarische Gattung erfüllenden Utopien nach Art des Campanella und des Thomas Morus einen unzugänglichen Raum, eine glückliche Insel beschreiben, schildern die Eschatologien eine noch nicht eingetretene, aber doch kommende Zeit. Die unzugängliche Insel ist als nichtexistent durchschaubar, die verheißende Endzeit aber wird gläubig erwartet. Manchmal wird sie - wie im sowjetischen Kommunismus von Strumilin - mit wissenschaftlichen Methoden ausgemalt. Trotzdem bleibt sie utopisch. Sie ist nicht aus bestehenden Verhältnissen extrapoliert, nach Wahrscheinlichkeit berechnet wie die Zukunft der Futurologen, sondern als Antithese zum gegenwärtigen, als unbefriedigend empfundenen Zustand entwickelt.[20]

Die ernsthaft geglaubte, weil etwa aus der Bibel entwickelte Utopie entspricht - in sozialen und religiösen Krisen wie bei Franz von Assisi oder Peter Chelčický - einer allgemein menschlichen Veranlagung und Fähigkeit, sich an Stelle der materiell oder auch moralisch unerträglichen Wirklichkeit eine unwirkliche Welt aufzubauen, die aber einen höheren Grad an Realität gewinnen kann als die wirklich erlebte.[21] Auch jenseits des hier besprochenen Motivs im Ablauf des heilsgeschichtlichen Prozesses kann so die utopische Ersatzwelt real und in hohem Maße verhaltenswirksam werden.

Einen wesentlichen Teil ihrer dynamischen Wirkung schöpfen die Erlösungsreligionen aus dem Ort, den sie dem Einzelnen im heilsgeschichtlichen Drama zuweisen. Der Empfänger und Gläubige der Lehre lebt immer in der Talsohle des durch den Sündenfall verursachten Elends, am Vorabend der Erlösungstat. Das ergibt sich schon daraus, daß es eben der Druck jenes Elends ist, der die Heilslehre hervorgetrieben, den leidenden Menschen mit Heilserwartung erfüllt hat. Es kann nicht so weitergehen, täglich muß die Wende kommen. Der Betroffene muß sie noch erleben, muß selber daran mitwirken können. Erst diese Aussicht weckt Hoffnung und den Entschluß zu persönlichem Einsatz, erst sie läßt die größten Opfer gerechtfertigt erscheinen.

Daß revolutionäre Ideologien aus einer revolutionären Situation leben, deren Vorhandensein oder Fehlen ihre Propheten sorgfältig prüfen, die sie gegebenenfalls künstlich herbeizuführen suchen, ist vielfach belegt: so durch Lenins Diagnose am Vorabend der Oktoberrevolution, so auch durch Herbert Marcuses Analyse des revolutionären Potentials bei Studenten, seines Fehlens in der Arbeiterschaft der Industrieländer. Aber auch für die Zurücknahme der Heilserwartung auf die unmittelbare, persönlich noch zu erlebende Zukunft gibt es das Beispiel der ersten Christen, die von der Weissagung lebten, diese - ihre - Generation werde nicht vergehen, bevor dies alles - das Kommen des Messias - geschieht. Es war das Ausbleiben dieser Erwartung, das eine charakteristische Krise hervorrief und von den Kirchenvätern viel Kunst verlangte, die Parusie auf das Ende der Zeiten zu verschieben. Ganz Ähnliches widerfuhr den Bolschewiken der alten Garde um Lenin, die den Ausbruch der Weltrevolution stündlich erwarteten, von dem nach ihrer Vorstellung das Gelingen ihrer eigenen, der russischen Revolution abhing. Die Umstellung auf Stalins "Revolution in einem Land" und schon die noch von Lenin vollzogene enttäuschte Abwendung von Europa nach Asien und Afrika war von tiefen Krisen der Ideologie und Herrschaft begleitet.

Wie wichtig den Gläubigen der verschiedensten Systeme das unmittelbare Bevorstehen der Erlösung erscheint, das bezeugen auch die in revolutionären Situationen, aber auch sonst in ideologischen Konflikten, immer wieder auftauchenden Fehldiagnosen vom fast schon errungenen Sieg: Das Reich Gottes ist nahe! Auch Hitlers sehr schnell und gründlich widerlegte Feststellung von der im Herbst 1941 eigentlich schon geschlagenen, nur noch Aufräumungsarbeiten erfordernden Sowjetunion entspricht dieser Tendenz. Davon unbelehrt sind noch in jüngster Zeit Prophezeiungen vom unausweichlichen Untergang des Sowjetsystems erschienen wie die von Michel Garder (L'agonie du régime en Russie soviétique[22]) oder von Andrej A. Amalrik (Kann die Sowjetunion das Jahr 1984 erleben?[23]). Beide arbeiten zum Teil mit guten Gründen, aber beide entsprechen auch dem allgemeinen Bedürfnis nach dem Glauben an das unmittelbar bevorstehende Heil. Darin ist der schärfste Kritiker dieses Systems, Alexander Solženicyn, weit zurückhaltender. Auf der anderen Seite sind auch illustre Ankündigungen vom schnellen Zusammenbruch des Hitlerregimes zunächst und mit verhängisvollen Folgen für seine Gegner enttäuscht worden.

Im Ganzen überblickt, zeichnen sich die ideologischen Systeme vom Typ der Erlösungsreligionen dadurch aus - und darauf beruht offenbar ihre aktivierende, Kulturen entwickelnde Wirkung -, daß sie einige Grundmotive der menschlichen Natur ansprechen und zu einer geradezu genialen Komposition zusammenfassen. Ein kleiner Katalog dieser Grundmotive bietet sich an: das verlorene Paradies oder der richtige, aber längst vergangene Urzustand; die Schuld - eigene oder fremde -, die den Menschen daraus vertrieb; das Elend - die Verbannung, Entfremdung, Pilgerschaft -, in der der Mensch lebt; das Prinzip Hoffnung, das ihn überhaupt noch am Leben hält; die Erlösung oder Befreiung, die große Wende, an der mitzuwirken oder doch teilzuhaben Kräfte weckt und Sinnerfüllung gewährt; schließlich das glückliche und gerechte, alles ausgleichende Endzeitalter. In irgend einer, und sei es rudimentären Form sind diese Grundmotive in allen Heilslehren und Erlösungsreligionen enthalten, manche von ihnen auch in anderen Systemen: so sehr entsprechen sie allgemein menschlichen Anlagen und Bedürfnissen.

Einen Kern davon enthält auch der Fortschrittsglaube, der die unerhörte, alle vorausgehenden Epochen der Menschheitsgeschichte weit hinter sich lassende Entfaltung der letzten Jahrhunderte in Gang gesetzt und begleitet hat. Wir haben ihn auf die Vorstellung zurückgeführt, die Menschheit - und die Natur überhaupt - befinde sich in einer ständigen, und sei es auch von Rückschlägen unterbrochenen Entwicklung von niedrigen Formen und Zuständen zu immer höherer Zivilisation, Erkenntnis, Naturbeherrschung und Gesittung. Auch dieser Glaube hat eine stimulierende, den geglaubten Fortschritt selbst fördernde Wirkung. Er ist allerdings, entgegen der Meinung mancher seiner Anhänger, gar nicht allgemein in der Welt verbreitet. Große Kulturen und Epochen sind ohne ihn ausgekommen, und selbst in der unseren stellt ihn das Gefühl, an den "Grenzen des Wachstums" angelangt zu sein, in Frage.

Die aus der Aufklärung aufgestiegene, von deren Fortschrittsglauben erfüllte Wissenschaft hat nach einer langen und fruchtbaren Periode des Evolutionismus selbst wieder gewisse Korrekturen an dessen undifferenzierter Frühform angebracht, indem sie etwa die Theorie vom prälogischen Denken früher Menschen und Naturvölker überwand. Nicht von einem prälogischen zu unserem logischen Denken habe sich der Fortschritt vollzogen, erkannte sie.[24] Der Unterschied bestehe eher in der Art und Zahl der Informationen, die damals und heute zur Verfügung standen und in der eigentümlichen, deshalb aber nicht primitiveren Struktur des "wilden Denkens".[25] In der Struktur, Potenz und Kreativität des Denkens seien sich die Menschen seit zehntausenden von Jahren gleich. Gerade in die frühesten Epochen fielen überlegene Schöpfungen wie die der Sprache und der mythischen Weltdeutungssysteme.

Trotzdem ist der Evolutionismus eine grundlegende, seinen
eigenen Lehrinhalt entscheidend verwirklichende Entdeckung
unserer Epoche und unseres Kulturkreises. Einen wesentlichen
Impuls hat ihm Darwin gegeben, aber er ist durch Teilhard
von Chardin, von der Biologie und Paläontologie aus, selbst
in die christliche Theologie eingedrungen. So von Wissenschaft und Philosophie unterbaut, erscheint der Fortschrittsglaube als ein sich von Stufe zu Stufe entwickelndes und im
allgemeinen Bewußtsein durchsetzendes Weltbild, das den Gott
des Mittelalters allmählich aus seiner Rolle als täglich ein-
greifender Lenker der Schicksale in die des fernen Schöpfers
und der letzten Weltursache zurückdrängt. Er hat der Welt ihre Gesetze - nach denen er sich selber richten muß - in Gestalt einer prästabilierten Harmonie ein für allemal mitge-
geben. Der Motor der Weltgeschichte ist damit in die Welt
selbst verlagert, und zum Treibstoff wird - statt des unerforschlichen, aber beeinflußbaren Willen Gottes - ein innerweltliches Prinzip, eben das Prinzip des Fortschritts zu immer höheren Formen der Natur und der Menschheit.

Darwin hat dieses treibende Prinzip in der natürlichen Zucht-
wahl entdeckt, die das Überleben und die Fortpflanzung des
Tüchtigen automatisch sichert. Daher seine ungeheure, die
Welt in ihrem innersten Mechanismus erhellende, aber auch
- in Gestalt des Sozialdarwinismus - demoralisierende Wirkung.[26ced] Wir haben sie in Gestalt eines totalitären Regimes
erlebt, und auch die übrige Welt erlebt sie in der zunehmen-
den Hemmungslosigkeit politischer Systeme und wirtschaftlicher Organisationen, aber auch des Einzelnen, zum Zweck des
Machtgewinns wie des bloßen Überlebens alle Mittel für er-
laubt zu halten und sich dabei aus dem Dienst am Fortschritt
der Welt durch Auslese des Tüchtigsten zu rechtfertigen.

In dem Bewußtsein, einer aufsteigenden Menschheit oder auch
nur Gruppe anzugehören, darin mitzumarschieren, ja mitzuwirken, steckt ein ungeheurer Anreiz, eine Steigerung des Selbst-

wertgefühls, eine Werbung für die Solidarität mit allen "fortschrittlichen Kräften". Es teilt die Welt in Fortschrittliche und Reaktionäre, versieht beide Lager mit einem moralischen Akzent und macht die Welt zur Einbahnstraße. Das erklärt die faszinierende Wirkung der Linken auf kritische und bewegliche Bevölkerungsgruppen, besonders Intellektuelle und Jugendliche, die, bei aller Ablehnung des Umschlags gerade revolutionärer Systeme in Repression und Konservativismus, unbeirrt am Fortschritt festhalten: eine ständige Versuchung zu unrealistischer Anthropologie und zu utopischem Denken. Der Vorteil des Fortschrittglaubens als Konstruktion liegt darin, daß er die Annahme und Ausmalung eines Endzeitalters unnötig macht. Das Bewußtsein des Fortschreitens ist verhaltenswirksam genug. Selbst das "Ende des Wachstums" stört nicht: die notwendige Kurskorrektur - Bevölkerungsstop, Umweltschutz, Rationalisierung - läßt sich als der wahre Fortschritt interpretieren.

2. Erkenntniswahrheit und Glaubenswahrheit

Die Weltdeutung solcher Systeme vom Typ der Erlösungsreligion oder des Fortschrittglaubens, die die Geschichte in einen dramatischen Ablauf spannen und dem Menschen darin eine Rolle anweisen, scheint ein so elementares menschliches Grundbedürfnis zu befriedigen, daß daneben das ebenso menschliche Bedürfnis nach Erkenntnis der Wahrheit zurücktritt. Genauer gesagt: dieses Wahrheitsbedürfnis wird zum Instrument heilsträchtiger Welt- und Geschichtsdeutungen; denn glaubwürdig und damit heilswirksam werden solche Deutungen nur, indem sie als Wahrheit auftreten. Als "ideologische" Konstruktionen entlarvt, verlieren sie diese Wirkung.

So stellt sich einer Funktionsanalyse der ideologischen Systeme die Frage, ob und wie weit sie imstande sind, die Wahrheit zu verkünden, und was das für eine Wahrheit ist, die

sie befähigt, das auf die Sinndeutung der Welt gerichtete
menschliche Grundbedürfnis zu befriedigen. Die Spannung, die
damit zwischen den beiden Funktionen der ideologischen Systeme, zwischen Wahrheitsverkündung und Sinndeutung, herrscht,
ist in unserem Kulturkreis seit mehr als zweihundert Jahren
das zentrale Thema der Erkenntnistheorie wie der Theologie
und hier als Gegenstand unserer Untersuchung nicht mehr zu
umgehen.

Dabei ist schon deutlich geworden, daß es sich bei der Wahrheit der ideologischen Systeme nicht um die wissenschaftliche Wahrheit handeln kann, wie wir sie seit der Aufklärung
verstehen. Mögen solche Systeme und Religionen auch als Verkünder der Wahrheit auftreten, ja mag ihre Wirkung auf Menschen und Gesellschaften davon abhängen, daß ihre Botschaft
als Wahrheit verstanden und geglaubt wird: schon die Tatsache, daß es unter den Menschen mehrere solcher Systeme - Religionen, Weltanschauungen, Ideologien - gibt, die einander
in wesentlichen Fragen widersprechen, beweist, daß ihre Wahrheit von anderer Art sein muß als jene von der empirischen
Wissenschaft entwickelte und durch eine strenge Forschungslogik ständig zu sichernde Wahrheit, auf die etwa die Naturwissenschaften angewiesen sind.

Es ist hier nicht möglich, die jahrtausendealte Diskussion
des Wahrheitsbegriffs von Aristoteles über die Hochscholastik
bis zu Husserl und Heidegger auch nur zu skizzieren.[27] Auf
der Skala zwischen Fakten und Bewußtsein, auf der sie sich
- nach der klassischen Definition der Wahrheit als adequatio
rei et intellectus - bewegte, hat sich die Aufklärung für
den Primat der Fakten entschieden. Ihnen genau zu entsprechen, hat sie perfekte Methoden entwickelt, damit aber jenes
aktive Verhältnis zur Wahrheit unterbunden, das die ideologischen Systeme charakterisiert und das eine Lebensbedingung
der menschlichen Gesellschaft ist. In den Denkmöglichkeiten
unseres orientalisch-abendländischen Kulturkreises ist näm-

lich neben dem heute allein dominierenden Begriff der Erkenntniswahrheit noch ein anderer, seit der Aufklärung fast vergessener Wahrheitsbegriff enthalten.[28] Es ist der Begriff der Glaubenswahrheit, mit der die ideologischen Systeme und Religionen arbeiten.

Während die von der Aufklärung und ihren Nachfolgebewegungen allein anerkannte Erkenntniswahrheit auf den griechischen Begriff "aletheia" zurückgeht, der etwas mit "aus der Verborgenheit befreien" - in Heideggers Terminologie "entbergen" - zu tun hat, gibt es für Wahrheit noch den hebräischen Begriff "ämät", der sich, wie das in der Liturgie verwendete "amen" von einem Verb herleitet, das "fest sein", "tragfähig sein", "zuverlässig sein" bedeutet und damit ein aktives, zukunftsgewandtes Element enthält. Mit diesem "ämat" ist "ämuna" verwandt, das mit Vertrauen, Treue zu übersetzen wäre, und es gibt zu denken, daß auch im Englischen dieser Zusammenhang zwischen Wahrheit und Vertrauen besteht, nämlich in den Vokabeln truth, true, truly.

Die Nahtstelle zwischen diesen beiden Wahrheitsbegriffen findet sich in der Septuaginta, der von hellenisierten Juden in Alexandria hergestellten griechischen Übersetzung des Alten Testaments.[29] Diese Gelehrten haben das hebräische "ämät" mit "aletheia" wiedergegeben und damit den dem griechischen Denken näherliegenden Begriff der empirischen Erkenntniswahrheit an die Stelle der durch Vertrauen auf eine zuverlässige Quelle erfahrenen, aktiven Wahrheit gesetzt. So großartig die Entwicklung der Naturwissenschaften, der Logik und der Wissenschaftstheorie ist, die diese Akzentverschiebung auf die griechische "aletheia" eingeleitet hat, so unentbehrlich blieb für die davon betroffene Gesellschaft des europäischen Kulturkreises jener andere Wahrheitsbegriff, von dem bis heute die großen Religionen und ideologischen Systeme leben. Jedes System, das, wie die Aufklärung, den einen dieser beiden Wahrheitsbegriffe, die empirische Erkenntniswahrheit im positivistischen Sinne, zur Alleinherrschaft erhob, mußte damit rechnen, daß der andere auf irgendeine Weise, in antithetischen Systemen welcher Art immer, von neuem zum Durchbruch drängte. Mit solchen Renaissancen der Glaubenswahrheit haben wir es denn auch bei den nach jener großen Aufklärung und ihren späteren Wellen immer wieder auftretenden Systemen zu tun, handle es sich nun um christliche Erneuerungs- und Erweckungsbewegungen, um Formen des Nationalismus oder auch des Marxismus.

Von den beiden einander hier als "ämät" und "aletheia" gegenübergestellten Wahrheitsbegriffen ist den ideologischen Systemen nur die Glaubenswahrheit verfügbar und adäquat. Sie allein kann das leisten, was das ideologische System zu leisten hat: Weltorientierung, Verhaltenssteuerung und Sinndeutung. Darum ist es falsch, von den Religionen und ideologischen Systemen ausgerechnet wissenschaftlich nachweisbare Erkenntniswahrheit zu verlangen und sie danach zu beurteilen. Das sagt nichts gegen die Notwendigkeit der Ideologiekritik und der ernsten wissenschaftlichen Wahrheitssuche. Es stellt nur fest, daß diese beiden an der anthropologischen Funktion der ideologischen Systeme vorbeizielen.

Die hier angedeutete Rollenverteilung zwischen Erkenntniswahrheit und Glaubenswahrheit wirft die weitere Frage auf, wie weit dem Menschen die Ermittlung der Erkenntniswahrheit überhaupt möglich ist, und welche anthropologische Funktion diese Wahrheit, einmal ermittelt, erfüllen kann.

Die Bedingungen der empirischen Wahrheitsfindung und die Grenzen, an die sie - in unserem Zeitalter und vielleicht unter Menschen überhaupt - stößt, sind Gegenstand der Erkenntnistheorie und der Wissenssoziologie, die sich beide nach generationenlangen, wechselvollen Erfahrungen auf eine Abgrenzung ihrer Möglichkeiten zu einigen im Begriff sind.[30] Dabei bestehen Grenzen der Wahrheitsfindung nicht nur in den

von diesen Disziplinen unermüdlich erörterten Gegebenheiten
der Forschungslogik und der Methode, sondern auch in den geistigen Möglichkeiten des Menschen. Einmal nämlich ist beispielsweise die moderne Physik über die Grenzen des Anschaulichen und Vorstellbaren so weit hinausgelangt, daß sich
selbst die Physiker nur auf Umwegen über das Erkannte verständigen können, wozu die dafür bis vor kurzem benutzten
Modelle nicht mehr geeignet sind.[31] Zum anderen ist die wissenschaftlich ermittelte Wahrheit nur einem kleinen Kreis
von Fachleuten überhaupt verständlich, so daß sich auf allen
Wissensgebieten die jeweils weit überwiegende Mehrzahl der
Laien mit sehr vereinfachten und eigentlich schon gar nicht
mehr wahren Hilfskonstruktionen der Wahrheit begnügen müssen.
Auf diesem Sachverhalt beruhen die seit Jahren mehrfach durchgeführten empirischen Untersuchungen des Weltbildes bestimmter Gruppen oder Schichten, der Arbeiter eines Hüttenwerks
etwa[32] oder der Studenten und Schüler bestimmter Bildungseinrichtungen.

Schwerwiegender sind die Einschränkungen der Zuständigkeit,
denen sich die empirische Erkenntniswahrheit unterworfen
sieht. In den Diskussionen zwischen "Positivisten" und "Dialektikern", etwa beim oben erwähnten Positivismusstreit in
der deutschen Soziologie,[33] war gerade davon die Rede. Die
strenge Forschungslogik, die den Naturwissenschaften so umwälzende Ergebnisse gebracht hat, beschränkt die Wahrheitssuche im Bereich der Geistes- und Sozialwissenschaften auf
eine bloße Forschungstechnik, die die Antwort auf die dringlichsten, gerade diesen Disziplinen gestellten Fragen verweigern muß. Sie engt damit ihre Zuständigkeit auf einige
gesellschaftlich und moralisch irrelevante Sachverhalte ein
und fordert in Wert- und Verhaltensfragen einen Dezisionismus heraus. Das aber bedeutet: sie überläßt die Beantwortung
gerade der dem Menschen wesentlichen Fragen eben jenen ideologischen Systemen und Religionen, die dazu ihre Glaubenswahrheiten bereithalten.

Wie diese durch die ideologischen Systeme vermittelte Glaubenswahrheit wirkt, davon kann man sich immer wieder selbst überzeugen. Wer etwa in Werner Höfers internationalem Frühschoppen die aus dem Ostblock kommenden Journalisten diskutieren hört, den frappiert die absolute Sicherheit, mit der sie die von ihrem System jeweils ausgegebene Sprachregelung zu den verschiedensten Problemen verkünden. Während "westliche" Journalisten darüber ihre persönliche, oft kritische und mit ihrer Regierung gar nicht konforme Meinung äußern, weiß man im voraus genau, welche Thesen oder Argumente die Vertreter kommunistischer Staaten und Zeitungen auf diese oder jene Frage formulieren werden. Mag sein, daß sie daneben noch eine private, davon abweichende Meinung haben. Aber selbst in Gesprächen ohne Mikrophon und mit privaten Bürgern dieser Staaten überrascht - soweit nicht besondere Umstände ihre Zungen gelöst haben - der Brustton der Überzeugung, mit dem die jeweils offizielle Version des Systems auch als ihre persönliche erscheint. Offenbar ist damit ein frühes Stadium der durch Zweifel noch nicht erschütterten Glaubensfestigkeit gekennzeichnet, dem im Westen ein durch Skepsis und eigenes Urteil bereits verunsichertes Spätstadium des Meinungspluralismus gegenübersteht. Es wird einst vielleicht auch den Osten erfassen - und hat das in Gestalt des Revisionismus mancherorts schon getan. Trotzdem läßt sich solcher Konformismus nicht nur aus dem Druck eines totalitären Regimes erklären. Ihm kommt vielfach ein ausgesprochenes Glaubensbedürfnis entgegen, das die Geborgenheit einer geordneten und sinnvollen Welt erstrebt und dafür bereit ist, ein wenig von der Kritik zu opfern, die der gebildete Agnostiker für den Prüfstein seiner Intelligenz und Freiheit hält. An Arthur Koestler, der trotz Einsicht in die Absurdität seines kommunistischen Glaubens lange und überlegt zögerte, diesen Glauben aufzugeben, ist dieses Bedürfnis nach einem bergenden und sinngebenden ideologischen System und die Furcht vor dem ideologischen Vakuum abzulesen.[34)]

Am deutlichsten wird die Funktion des Glaubens an ein geschlossenes System - und damit die entscheidende Bedeutung der Glaubenswahrheit vor aller wissenschaftlich verifizierten Erkenntnis - in Extremsituationen. In den Verfolgungs- und Vernichtungslagern totalitärer Systeme zum Beispiel erweist sich - wie Erinnerungen aus den nationalsozialistischen Lagern, aber auch die Analysen Solženicyns aus dem Archipel Gulag beinahe experimentell bestätigen - die Überlegenheit des in irgendein System gläubig Gebundenen beim Kampf ums Überleben. Nur die Glaubenswahrheit kann sie ihm gewähren. Empirisch überprüfte Erkenntnisse kämen zu spät oder wären nicht verfügbar; vor allem aber leisten sie gerade das nicht, was der Preisgegebene in seiner Lage braucht: die Gewißheit, daß das, wofür er leidet, einen Sinn hat. Das reicht bis in die Absurdität der Geständnisse, die die Opfer totalitärer Schauprozesse glauben, ihrer Partei schuldig zu sein.

Der Mensch, der sich einem Glauben anvertraut und mit Glaubenswahrheiten begnügt, statt sie in jedem Fall kritisch zu überprüfen, setzt sich in unserem, von der Aufklärung geprägten, die empirische Erkenntniswahrheit allein gelten lassenden Zeitalter dem Vorwurf des Vorurteils aus. Dieses Vorurteil ist zu einer charakteristischen Vokabel unserer Zeit geworden. es wird als ein von einer fremden Autorität ohne Prüfung übernommenes, also unkritisch geglaubtes Urteil definiert und gilt als Kennzeichen primitiver, kritischen Denkens unfähiger oder unwilliger, auf fremde Autorität angewiesener, "autoritärer" Menschen oder Gruppen. Eine ganze Wissenschaftsdisziplin, die Vorurteilsforschung, hat sich den Vorurteilen, den Bedingungen ihres Zustandekommens und den Methoden ihrer Überwindung gewidmet.[35]

Nun ist gerade diese Vorurteilsforschung, mit Hilfe einiger, von Vorurteilen weniger als die meisten anderen beherrschter unter ihren Vertretern, selbst daraufgekommen, daß sich das

Weltbild der Menschen, selbst der kritischen und wissenschaftlich gebildeten, zum Großteil aus nicht persönlich überprüften und vielfach auch gar nicht überprüfbaren Urteilen zusammensetzt. Es gehe also - so wurde damit klar - gar nicht um die Vermeidung oder Beseitigung der Vorurteile überhaupt als vielmehr um die Überwindung eines ihrer - freilich negativen und folgenschweren - Merkmale: ihrer Resistenz gegen neue, bessere Informationen. Die Bemühungen etwa der politischen Pädagogik sollten demnach weniger der Entlarvung oder Widerlegung solcher Vorurteile gelten als der Aufgeschlossenheit ihrer Träger für neue Informationen und ihrer Bereitschaft, ihr wie immer gewonnenes Urteil auf Grund solcher Informationen zu korrigieren.[36] Dem steht freilich die allgemein menschliche Neigung entgegen, sich an solche Urteile zu klammern, wenn sie nur die Sicherheit des einmal gewonnenen Weltbildes nicht stören.

3. Der Einbruch der Empirie

Mit den Folgen neuer, den Glaubenswahrheiten des jeweiligen Systems widersprechender Informationen sind wir auf eines der grundlegenden Probleme der ideologischen Systeme gestoßen. Ihr Verhalten dazu und ihre dadurch ausgelösten Wandlungen sind für die anthropologische Funktion dieser Systeme aufschlußreich.

Jedes der hier in Rede stehenden Systeme, ob religiös oder areligiös, muß darauf gefaßt sein, daß seine Glaubenswahrheiten durch neue Informationen widerlegt, vielleicht auch nur in Frage gestellt werden oder daß sie durch eine Veränderung des Weltbildes ihre Wirkung verlieren. Solche Informationen können in Gestalt neuer Erkenntnisse der Wissenschaft auftreten, wie es die Einsicht in den heliozentrischen Charakter unseres Sonnensystems war, oder auch als Entdeckung unbekannter Völker und Kulturen, wie sie die Seefahrten nach Asien und die Entdeckung Amerikas bekannt machten: nichtchristliche Kulturen mit einem trotzdem hohen moralischen und intellektuellen Standard. Soweit ein ideologisches System Institutionen hervorgebracht hat - Kirchen, Staaten, Parteien und ähnlich -, reagiert es auf solche Informationen nach einigen wenigen charakteristischen Modellen.

Die naheliegendste, weil regelmäßig zu beobachtende Reaktion dieser Art besteht in dem Versuch, die eigenen Anhänger gegen die neuen Eindrücke abzuschirmen. Darin reagieren die großen Systeme und Religionen nicht anders als der Einzelne, dessen Weltbild seine Glaubwürdigkeit und Sicherheit plötzlich zu verlieren droht. Dieser Sicherung der eigenen Glaubenswahrheit dient bei vielen ideologischen Systemen ihre oft schon beim Entstehen angelegte Tendenz zur Isolierung. Das System hat über die von ihm beherrschte Gesellschaft ein Monopol und sucht es zu bewahren, andere Kulturen und Systeme als nicht existent oder doch fremd und feindlich zu erweisen.[37] Klassische Beispiele waren bis ins späte 19. Jahrhundert Japan und bis in die Gegenwart Tibet. Für die katholische Kirche bedeutet der Übergang zu ökumenischer Öffnung durch das Zweite Vatikanische Konzil einen Wandel, dessen Folgen noch gar nicht abzusehen sind. Der Kommunismus ist, was solche Abschirmung anbelangt - bei all seiner Fortschrittlichkeit und weltmissionarischen Haltung - noch konservativer als die katholische Kirche. Der Marxismus-Leninismus bedürfe - so verkündeten seine Funktionäre in Abwehr der revisionistischen Versuche, mit nichtmarxistischen Philosophien ins Gespräch zu kommen - keiner Anregungen durch solche Denksysteme, da in ihm alle Probleme grundsätzlich gelöst seien und nur gewisse Neuinterpretationen der klassischen Lehre erforderten.[38] Früheren, für die russische Geschichte spezifischen Methoden der Abgrenzung gegen die Umwelt gegenüber sind die modernen Abschirmungsmaßnahmen erstaunlich perfektioniert, offenbar, weil hier zur Absicht ungestörter Herrschaftsausübung noch die Furcht vor ideologischer Diversion getreten ist. Daß bei aller Koexistenz und Entspannung eine ideologische Koexistenz absolut unterbunden wird, illustriert die Bedeutung, die das System gerade der ideologischen Einheit und Reinheit beimißt.

Eine weitere Reaktion auf die Einwirkung fremder Denksysteme und die durch sie befürchtete Schwächung des eigenen ist der gesteigerte Wert, den seine Verteidiger auf scheinbar unbedeutende Einzelheiten und Äußerlichkeiten von Lehre und Kult legen. Nun wird alles an dem gefährdeten System wichtig: neben dem Lehrinhalt auch die Formeln seiner Verkündigung, der Buchstabe des Gesetzes, Nebensächlichkeiten des Ritus. Alles muß jetzt helfen, das ganze System zu verklammern und zu stützen. Fällt ein Teilchen aus, gerät das Ganze ins Wanken. So erklärt sich die Veräußerlichung des Kults, die Bedeutung, die offizielle Sprachregelungen gewinnen, die Beibehaltung einer längst nicht mehr verstandenen Kultsprache. Die gleiche Tendenz äußert sich in der Dogmatisierung der eigenen Ideologie. Wo sie der unangefochtene Glaube ihrer Anhänger nicht sichert, dort muß das ein Gefüge von Lehrsätzen, Normen und Tabus tun, die Lehre sichtbar und ihre Grenzen verbindlich machen. Es läßt sich nicht leugnen, daß Veräußerlichung und Dogmatismus dieser Art das System zunächst retten. Auch wo höchste Funktionäre im Innersten nicht mehr glauben, wie Renaissancepäpste und moderne Parteichefs, dort werden sie durch solche Festlegungen in der Rolle von Glaubensvorbildern gehalten.

Zum Teil erklärt die Gefährdung des Systems durch eine konkurrierende Ideologie auch eine weitere Reaktion ideologischer Systeme: die Flucht in die Repression. Wo ein System auf die gläubige Hingabe seiner Anhänger nicht mehr zählen kann, dort bleibt ihm nichts anderes übrig, als sie zum Festhalten am Glauben zu zwingen. Natürlich verstärken andere Motive solche Repression: die für eine forcierte Industrialisierung notwendige Beschaffung billiger Arbeitskräfte, die

Liquidierung des Klassenfeindes, die Furcht vor Spionage. Im
Archipel Gulag hat Alexander Solženicyn eine ganze Reihe solcher Motive analysiert und auf ihre Wirkungen hin untersucht.[39)]
Die Weltgeschichte der Verfolgungen und Repressionen würde
noch viele andere aufzuzählen haben.

Dabei fällt auf, daß die Tatsache der Repression mit dem Inhalt der durch sie zu verteidigenden Ideologie nichts zu tun
hat. Entgegen der üblichen Propaganda, so etwas komme nur bei
gegnerischen Systemen vor und sei in deren Ideologie begründet, hat gerade die jüngste Zeit gelehrt, daß der Entschluß
zu repressiven Maßnahmen oder Institutionen von der Lage des
betreffenden Systems, nicht aber von dessen Lehre abhängt.
Eine Militärjunta regiert im gleichen Stil, ob sie eine
rechts- oder linksgerichtete Ideologie vertritt. Faschistische Konzentrationslager unterscheiden sich wenig von kommunistischen. Das Gebot der Liebe hat grausame Verfolgungen
um der es enthaltenden christlichen Lehre willen nicht verhindert. Die Einsicht in dieses das Verhalten der ideologischen Systeme und Religionen bestimmende Gesetz hätte - so
sollte man meinen - viele Enttäuschungen über den regelmäßigen Umschlag von Revolution in Repression vermieden. Aber
auch diese Unbelehrbarkeit hat etwas von einer List der Geschichte an sich, die die für Revolutionen nötigen Energien
nicht mobilisieren könnte, käme ihr nicht der naive Glaube
zu Hilfe, nun würde alles anders werden und das Gesetz der
Flucht in die Repression gelte nicht für das eigene System.

Die Neigung ideologisch begründeter Herrschaften zur Repression hat manchmal etwas Tragisches an sich. Man könnte mit
ihren Urhebern beinahe Mitleid haben. Denn wie immer sie es
anstellen, welchen Erfolg sie zunächst in der Unterdrückung
neuer Informationen und Meinungen auch haben mögen: ihr
Wunsch, die Lehre und damit ihre Macht ungeschmälert zu erhalten, ist auf jeden Fall zum Scheitern verurteilt. Zwang
nährt Gegenkräfte, die schließlich explosiv werden; Libera-

lisierung setzt Entwicklungen in Gang, die außer Kontrolle geraten und das System ebenfalls verändern. Auf die Dauer ist jedes ideologische System zur Anpassung seiner Wahrheit an die Empirie gezwungen. Von solcher Anpassung hängt schließlich sein Überleben ab.

Deshalb ist die Geschichte jedes großen und längere Zeiträume überspannenden ideologischen Systems durch eine Folge von Anpassungsschüben gekennzeichnet, die jedesmal Gefahr und Chance zugleich enthalten. Ist ein solches System flexibel genug, Anpassungen dieser Art zu vollziehen, dann kann es Jahrhunderte überstehen. Die klassischen Beispiele dafür stellen die großen Religionen dar, unter denen das Christentum zweitausend Jahre überdauert hat, teils indem es Reformbewegungen assimilierte, teils indem es Reformationen und Schismen erlitt, die zwar die Kirche spalteten, dabei aber einen Grundstück gemeinsamer Glaubenswahrheiten, Werte und Normen bewahrten. Sie haben die Institution nicht gerettet, die Ideologie aber für immer neue Wiedergeburten und für eine gemeinsame Funktion und Physiognomie unter den großen Weltreligionen am Leben erhalten. Auch schon die kurze Geschichte des institutionalisierten Marxismus-Leninismus läßt Verlauf und Probleme solcher Anpassungsschübe erkennen. Kurz nacheinander sind Relativitätstheorie und Kybernetik aus bürgerlichen Pseudowissenschaften zu Grundpfeilern der sowjetischen Raumfahrt geworden; die Lehre Lyssenkos wurde aufgegeben; die sowjetische Naturwissenschaft hat sich aus der Zensur der ideologischen Funktionäre befreit. Nur die Kunst lebt noch unter dem Diktat des sozialistischen Realismus; aber auch darin gibt es unterschiedliche Entwicklungsstufen, wenn man etwa die Lage in Polen und in der Tschechoslowakei mit der der sowjetischen Künstler vergleicht. Das Gegenbeispiel ist die mit unverhältnismäßigem Einsatz an militärischen und administrativen Maßnahmen, vor allem aber an kulturellem Prestige durchgesetzte Unterdrückung des Revisionismus, die eben noch im Begriff ist, alte, höchst produktive und in der Welt angesehene Kulturen wie die tschechische in geistige Friedhöfe zu verwandeln. Im weltgeschichtlichen Vergleich läßt sich voraussehen, daß dieser Widerstand auf die Dauer ähnlich scheitern muß wie die Verteidigung des geozentrischen Weltbildes oder die Bewahrung geburtsständischer Gesellschaftsstrukturen.

4. <u>Zweifler, Ketzer, Dissidenten</u>

Mit all diesen Beobachtungen erweist sich die ständige oder in Schüben erfolgende Anpassung der ideologischen Systeme und der von ihnen verkündeten Wahrheit an die Empirie als eine Lebensfrage dieser Systeme und Religionen. Sie äußert sich aber nicht nur in der jeweiligen Neuorientierung der Gesellschaft in dem Sinne, in dem, nach Marx, etwa die Produktivkräfte beim Auftreten antagonistischer Widersprüche an die veränderten Produktionsbedingungen angepaßt werden müssen. Auch im Individuum sind offenbar Regelmechanismen am Werk, die es zu einem Antriebsmotor solcher Anpassungen und Veränderungen machen. Auf die Spannung zwischen Glaubenswahrheit und Empirie reagiert der Einzelmensch nämlich mit dem Zweifel.

Der Glaubenszweifel, in jedem noch unangefochten herrschenden ideologischen System fast wie eine Sünde, zumindest als Versuchung betrachtet und zunächst von dem davon befallenen Individuum selbst mit allerhand Praktiken abgewehrt, erweist sich schließlich als ein unentbehrliches, für die Entwicklung und Gesundheit des ideologischen Systems wichtiges Stimulans. In Zeiten der Krise oder des Verfalls eines solchen Systems, die seiner Wiedergeburt oder Ablösung vorangehen, wirkt dieser Zweifel wie ein Bakterium bei der Einleitung oder Steuerung lebenswichtiger chemischer Prozesse. Zunächst als Werk des Teufels oder feindlicher Diversion abgewehrt, wird er schließlich zur Tugend erhoben und erscheint in unserem Kulturkreis seit der Aufklärung, die ihm die Emanzipation aus dem alles beherrschenden christlichen Glauben verdankt, als die Voraussetzung aller Wissenschaft und Bildung. So steht der Skeptizismus am Anfang unseres modernen wissenschaftlichen Weltbildes, wogegen der unkritische Glaube an überlieferte Wahrheiten als Aberglaube und Vorurteil, als Sünde wider den Geist gilt.

Nun kann man aus Zweifeln freilich kein Weltbild zusammensetzen. Der Skeptiker bleibt auf den engen Ausschnitt wissenschaftlich verifizierbarer Erkenntnisse beschränkt und muß auf Weltorientierung, Handlungsanweisung und Sinndeutung verzichten. Und schon strömt, vielen unvermerkt, ein neues Glaubenssystem in das so entstandene Vakuum ein. So stellt sich schon die Aufklärung selbst, zunächst als Überwindung jedes Autoritätsglaubens und als Entideologisierung begrüßt, als ein ausgearbeitetes ideologisches System heraus mit einem Grundbestand an Glaubenssätzen, die fast wie Dogmen auftreten, mit einem nicht anders als ideologisch zustandekommenden Menschen-, Geschichts- und Gesellschaftsbild und - allerdings bei einem beachtlich geringen Grad an Institutionalisierung - als Basis eines ausgeprägten Normensystems.[40]

In Wirklichkeit ist also - nur so läßt sich die historische Rolle der Aufklärung interpretieren - ein ideologisches System durch ein anderes ersetzt worden, auch wenn sich - darin besteht ihr Verdienst - damit ein revolutionärer Anpassungsprozeß des christlichen Weltbildes an die inzwischen gewonnenen, vor allem naturwissenschaftlichen Erkenntnisse vollzogen hat.

Solche Kritik und Korrektur der überlieferten Glaubenswahrheit und damit der Anstoß zu ihrer Anpassung an die Empirie kommt aber nicht nur aus der Skepsis, also aus dem Nachlassen der Glaubwürdigkeit der Ideologie, etwa auf Grund neuer, ihr widersprechender Information. Sie ergibt sich auch aus der Tatsache, daß das in Frage stehende ideologische System nicht alleinsteht, sondern der Einwirkung konkurrierender Systeme ausgesetzt ist. Während der Zweifel ein solches System auflösen, an seine Stelle aber kein anderes setzen kann, ist ein konkurrierendes System wohl in der Lage, das tiefe menschliche Bedürfnis nach Weltorientierung, Verhaltenssteuerung und Sinndeutung zu befriedigen. Am Beispiel der Aufklärung war indes zu beobachten, daß selbst der Skeptizismus die Tendenz enthält, sich unvermerkt zu einem solchen System zu verdichten.

Für die Einwirkung eines konkurrierenden ideologischen Systems oder auch nur einzelner seiner Elemente gibt es zwei Möglichkeiten: Entweder setzt sich in der vom ursprünglichen System beherrschten Gesellschaft, durch Werbung - Missionierung - oder politische Unterwerfung, das neue System, die neue Religion, durch, oder das Neue kommt aus den vernachlässigten oder verfremdeten Elementen des eigenen Systems in Gestalt einer Reformation oder Erneuerung der ursprünglichen, reinen Lehre. Eine Mischform stellt offenbar der Revisionismus dar, der - etwa im Fall des Neomarxismus der sechziger Jahre - vergessene oder verratene Thesen des humanitären Frühmarxismus wieder zur Geltung bringt, dabei aber Anregungen nichtmarxistischer Denksysteme - im gegebenen Fall des Existenzialismus oder des christlichen Personalismus - fruchtbar zu machen sucht.

Was für gegenseitige Befruchtungen, nicht nur Gefährdungen, von System zu System dabei möglich sind, dafür bietet die europäische Reformationsgeschichte eine Reihe von Beispielen. Aber auch die Rolle der Dissidenten im gegenwärtigen Sowjetregime ist dafür lehrreich. Unter der Decke eines scheinbar absolut herrschenden, mit allen Mitteln staatlicher Gewalt auf seine Rechtgläubigkeit kontrollierten, monolithisch wirkenden Systems spielen sich geistige Auseinandersetzungen ab, die die große Alternative des russischen

19. Jahrhunderts ins Moderne fortsetzen, als wäre nichts geschehen: eine Entwicklung, die die Welt mehr interessiert als der sterile Stellungskrieg der marxistisch-leninistischen Orthodoxie. Eine solche Alternative verkörpert etwa die Kontroverse zwischen Sacharov und Solženicyn, von denen der erste das westlerische, durch Aufklärung und Liberalismus gegangene Weltbild des modernen Europas vertritt, während der andere aus einem im Schmelztiegel des Gulag offenbar gereinigten und erneuerten östlichen Christentum schöpft, dessen Ethik er der marxistisch-leninistischen Staatsräson und Menschenbehandlung gegenüberstellt.

Ein System kann schließlich auch durch solche Anhänger leiden, die an die eine oder andere seiner Glaubenswahrheiten zu intensiv und kompromißlos glauben, die etwa ein Bibelwort zu wörtlich nehmen oder die von der Kirchen- und Parteiführung befohlene Anpassung der Lehre an veränderte Umstände nicht mitmachen wollen: die Ketzer, die Wiedertäufer, die altgläubigen Raskolniki. In mehr oder minder regelmäßigen Abständen, wie in zyklischen Wirtschaftskrisen, treten Heilige auf, die sich mit den hundert Kompromissen und Menschlichkeiten einer institutionalisierten Ideologie oder einer verkirchlichten Religion nicht abfinden können. Die Bibel oder die Schriften der Klassiker enthalten immer Stoff genug, um der verderbten Praxis das eigentlich Gemeinte gegenüberzustellen. So haben der Kirche Sankt Franziskus und Papst Cölestin, Hus und Chelčický die Armut der ersten Christen entgegengehalten. Heute werfen ihr Arbeiterpriester und Slum-Missionare die Verbindung mit Regierungen und Kapitalisten vor. Luther hat im Römerbrief 1,16 f. seine Entdeckung von der Rechtfertigung durch Gottes Gnade gemacht und an dieser Schriftstelle seinen Kampf gegen die katholische Werkgerechtigkeit entzündet. Die Reformmarxisten haben ihre Anthropologie auf den erst neuerdings wiederentdeckten jungen Marx gestützt, den der Stalinismus verkannt und vernachlässigt habe.

Auch in dieser Form findet also eine ständige, genauer: in Schüben vor sich gehende Selbstreinigung und Erneuerung der ideologischen Systeme statt, vor allem jener, die einen höheren Grad von Institutionalisierung erreicht haben und dadurch in Widerspruch zur ursprünglichen Lehre geraten sind. Es sind die Ketzer, die Reformatoren und Revisionisten, denen sie diesen lebenswichtigen Prozeß verdanken, wie heftig sie sich auch gegen seine Urheber wenden und deren Funktion wie Bezeichnung mit dem schwersten Fluch belegen: schwerer noch als äußere Feinde, denen man ja nicht Untreue und Verrat vorwerfen kann wie den eigenen Anhängern.

Die Betrachtung jener Funktionen der ideologischen Systeme, die der Welterklärung gewidmet sind, hat nicht nur die Rolle der Wahrheitsverkündigung dabei und die Art des ihr zugrundeliegenden Wahrheitsbegriffs gezeigt, sondern auch einiges über die innere Entwicklung ideologischer Systeme, über ihre Art, auf bestimmte, jene Wahrheit in Frage stellende Situationen zu reagieren, erkennen lassen. Bedingungen ihres Überlebens wurden sichtbar, die Notwendigkeit wiederholter Anpassung der verkündeten Wahrheit an die Empirie, Antriebskräfte und Mechanismen der Steuerung solcher Anpassungsvorgänge und die eigentümlichen Ambivalenzen zwischen Auflösung und Erneuerung ideologischer Systeme, zwischen den Gefahren und Chancen ihres Überlebens.

Es kann sein, daß diese ideologischen Systeme dabei wie Subjekte erscheinen, die entstehen, sich entwickeln, in bestimmter Weise auf Situationen reagieren, sich erneuern, aber auch untergehen können. Das braucht den Ideologieforscher nicht dem Vorwurf romantischer Verdinglichung auszusetzen, mit dem sich die Pioniere einer Theorie der Institutionen herumzuschlagen haben.[41] Denn diese Vorwürfe, von einer gegen solche Verdinglichung allergischen Generation an die Adresse jener Pioniere von Herbert Spencer über Bronislaw Malinowski

und Emile Durkheim bis zu Arnold Gehlen erhoben, stoßen -
schon wegen des metaphorischen Charakters solcher "Verding-
lichungen" - ins Leere. Der durch sie gespenstisch erneuerte
Nominalismus-Realismus-Streit des späten Mittelalters mag
sich, ähnlich wie damals, in einer Art Konzeptualismus lösen,
der es doch zuläßt, ganz unromantisch mit jenen allgemeinen
Begriffen zu arbeiten, weil es methodisch so fruchtbar und
für die Verständigung unentbehrlich ist. Hier genügt die
Feststellung, daß natürlich das handelnde Subjekt niemand
anderer ist als das Individuum, während allerdings die am
Verhalten der ideologischen Systeme, an den dabei zu beobachtenden Tendenzen und "Mechanismen" registrierten Vorgänge
auf zumindest die Hilfskonstruktion von Kollektiv-Subjekten
angewiesen sind, schon um der Anschaulichkeit willen und
zur Verständigung über ihre immer wiederkehrenden Strukturen und Gesetzlichkeiten.

Für die Welterklärungsfunktion der ideologischen Systeme war
es schon aufschlußreich zu erfahren, welche Fragen die Menschen an diese ihre Orientierungs- und Steuerungssysteme stellen. Besonders deutlich an den Erlösungsreligionen, aber auch
an den Kosmogonien und Endzeitmythen anderer Systeme war zu
merken, daß es sich dabei nicht einfach um die Frage nach
dem Woher und Wohin des Menschen handelt, sondern daß es ihm
um den dramatischen Aufbau von einem Anfang zu einem Ziel
geht, zwischen denen sein Leben eingespannt ist. Aus solcher
Spannung erst scheinen die Energien zu kommen, die der Mensch
zur Bewältigung seines Daseins braucht. Diesem Zweck aber
entspricht auch der Wahrheitsbegriff, mit dem die Religionen
und ideologischen Systeme arbeiten. Er muß außer dem Wissen
auch noch das Vertrauen enthalten, das den Menschen an das
System wie an seinen Urheber und Garanten bindet, denn dieses Vertrauen erst gewährt das eigentlich Gesuchte: Geborgenheit, Sicherheit und Sinn.

So sucht der Mensch in seinen ideologischen Systemen genau das, was ihm die Wissenschaft verweigern muß, indem sie den Wahrheitsbegriff auf die empirische, durch Skepsis und Falsifizierung zu sichernde Erkenntniswahrheit begrenzt. Er hat die ausweglose Wahl zwischen zwei unvereinbaren Gütern. Verzichtet er asketisch auf die Heilswahrheit, so bleibt er doch bereit, sich mit allerlei Tricks Erkenntniswahrheit in Heilswahrheit umzudeuten: und auch das Bewußtsein, nur Gesichertes zu glauben und ohne transzendente Autorität selbst das Maß aller Dinge zu sein, wird ihm zum metaphysischen Trost, zu der Selbstbestätigung, die er von Anfang an eigentlich gesucht hat.

Damit ist freilich die empirische Erkenntniswahrheit nicht zum menschenfeindlichen Prinzip geworden. Auch sie hat eine unentbehrliche Funktion. Sonst wäre dem Menschen das Streben nach ihr fremd, wären ihm Zweifel und Forscherdrang nicht eingeboren. Diese Wahrheit und der Drang nach ihr sind offenbar die ebenso nötigen Navigationsinstrumente, bestimmt, den Glauben ständig zu kontrollieren, die Glaubenswahrheit zur Korrektur und zur Anpassung an die Empirie zu zwingen, ja überhaupt erst offen und beweglich und damit selbst erst wiederum heilswirksam zu machen.

VI. FUNKTIONEN DER IDEOLOGISCHEN SYSTEME

C. Verhaltenssteuerung

1. Intentionale und funktionale Erziehung

Die umfassendste Funktion der ideologischen Systeme, zumindest jene, um derentwillen alle übrigen in Gang gebracht worden zu sein scheinen, betrifft die Verhaltenssteuerung. Ein System von Wertvorstellungen läßt den Menschen diese oder jene Verhaltensweise bevorzugen, ein Katalog von Geboten und Verboten hindert ihn, bestimmten Antrieben zu folgen. Wie dem auch sei: Neben der Organisierung der Welt in Gruppen und Institutionen, neben der Welterklärung und Wahrheitsfindung, scheint die Erziehung ein wichtiger Zweck jener Systeme zu sein, die uns hier als die ideologischen Systeme gegenübergetreten sind.

Die Verhaltensforschung ist bis heute geneigt, das was selbst unter Menschen an Erziehung vor sich geht, auf die an den Skinnerschen Ratten zu beobachtenden Lernprozesse zu reduzieren. Gerade dabei aber wird deutlich, was Erziehung von dem an Trial and error exerzierten Lernen grundsätzlich unterscheidet. Es ist die Möglichkeit, die Antriebe und Methoden des Handelns in den zu Erziehenden hinein zu verlegen, indem die Erziehung über Handlungsanweisungen und Verbote hinaus Systeme von Werten und Zielen entwickelt hat, die in und mit ihm leben und die Voraussetzungen für ein "innerdirected" Denken und Verhalten (Riesman) schaffen. Der Aufbau dieser anthropologischen Grundfunktion, nämlich der Erziehung, bedingt die Entwicklung besonderer Verfahren einer besonderen Kunst, die einer spezifischen Begabung und Ausbildung bedarf, ja der wir den Rang einer Wissenschaft, der Erziehungswissenschaft oder Pädagogik, zuerkennen.

Mehr vielleicht als je zuvor ist diese Pädagogik unserer modernen, zivilisierten Gesellschaft bewußt und wichtig geworden. Mehr als früheren Gesellschaften, die doch diese Aufgabe der Sozialisierung ebenfalls wahrzunehmen hatten, ist unsere Gegenwart mit Erziehung beschäftigt. Wir nehmen uns bei dieser Tätigkeit so wichtig, daß wir alle Erziehung selber zu leisten glauben, planmäßig und zielbewußt, ganz vergessend, daß doch in jedem Menschen, vor allem im jungen, ein eigener Antrieb lebendig ist, sich solchen Bildungsvorgängen auszusetzen.

Absicht und Planung, nach denen immer stärker gerufen wird, scheinen bei dieser Hochkonjunktur der Pädagogik vergessen zu lassen, wieviel Pädagogik in der Menschheit schon selber steckt, und welche Möglichkeiten ihr für die Eingliederung ihres Nachwuchses zur Verfügung stehen. Um es gleich vorwegzunehmen: Eben in den ideologischen Systemen verfügt sie über ein Instrumentarium wie keine andere Gattung von Lebewesen. Sie ist sich dessen nur nicht immer bewußt. Aber alle notwendige Veranstaltung enthält die Gefahr, die von Natur gegebenen Kräfte - hier die der Erziehung und Verhaltenssteuerung - zu unterschätzen.

Das Bewußtsein dieser Gefahr hat Versuche veranlaßt, zwei Arten von Erziehung zu unterscheiden: etwa der "intentionalen" - gewollten und geplanten - Erziehung eine "funktionale" gegenüberzustellen[1] - oder wie immer man die Gesamtheit der ständig vor sich gehenden, erzieherisch wirkenden Zustände und Vorgänge bezeichnen wollte. Befriedigend waren diese terminologischen Versuche nicht: ein Zeichen dafür, daß nur jene intentionale, institutionalisierte Erziehung als die eigentliche Erziehung erschien, wert der Reflexion und Gegenstand einer Wissenschaft. Gewiß sind jene Zustände und Vorgänge, die die funktionale Erziehung meint, schwerer zu durchdringen, methodisch nur bis zu einem gewissen Grade zu fassen. **Wer deshalb von Pädagogik sprach und die Wissenschaft** meinte, hatte fast immer nur jene bewußte Tätigkeit und Institution, die "intentionale" Pädagogik vor Augen. Die als solche unbewußten Erziehungsvorgänge werden erst allmählich greifbar. Daß dies geschieht, dafür ist die Entwicklung eines ganzen Forschungszweiges, der Sozialisationsforschung,[2] symptomatisch. Diese Erweiterung des pädagogischen Bewußtseins entspricht aber einem allgemeinen Trend. Auch im Bereich anderer Disziplinen geht ein Bewußtwerden des Unbewußten, eine Methodisierung des Unreflektierten vor sich. Es müßte möglich sein, neben der intentionalen auch die funktionale Pädagogik - der Name mag noch so unglücklich gewählt sein - zum Gegenstand systematischer wissenschaftlicher Bemühungen zu machen. Die Wendung, die die pädagogische Forschung in den letzten Jahrzehnten zum Empirischen genommen hat,[3] kann diese Tendenz fördern, schon weil sie Probleme und Sachverhalte bewußt macht, die bis jetzt unbeachtet geblieben sind.

2. Das ideologische Weltbild als Medium der Erziehung

Hier kann es sich nicht darum handeln, auch nur die Grundzüge einer solchen funktionalen Pädagogik zu entwerfen. Es geht eher darum, die ideologischen Systeme bei ihrem Geschäft der Verhaltenssteuerung und Erziehung zu beobachten.

Ein wesentlicher Teil der Erziehung - das geht aus dieser Beobachtung hervor - vollzieht sich durch die Eingliederung des jungen Menschen, der jungen Generation in die vorgefundene Gesellschaft mit ihren Verhaltensweisen, ihrem Weltbild und Wertkatalog, also durch die Übernahme des in ihr dominierenden ideologischen Systems. Wie das vor sich geht, welche Faktoren dabei wirken, welche Veränderungen dabei unter Umständen eintreten, wie sich dadurch Denken und Verhalten des Erziehungsobjekts entwickeln, dies eben ist Gegenstand des als Sozialisationsforschung bezeichneten Bereichs der Erziehungs- und Sozialwissenschaften. Es ist hier nicht unser Thema. Es genügt, daß die Übernahme eines aktiven, erziehungsrelevanten Weltbildes diese zentrale Funktion des Erziehungswesens genau umschreibt.

Dieses Bild - das ideologische Weltbild - erscheint als das Gegebene, als die gesetzte Ordnung, das Muster, nach dem man sich verhält, als das Selbstverständliche: So leben die Menschen, so funktioniert die Welt. Das bloße Zusehen oder Miterleben genügt dem jungen Menschen, der jungen Generation, zu dieser Einsicht. In dieses Bild zu passen, sich darin zu bewähren, ist offenbar ein elementares Bedürfnis.

Es ist nun wichtig zu wissen, daß dieses erziehungswirksame Bild der Welt kein reales Bild ist, keine Fotographie, sondern ein durch das gegebene ideologische System verfremdetes Bild, eben ein ideologisches Weltbild. Was beim Erziehungsobjekt ankommt, ist nicht die wirkliche Welt, sondern ein kommentiertes, gewichtetes, in Zusammenhänge eingebautes, gewissermaßen unter Strom stehendes Bild, das dergestalt die funktionale Erziehung bewirkt.

Daß es kein "realistisches" Bild von der Welt ist, das der Mensch dabei mit Hilfe seines ideologischen Systems übernimmt, erregt gewiß bei Realisten und Wahrheitsfanatikern Anstoß. Sie sind stolz auf das reale Bild, das sie der jungen Generation vermitteln oder zu vermitteln glauben. Aber die Welt- und Erziehungsgeschichte zeigt nirgends so viel pädagogischen Realismus. Immer wurde das zu tradierende Weltbild mit Sinn ausgestattet, erhielt es erst dadurch Leben und Wirkung, wurde erst dadurch pädagogisch fruchtbar. Dafür eine Illustration:

Daß, zum Beispiel, unter Menschen eine Rangordnung herrscht, daß es - auch im außermenschlichen Bereich, unter Sachen, Institutionen, Begriffen - ein Oben und ein Unten gibt, daß sich die Welt in Gut und Böse polarisiert, wobei der Betrachter sich selbst zu den Guten zählt, die Gegenwelt des Bösen anderswo lokalisiert, das alles zeigt, daß dieses Weltbild nach bestimmten einfachen Prinzipien aufgebaut ist, komponiert wie das Bild eines Malers, der auch bestimmten Gesetzen der Raumverteilung und des Kräftespiels folgen muß. Und, merkwürdig, das für die Eingliederung oder Sozialisation des Menschen maßgebliche Weltbild scheint oft mehr nach solchen, sozusagen ästhetischen, Prinzipien konstruiert zu sein als nach irgendeiner Wirklichkeit, die doch von einem Standort aus anders aussieht als vom anderen. Darum sind Gute und Böse nach Volk, Religion, Sozialstatus und vielen anderen Kriterien so verschieden. Über einigen wenigen, für die Erhaltung der menschlichen Gesellschaft unentbehrlichen, gemeinsamen Grundbegriffen und Grundwerten baut sich ein kompliziertes und widerspruchsvolles System von je nach diesen Kriterien unterschiedlichen Qualitäten auf, die der Heranwachsende übernimmt und dann gegen die jeweilige Gegenwelt unter Umständen erbittert verteidigt.

Was den einen gegen den anderen mobilisiert, ist der Eindruck, daß dieser andere das Böse will oder das Falsche glaubt. Aber das ist zunächst nur ein subjektiver Eindruck. Keiner will
- das ist bei politischen oder religiösen Kontroversen den Streitenden freilich nur mühsam klarzumachen - das Böse. Jeder will nur das, was er für das Gute hält. Und erst dieser Unterschied der Bewertung, nicht der der zugrundeliegenden Realität, ist Gegenstand der Erziehung. So ist die Moral im Bereich verschiedener Weltbilder verschieden: In Gesellschaften mit Blutrache - die mangels öffentlicher Rechtsinstitutionen einen wichtigen Ordnungsfaktor darstellen kann - ist die Tötung des Beleidigers unter Umständen sittliche Pflicht, also das Gute, nicht das moralisch Verwerfliche. Die Mafia lebte - zumindest in ihren besseren Zeiten - nach sehr strengen Gesetzen, nach einem respektgebietenden Moralkanon, der sich freilich von dem in der übrigen Gesellschaft geltenden,

vom Staat geschützten, sehr unterschied. Eigentumsbegriffe, Repräsentationspflichten, Riten der Gastfreundschaft sind auch bei uns nach Gesellschaften, oft schon nach Sozialschichten, sehr verschieden. Wie über Geschmäcker, so läßt sich also auch über Gut und Böse nicht streiten. Die entscheidende Instanz darüber, was das Gute und was das Böse sei, ist das jeweilige ideologische System.

Das ist natürlich purer Relativismus. Relativismus aber ist, vor allem in den Augen ethisch und pädagogisch interessierter Menschen, Sünde. Das wird besonders deutlich, wenn diese Abhängigkeit vom jeweiligen ideologischen System an dem Beispiel des Verhältnisses zwischen Gut und Böse illustriert wird. Andere Beispiele dieser Art sind weniger provokativ.

Man sollte sich dieser Variationsbreite der ideologischen Systeme und ihrer Folgen für Verhaltensmuster wie für die sittliche - aber auch ästhetische, philosophische, religiöse usw. - Erziehung ruhig stellen. Ein gewisses Maß an solchem Relativismus ermöglicht Toleranz, fördert das Verständnis für andersdenkende Menschen und Gruppen, verhindert die Kriminalisierung abweichenden Verhaltens, schafft Grundlagen für die Erziehung anders fundierter Gruppen und Generationen. Es hindert auf der anderen Seite keineswegs die Verankerung im eigenen System. Auch dazu eine Illustration:

Angehörige der alten Jugendbewegung aus der Zeit um den Ersten Weltkrieg, noch heute durch eine bestimmte Lebenshaltung und Weltanschauung, einen bestimmten Stil des Aussehens und Verhaltens deutlich erkennbar, neigen zu moralischer Entrüstung angesichts der so ganz anderen Jugendbewegung der späteren sechziger Jahre, der APO-Leute und Gesellschaftsveränderer mit ihrem völlig anderen Verhältnis zu Volk und Vaterland, zu Individuum und Gemeinschaft, zu Sex und Mode. Ihnen klar zu machen, daß beide Jugendbewegungen - und viele andere, geschichtlich bekannte - aus den gleichen soziologischen und jugendpsychologischen Wurzeln kommen und parallele Reaktionen auf verwandte historische Situationen darstellen,[4] stößt zunächst auf heftige, manchmal persönlich gekränkte Ablehnung, bis eine gemeinsame Analyse der beiden Phänomene die Gemeinsamkeit ihrer Grundlagen, ja ihres Stils und ihrer inneren Entwicklung einsichtig macht.

Hier und an ähnlichen Beispielen wird deutlich: Das Bewußtsein vom ideologischen, von Standort und Generation nicht unbeeinflußten Charakter des erzieherisch wirksamen Weltbildes stellt eine Voraussetzung der Erziehung dar, ermöglicht erst die Heranbildung freier, selbstverantwortlicher Persönlichkeiten, läßt die Menschen einer nicht in sich abgeschlossenen Gesellschaft - wie der modernen Industriegesellschaft - erst überhaupt in Beziehung zueinander treten, einander verstehen, miteinander zusammenwirken. Das Gegenbild dazu ist heute freilich immer mehr in Ausbreitung begriffen. Es ist die heute von den totalitären Systemen propagierte Abgrenzung gegen die anders denkende Umwelt, ihre Indoktrinierung auf ein festes Dogmensystem, das als das einzig wahre anerkannt werden muß, ihre Abschirmung gegen alle anderen Ideologien, die nicht einmal bekannt, geschweige denn verstanden sein dürfen, um das eigene System nicht zu gefährden.

3. Die Rolle der Ideologie in der "funktionalen" Erziehung

Einige Beobachtungen aus dem Bereich des Bildungswesens mögen im folgenden die Mechanismen beleuchten, die im Wechselspiel zwischen Bildung und ideologischem System wirksam sind.

Ein besonders illustratives Beispiel für die erzieherische Notwendigkeit eines ideologisch geformten, nicht realistischen Weltbildes stellt etwa die Entwicklung des Geschichtsbewußtseins dar. Die im Erziehungsprozeß befindliche Jugend für die Geschichte überhaupt zu interessieren, hängt nämlich von Voraussetzungen ab, die bei den Historikern und Geschichtslehrern meist genau umgekehrt liegen als bei der mit Geschichtsbewußtsein zu erfüllenden und über die Geschichte zu informierenden Jugend. Die Historiker werden sich nur, von der Standesethik des Geschichtsforschers erfüllt, des geradezu grotesken und ihre pädagogischen Absichten zum Scheitern verurteilenden Widerspruchs zwischen ihrem Streben nach objektiver Geschichtsdarstellung und dem jugendlichen Verlangen nach einem eindeutig orientierenden Geschichtsbild nicht bewußt, das genau sagt, was richtig und was falsch, was gut oder böse ist.

Wer Gelegenheit hatte, mit jungen Menschen in einer Weise "Geschichte zu betreiben", die ihre spontane Stellungnahme herausforderte, der kennt das leidenschaftliche Verlangen nach einem eindeutigen moralischen Urteil über die Vorgänge und Menschen, die die Geschichtsschreibung überliefert, einem Urteil, das möglicherweise in sein Gegenteil umschlägt, wenn der bisher bewunderte Held einer Handlung überführt wird, die im Moralkodex des Jugendlichen als negativ gilt: Bismarck etwa, den eine lange Geschichtslehrertradition aus der Staatsgründungszeit zum Nationalhelden stilisiert hatte und der nun auch als berechnender Machtpolitiker erkennbar wird.

Rigorismus und Unbedingtheit des moralischen Urteils, das den Jugendlichen während seines ganzen bildungsrelevanten Alters, bis über das Abitur hinaus, charakterisiert, ist ein dem Geschichtspädagogen kaum bewußter, jedenfalls aber gern verdrängter Widerspruch zwischen den pädagogisch-psychologischen Bedürfnissen des heranwachsenden Menschen und den Zielen einer Erziehung zu historischem Denken und Geschichtsverständnis. Was hier im Kern fehlt und sich im Menschen erst langsam - in breiten Schichten oft überhaupt nicht - ausbildet, ist das Verständnis für die Ambivalenz historischen Handelns und historisch-politischer Prozesse. In den

Schulsystemen auch der Industrienationen wird der junge
Mensch ins sogenannte Leben, d.h. in die politische Verantwortung entlassen, bevor er psychisch überhaupt fähig ist,
diese Ambivalenz zu fassen, geschweige denn als gerechtfertigt anzuerkennen.[5]

An diesem Dilemma der Geschichtserziehung und Weltbildentwicklung gehen die meisten Geschichts- und Politpädagogen
unserer Gesellschaft naiv vorbei. Es gibt ganze Schulen, besonders von Politologen, die einem von ihnen ideologisch konzipierten Erziehungsziel zuliebe alle Voraussetzungen im Jugendlichen selbst vergessen, ja als störend und falsch verdrängen, um ihr ideologisches Gesellschaftsbild unmittelbar,
indoktrinierend auf ihre Schüler zu übertragen.[6] In den umstrittenen hessischen Rahmenrichtlinien für die Gesellschaftslehre z.B. wird die Berücksichtigung der Entwicklungspsychologie ausdrücklich abgelehnt,[7] als faschistoid gebrandmarkt,
weil sie ein Geschichtsbild als jugendgemäß ermittelt hat,
das allerdings an gewisse auch für den "Faschismus" charakteristische Züge erinnert: an Heroengestalten, dramatische
Ereignisse, Machtentfaltung - an all das, was die Jugend seit
Generationen an der Geschichte fasziniert und worüber allein
sie in einer bestimmten Altersstufe für das Interesse an der
Geschichte gewonnen, für das Verständnis historischer Ereignisse, Entwicklungen und Zustände aufgeschlossen, schließlich sogar für ein realistisches Geschichtsbild mit all seiner Ambivalenz und Tragik fähig gemacht werden kann.

Daß es sich hier aber nicht nur um eine jugendpsychologische,
also im engeren Sinn erziehungsbedeutsame Erscheinung handelt, das beweisen unter anderem die charakteristischen Wellen und Schwankungen des Geschichtsinteresses bei ganzen Völkern und Kulturkreisen.[8] Ein Vergleich dieser Wellen, etwa
mit relativ geschichtslosen Perioden, zeigt, daß das oft
plötzlich aufsteigende, durch Generationen andauernde und
dann wieder verlöschende Geschichtsinteresse in der Regel

mit Situationen zusammenfällt, in denen die betreffende Gesellschaft auf ein selbstbestätigendes oder zielsetzendes Geschichtbild geradezu angewiesen ist: die Renaissance, religiöse Reformationen, das Erwachen der Völker mit der Entstehung der modernen Nationen und Nationalstaaten, selbst und gerade die revolutionären, auf die Zukunft gerichteten Bewegungen wie die Arbeiterbewegung. Immer erschienen da Propheten und Volkserzieher,[9] merkwürdig oft Historiker oder epische Dichter, die dem betreffenden Volk neben einem vagen Zukunftsideal ein faszinierendes Bild von der eigenen Geschichte vorzeichnen. Dieses aber weckt bis in die letzten Schichten und Generationen hinein ein sonst nie zu beobachtendes Interesse an der Geschichte, an historischer Dichtung, am Leben in einer Welt voller Geschichte, die nun aber keine Vergangenheit ist, sondern lebendige Gegenwart, ja Zukunft und Hoffnung, Selbstbestätigung und Impuls.

Worauf es bei all dem nicht ankommt, ist die Ermittlung der objektiven Sachverhalte, die Ranke'sche Frage, "wie es eigentlich gewesen", die den reifen und distanzierten Gelehrten beschäftigt - allerdings auch ihn auf der Grundlage eines allgemeinen, existentiell bedingten Geschichtsinteresses seiner Gesellschaft und Generation. Alles Zeichen für den ideologischen Charakter des von dieser Gesellschaft erwarteten Geschichtsbildes, in dessen Namen dann die nüchterne, ambivalente historische Wahrheit oft leidenschaftlich abgelehnt wird.

Und in der Tat: was hätte denn das erwachende Volk, die erstrebte religiöse Erweckungsbewegung oder die Selbstkonstituierung einer neuen gesellschaftlichen Schicht mit einem ausgewogenen, objektiven Geschichtsbild anfangen sollen! Ein solches hätte auch in der erwachsenen Generation kein Interesse wecken können. Nur der Wir-Bezug des betreffenden Geschichtsbildes, also gerade sein ideologisches Potential, **war in solchen Fällen in der Lage,** eine Bevölkerung geschichtsbewußt, geschichtlich gebildet - aber natürlich auch verbildet, auf ein bestimmtes Ziel der Geschichte ausgerichtet - zu machen. Das ist die Tragik - und Unentbehrlichkeit - des von Karl Popper im Interesse der wissenschaftlichen Wahrheit so leidenschaftlich bekämpften "Historizismus".[10] So entstehen die verhängnisvollen, die historische Wahrheit auf Generationen hinaus verfälschenden, aber allein fruchtbar machenden Perioden geschichtlicher Bildung und geschichtlichen Bewußtseins, grundlegende Faktoren der hier in Rede stehenden funktionalen Erziehung.

Ein Gegenbeispiel aus dem entgegengesetzten Lebenskreis zeigt, daß es sich bei diesem Dilemma des Geschichtsverständnisses keineswegs um ein bloß jugendpsychologisches Problem handelt. Wer etwa in einer wissenschaftlichen Gesellschaft mit Gelehrten auch anderer als der eigenen Fachrichtung wissenschaftlichen und persönlichen Kontakt hatte, der ist nicht selten erstaunt über die Diskrepanz ihres wissenschaftlichen Urteils in ihrem eigenen Fachgebiet und des Dilettantismus, ja der Naivität ihrer Äußerungen zu anderen Bereichen des Lebens. Der an kritischer Fähigkeit, ja Virtuosität unübertreffliche Forscher, der in der Diskussion eben glänzende Proben seiner Kennerschaft gegeben hat, erweist sich kurz darauf in der abendlichen Tafelrunde als Verkünder eines derart naiven, ja infantilen Weltbildes auf anderen, seinem Fach fremden Gebieten, etwa der Politik oder der Wirtschaft, daß man einen Abiturienten vor sich zu haben glaubt. Das Schlimme dabei ist oft, daß ein solcher Gelehrter nicht selten geneigt ist, die Wissenschaftlichkeit seines Bewußtseins auch auf das ihm fachfremde Gebiet zu übertragen und sich hier für ebenso kompetent zu halten wie im Bereich seines Fachs. Man kennt die Gestalten solcher, eben infolge ihrer sonstigen Kompetenz starrer und konservativer Prägung - wie andererseits naiver Unbelehrbarkeit in der entgegengesetzten, fortschrittlichen Richtung. Die letzten Jahrzehnte haben bekannte Beispiele politischer Urteilslosigkeit bei scheinbarer Kompetenz in beiden Richtungen erbracht: Faszination durch Hitler wie blinde Sympathie für die junge Generation der Welterlöser aus den sechziger Jahren. Beide Male hat die Universität, zum Teil die Wissenschaft überhaupt, unter diesem Widerspruch zwischen fachlicher Kompetenz und politischer Naivität bitter zu leiden gehabt. Der Vorwurf des Fachidiotentums hat nicht selten einen Wahrheitskern.

Bei beiden, hier angedeuteten Problemen, dem des jugendlichen Geschichtsverständnisses wie dem des naiven und ideologisch ohne Kritik festlegbaren Dilettantismus, äußert sich das gleiche anthropologische Dilemma: die Unentbehrlichkeit einer vereinfachenden, aber oft auch verfälschenden Ideologie für die Erklärung der sonst unverständlichen Welt, ihre, vor allem beim Aufbau des moralischen Urteils erforderliche Hilfe besonders für junge Menschen, der Ausnahmecharakter eines objektiven, nach allen Seiten kritischen, realistischen Weltbildes, das weitgehend auf ein bestimmtes Gebiet beschränkt bleibt und eine gewisse Reife, aber auch Distanz zu dem in Rede stehenden Gegenstand voraussetzt. Die wissenschaftliche Tradition und Perfektion der letzten Jahrzehnte scheint in dieser Hinsicht eine gewaltige Selbstüberschätzung gerade der Intellektuellen hinsichtlich des Grades der ihnen erreichbaren Ideologiefreiheit hervorgerufen zu haben.

Diese Selbstüberschätzung ist umso weniger gerechtfertigt, als selbst jener vermeintlich ideologiefreie Bereich der Wissenschaft noch enger ist als viele glauben. Weite Bereiche der Wissenschaft, insbesondere die Geistes- und Sozialwissenschaften, sind nämlich nicht auf Grund einer zeitlich begrenzbaren Unterentwicklung, sondern schon ihrer Natur nach ideologiebestimmt, ja auf eine Steuerung durch Ideologie angewiesen. Schon das Motiv für die Beschäftigung mit ihnen, die Grundlage ihrer oft imponierenden Schöpfungen, liegt im Bedürfnis nach der Erklärung der Welt und nach der Analyse der gesellschaftlichen Probleme, nach einer Art Rekonstruktion der Schöpfung, ihrer eigentlichen, nunmehr offenbar verfehlten Absicht, mit dem bewußten oder unbewußten Zweck, zu verändern, zu heilen, vermeintliche Idealzustände zu erneuern, einen Idealzustand der Gesellschaft, den glückseligen und gerechten eschatologischen Endzustand, herbeizuführen: alles ideologiebestimmte Motive, ohne die der Impuls für diese wissenschaftlichen Bemühungen gar nicht vorhanden gewesen wäre.

Aber die Forschung ist ideologisch nicht nur motiviert, sondern auch - entgegen ihrer Selbstrechtfertigung - ideologisch gesteuert. Das beweisen die wechselnden wissenschaftlichen Moden selbst im Bereich von Naturwissenschaften. Sie scheinen dem Geist der Wissenschaft, ihrer kritischen Unbestechlichkeit und empirischen Grundhaltung genau entgegengesetzt, und doch sind sie in gewissem Sinne ihr Lebensprinzip. Eine absolut gesicherte, nicht mehr entwicklungsfähige und veränderte Theorie wäre ein Zeichen für den Tod der betreffenden Disziplin. Im wissenschaftsgeschichtlichen Überblick mag es da sogar scheinen, als wäre die Wissenschaft seit der Aufklärung mit der absoluten Ideologiefreiheit zwar einem richtigen und für sie konstitutiven, aber in seinen Möglichkeiten der Verwirklichung überschätzten Ideal nachgejagt, in unserer ideologisch erregten Epoche bis zur hybriden Erwartung eines kommenden ideologiefreien Zeitalters (Daniel Bell: The End of Ideology[11]), mit dem unvermeidlichen Rückschlag der ideologiegesteuerten Realität.

Im Zusammenhang unserer Frage nach der - im weitesten Sinne - pädagogischen Funktion der ideologischen Systeme ergibt sich aus den hier skizzierten Beobachtungen einiges an Einsichten zu der eingangs dieses Kapitels umschriebenen funktionalen Pädagogik:

Einmal, daß das Weltbild, durch dessen Medium vor allem die Jugend die Welt kennenlernt und interpretiert, kein realistisches, sondern ein ideologisch verfremdetes Weltbild nicht nur ist, sondern notwendig sein muß, weil nur ein solches das elementare Bedürfnis nach Orientierung in der Welt, nach eindeutiger Erklärung, was richtig und was falsch, was gut und böse sei - mit einem Wort: den moralischen Rigorismus der Jugend befriedigen, ja das Interesse an dieser Welt, Gesellschaft und Geschichte wecken kann.

Zum zweiten, daß selbst die, ihrer Natur und Ethik nach auf Ideologiefreiheit gerichtete Wissenschaft von Ideologie nicht nur nicht frei ist, sondern ihrer gar nicht entbehren kann, ja des Impulses und der Steuerung durch Ideologien bedarf, ohne die sie das nötige Interesse nicht findet, stagniert und erstarrt. Fachleute können auf begrenzten Gebieten ein hohes Maß an Ideologiefreiheit erreichen, zumal wenn es ihnen dort möglich geworden ist, die eigene Ideologieabhängigkeit auch in ihren Einzelheiten zu kontrollieren; allein auch das schützt sie nicht absolut vor einem ideologiebestimmten, manchmal naiven Weltbild in anderen Bereichen, gerade in existentiell bedeutsamen wie Politik und Wirtschaft. Erziehungsrelevant ist hier auch für Erwachsene das auf solche Weise entstehende Weltbild, das unter Menschen verschiedenen Grades an Intelligenz und Bildung orientierende und verhaltenssteuernde Wirkungen übt. Ohne bewußt und ohne beabsichtigt zu sein, stellen diese ein ganzes Erziehungssystem dar, das man mit der planmäßigen, zweckgerichteten "intentionalen" Erziehung nicht verwechseln darf.

Eine dritte Einsicht gilt eben dem Unterschied zwischen der traditionsreichen, bewußten, vielfach durchforschten Institution Erziehungswesen, die als intentionale Erziehung bezeichnet und den Pädagogen im allgemeinen allein als Erziehungswesen bewußt, wissenschaftlich ja auch fast allein greifbar ist einerseits, und dem hier skizzierten, üblicherweise als funktionale Erziehung bezeichneten Komplex erzieherischer Vorgänge und Wirkungen, die derart bewußter Planung und Steuerung nicht unterliegen und doch für die Entstehung der Weltbilder und Verhaltensweisen bei Jugendlichen wie bei Erwachsenen von grundlegender Bedeutung sind. Daß dieser Komplex als ein Erziehungswesen sui generis erkannt wurde, ist für die weitere Entwicklung der Erziehungswissenschaft von grundlegender Bedeutung, auch wenn es noch nicht zu einer systematisch ausgebauten, wissenschaftlichen Disziplin geführt hat, und auch wenn man diese Disziplin - statt nichtssagend "funktional" - eher "automatisch" oder "spontan" hätte nennen sollen. Das ergäbe ein Gegensatzpaar, das in einem, heute freilich unter Pädagogen seltenen Deutsch: "absichtsvolle" und "selbsttätige" Erziehung heißen könnte.

4. Denkmodelle und Verhaltensmuster, Kasuistik

Eine Theorie der funktionalen oder "spontanen" Erziehung ist heute noch nicht möglich. Wie in solchen Fällen immer, beschränkt man sich am besten auf die Darstellung und Analyse einiger typischer Sachverhalte, die den Gegenstand der in Rede stehenden Theorie veranschaulichen, auf eine Art von Kasuistik also. Deshalb soll im folgenden versucht werden, die Wirkung einiger weniger, typischer Denkmodelle auf das Denken und Verhalten einer Gesellschaft oder eines Zeitalters zu beobachten.

Ein erstes und aktuelles Beispiel für ein solches Wechselspiel zwischen ideologischem System und Verhalten bietet die heute in der europäisch-amerikanischen, "zivilisierten" Welt verbreitete, als selbstverständlich und moralisch geboten betrachtete Gleichheitsideologie. Das ist der in der griechischen Antike wie im Christentum begründete, durch die Jahrhunderte in Stufen weiterentwickelte Glaube an die Gleichheit der Menschen in Hinsicht auf ihre Würde und ihre Rechte, ihren Wert und ihre angeborenen Fähigkeiten. Daß jeder Mensch eine unsterbliche Seele habe, gleichermaßen wertdes göttlichen Erlösungstodes, wirkte dabei wohl als die stärkste Stütze dieser Gleichheit durch alle Jahrhunderte ständischer Hierarchie, Macht- und Rangabstufungen hindurch.

Der Widerspruch zwischen dieser religiös und anthropologisch begründeten Gleichheit und der tatsächlichen Ungleichheit hat die Generationen der ständischen Gesellschaft belastet, bis die Gleichheitsideologie die Auflösung der Ständeordnung herbeiführte. Forderungen nach Gleichheit lassen sich schon im Mittelalter registrieren. Der Durchbruch der Gleichheitsforderung erfolgte aber erst in der Aufklärung und ist auch heute noch nicht überall und in allen ideologischen Systemen vollzogen. Die Überwindung etwa des Dreiklassenwahlrechts, der Kampf um die Emanzipation der Frau, das gegenwärtige Ringen um Mitbestimmung, der Klassenkampf in seinen vielfältigen Erscheinungsformen, all diese und andere Symptome lassen befürchten, daß die von der Ideologie geforderte Gleichheit bis auf weiteres eine unerfüllte Forderung jenes Systems bleiben wird, für das die Menschen bei aller Verschiedenheit ihrer Lebensumstände grundsätzlich gleich, mit gleichen Rechten und Ansprüchen ausgestattet geboren sind, woraus sie erst eigentlich ihre Würde ableiten.

Es liegt in der Automatik eines solchen Systems wie der Gleichheitsideologie, daß es seine Konstruktion auf immer weitere Anwendungsbereiche ausdehnt, Konsequenzen bis in zunächst unzusammenhängende Bereiche ableitet, scheinbare Logik ins Absurde treibt. Im vorliegenden Fall ist der Gleichheitsanspruch längst in eine Lehre von der Gleichheit selbst der Begabungen, der intellektuellen und moralischen Qualität weitergedacht worden, bis zur sogenannten Milieutheorie der Pädagogen und Psychologen,[12] die alle Unterschiede und Mängel der menschlichen Qualität, statt verschiedenen Schwächen der ererbten Anlagen, ausschließlich den Einflüssen des Milieus zuschreibt, etwa der Vernachlässigung durch die unterprivilegierte und ihrerseits milieugeschädigte Familie, den

Mängeln des Schulwesens, dem Durchschlagen traditioneller Ständestrukturen und ähnlich.

Für die Konstruktion des Erziehungswesens ergibt sich daraus die Erwartung, eine gerechte Sozialpolitik und ein geeignetes Schulwesen könnten alle, bisher als Begabungsunterschiede mißverstandenen Vor- bzw. Nachteile für Lern- und Leistungsfähigkeit überwinden. Das Erziehungsobjekt <u>sei</u> nicht begabt, sondern es könne und müsse begabt <u>werden,</u> um die in jedem Menschen gleich gegebenen Möglichkeiten der Entfaltung und Leistung zur Geltung zu bringen.[13]

Kein Zweifel, daß eine solche soziale und pädagogische Ideologie unerhörte Energien losspricht und Möglichkeiten entfaltet. Sie kennzeichnet in der Schulerziehung, in der Betreuung von Behinderten aller Art, in der Gewinnung eines bisher außerhalb des Menschlichen liegengelassenen Teils der Menschheit ein Zeitalter voller Liebe und Zuwendung, das, wenn auch in der christlichen Ideologie begründet, durch Jahrhunderte der Herrschaft dieser Ideologie nicht zu denken war. Was immer auch diesem Zeitalter an ungelösten Problemen, an Ungerechtigkeiten und Benachteiligungen bleibt: im Katalog der Werte und Normen der Gleichheitsideologie ist der Antrieb zu solcher Humanität als ständiger Motor enthalten. Eine - wie sich zeigen muß, unrealistische und utopische - Ideologie hebt die Menschheit auf eine höhere Stufe, rettet beträchtliche Teile von ihr vor dem Absinken in eine qualitätsbedingte Unfähigkeit zu überleben.

Es kann natürlich nicht ausbleiben, daß der unrealistische und utopische Charakter der Gleichheitsideologie offenbar wird. Allem Wahrheitskern der gutgemeinten und bis zu einem hohen Grade heilsamen Milieutheorie zum Trotz erweist sich schließlich die Verschiedenheit der Begabungen, der biologischen und geistigen Qualitäten der Menschen und Gesellschaften als Bedingung aller Pädagogik und Menschenbildung.[14]

Diese Bedingung anzuerkennen und von ihr auszugehen kann sich schließlich als erfolgreicher erweisen, denn die immer wieder enttäuschte Fiktion von der Gleichheit. Die Milieutheoretiker - in Deutschland mit einer Gegenwelle gegen das ebenso einseitige Erb- und Rassedenken der vorhergehenden Periode zur Alleinherrschaft gekommen - beginnen ihre Vorstellungen selbst abzuwandeln und sprechen nur noch von Chancengleichheit, die ein fortschrittliches Erziehungswesen gewährleisten müsse. Das Zusammenwirken von Erbe und Umwelt wird immer öfter anerkannt und zwingt die Pädagogik zu Konsequenzen. Gerade diese Dialektik in der Wirkung ideologischer Systeme, die Übersteigerung einzelner ihrer Thesen ins Extrem und die darauf folgende Überkorrektur in die andere Richtung, illustriert einen offenbar anthropologisch bedingten Mechanismus im Verhältnis zwischen ideologischem System und Erziehung, ihrem Stil, ihrer Konstruktion und ihrer formenden Wirkung auf Gesellschaft und Zeitalter.

Die gleiche Ideologie von der grundsätzlichen Gleichheit alles dessen, "was Menschenantlitz trägt", steuert auch das heute heftig diskutierte Verhältnis zwischen Mann und Frau. Der richtige Grundgedanke dieser Ideologie, der in manchen Kulturen, und zunächst selbst in unserem Kulturkreis, gar nicht so selbstverständlich war und zur urchristlichen Frage führte, ob die Frau überhaupt eine Seele habe, übersteigert sich heute, in einer Hochkonjunktur der Gleichheitsideologie, zur Vorstellung, diese Gleichheit aller Menschen müsse sich auch in der Gleichheit von Rolle und Verhalten der Geschlechter dokumentieren. Einem solchen Gleichheitsdenken sind die Unterschiede zwischen Funktion, Rechtsstellung, Aussehen und Verhalten zwischen Mann und Frau nur als eine Ungerechtigkeit der Schöpfung vorstellbar. Daß gerade in vielem, was die Frau vom Mann unterscheidet, der Rang und Vorzug, manchmal die Überlegenheit der Frau besteht, ist einem Denken in den Kanälen der Gleichheitsideologie fremd.[15]

Die Mann-Frau-Diskussion hat natürlich ihre biologischen und soziologischen Voraussetzungen. Rollenverteilung in primitiven Wirtschaftsformen, Unterschied der körperlichen Kräfte, Anpassung der Frau an ihre Rolle in Fortpflanzung und Familie, dies alles hat die Frau in die Lage eines Beutetieres versetzt, den Mann zur eigentlichen Erscheinungsform des Menschen (engl.: man, franz.: homme = Mensch) erhoben, den Aufstieg der Frau zu Gleichwertigkeit und Selbstbestimmung in zahlreichen Stufen und Rückschlägen vor sich gehen lassen - von Sonderrollen und Machtpositionen in bestimmten Gesellschaftsstrukturen abgesehen. Der Prozeß ist noch lange nicht abgeschlossen. Aber auch er ist unter dem Einfluß der Gleichheitsideologie und ihres konsequenten Zu-Ende-Denkens in einer Art dialektischen Umschlags begriffen. Gerade die Geschlechtsunterschiede, die Rang und Reiz der Frau ausmachen, werden der vermeintlich allein gerechten Gleichheit zuliebe nach Möglichkeit verwischt und verleugnet. In ihrer überlieferten Rolle als Hausfrau und Mutter fühlt sich die Frau in der modernen, nur noch "Tankstelle für Essen und Schlafen" darstellenden Kleinfamilie unausgelastet und unterbewertet. Die ihr oft vor allem durch Bedürfnisse der Wirtschaft suggerierte Rolle in einem männergleichen Beruf überfordert und frustriert sie. Hier spielt sich ein viele Jahrzehnte beanspruchender, wechselvoller Wandel der Geschlechterrollen ab, alles natürlich auf Grund sozio-ökonomischer Gegebenheiten, aber doch begleitet und angetrieben durch die alle gesellschaftlichen Verhältnisse und Verhaltensweisen beherrschende Gleichheitsideologie, die Gleichheit mit Gerechtigkeit verwechselt und Ungleichheit als Ungerechtigkeit diffamiert. Ein Wahrheitskern auch da, ein ständiges Motiv zur Überwindung von Ungerechtigkeiten, eine Gewähr für die Gleichachtung und Gleichbehandlung der Frau, aber mit allen Gefahren und Nachteilen einer Mißachtung der anthropologischen Gegebenheiten verbunden.

Ähnlich wie die Gleichheitsideologie läßt sich auch die Lehre vom Klassenkampf auf ihre Folgen für das Verhalten, für Stimmung und Atmosphäre der von ihr beeinflußten Gesellschaft beobachten. Zweifellos hat Marx mit dieser Lehre ein wesentliches Konstruktionsprinzip der menschlichen Gesellschaft herausgearbeitet und Grundlegendes zum Selbstverständnis dieser Gesellschaft beigetragen. Nach jahrzehntelangen Kontroversen wirkt diese Deutung des menschlichen Verhaltens, inzwischen zum tragenden Dogma von Weltmächten geworden, selbst in der den Klassenkampf modifizierenden und relativierenden europäisch-amerikanischen "bürgerlichen" Gesellschaft von neuem als Zauberformel der Welterklärung.

Wie jene Gleichheitsideologie und wie die meisten Ideologien hat man freilich auch die Lehre vom Klassenkampf als dem alle menschlichen Beziehungen beherrschenden Prinzip bis ins Absurde weitergedacht. Sie hat damit den Charakter einer durch Einfachheit überzeugenden, die Welt aus einem Punkte kurierenden Heilslehre gewonnen. Unter diesem Prinzip sind alle noch so anders motivierten menschlichen Verhältnisse auf den Kampf antagonistischer Klasseninteressen reduziert worden. Konsequente Anhänger entdecken den Klassenkampf im Verhältnis zwischen Eltern und Kindern, Lehrern und Schülern, Mann und Frau. Diesem Kampf zuliebe wird alles, was unter Menschen als Zuwendung, Liebe, selbstloser Förderung wirksam ist, als Kampf entgegengesetzter Interessen gegeneinander gedeutet. Eine Atmosphäre des Mißtrauens, der Abwehrbereitschaft, der Aggression verbreitet sich auch in diese intimen Beziehungen zwischen Menschen und Gruppen hinein und läßt Sympathie wie Hilfsbereitschaft auf Ablehnung stoßen.

Gewiß hat auch die Ideologie vom Klassenkampf ihren Wahrheitskern. Selbst in jedem allzu oft harmonisierten und sentimentalisierten Verhältnis zwischen Eltern und Kindern, Lehrern und Schülern, patriarchalisch gesinnten Arbeitgebern und -nehmern läßt sich ein Element des Antagonismus, eine

Spannung zwischen entgegengesetzten Interessen nicht leugnen. Aber gerade in diesen Verhältnissen dominieren andere Motive und Kräfte, die den Interessenkonflikt überspielen, ja den eigentlichen Sinn und Charakter dieser Verhältnisse darstellen.

Unter dem Einfluß der Klassenkampfideologie sind gerade im Erziehungswesen, unter Pädagogen und Psychologen, harmonisierende Deutungen der erziehungsrelevanten Verhältnisse zu Konfliktmodellen umgeschlagen, sind die Befürworter zwischenmenschlicher Harmonie zu Reaktionären geworden und nur die Anhänger einer Konflikttheorie als fortschrittlich anerkannt.[16] Die Folgen für den Unterrichtsstil in den Schulen wie für das Erziehungsklima in den Familien sind überall offenkundig; die schon stereotype Bekehrung frustrierter Konfliktpädagogen zu autoritärem Verhalten gefährdet die wirklich erreichte oder erreichbare Wendung zu einer freieren, auf Selbstständigkeit und Kritik gerichteten Erziehung.

Auch die Klassenkampfideologie hat, auf ihre gesellschaftspädagogischen Wirkungen hin überblickt, bedeutende Verdienste um die Entwicklung der modernen gesellschaftlichen Strukturen, um das Selbstbewußtsein breiter Schichten, um eine Aktivierung großer, bis dahin passiver Teile der Gesellschaft. Aber auch hier wirkt die gleiche Ambivalenz wie in den von der Gleichheitsideologie herbeigeführten Strukturveränderungen. In beiden Fällen, wie vermutlich in vielen anderen, tritt eine eigentümliche, offenbar unentbehrliche Polarisierung auf.

In unserer Gegenwart treten einander dabei zwei entgegengesetzte Welt- und Gesellschaftsbilder gegenüber, die sich an entgegengesetzten Zielsetzungen orientieren. So erweist sich das Klassenkampfmodell in seiner Ausprägung durch den Neomarxismus als Reaktion auf die jahrhundertealte, vielleicht im Denken der Gesellschaft überhaupt angelegte Sehnsucht nach Harmonie. Von der Urzeit bis auf das moderne Gesell-

schaftsverständnis bei Talcott Parsons und gerade auch im
Marxismus leben alle Gesellschaftsmodelle von der Vorstellung, diese Harmonie sei ihr eigentliches Ziel, die der
Menschheit von der Schöpfung mitgegebene Konstruktionsidee.
Ist diese Harmonie den lebenden Geschlechtern nicht erreichbar, so wird sie doch in zahlreichen Eschatologien als der
der Menschheit eigentlich gemäße Endzustand verheißen; die
gegenwärtige Gesellschaft erscheint als ständig auf dem Wege zu ihr.

Diesem Harmonietraum selbst noch des auf eine harmonische,
klassenlose Gesellschaft des Endzeitalters hoffenden Marxismus steht nun die Lehre von dem in der Menschheit angelegten und für sie konstitutiven Konflikt gegenüber, wie sie
- gerade in Auseinandersetzung mit Talcott Parsons - u.a.
Ralf Dahrendorf entwickelt hat,[17] und die in Gestalt des
Klassenkampfs ein Grunddogma des Neomarxismus darstellt. Bis
in die Schulen und Lehrpläne hinein wird nun dieses Konfliktmodell durchgeführt; die Vorbereitung auf den gesellschaftsnotwendigen Konflikt ist zum grundlegenden Bildungsziel der modernen Erziehung geworden. Der Konflikt reicht
in alle Lebensbereiche, auch in solche, die mit einem jeweiligen Thema des Streits wenig zu tun haben, ja, umgekehrt,
wirklich auf Harmonie angewiesen sind. Beide Gesellschaftsmodelle, das harmonische oder die Bestimmung zur Harmonie
enthaltende wie das Konfliktmodell, werden mit moralischen
Qualitäten unterbaut, die feindliche wird zum moralischen
Makel und disqualifiziert ihre Anhänger. Es entsteht eine
Atmosphäre der Feindschaft, ja des Hasses. Für viele wird
es unerträglich, in einem solchen Klima zu leben.

Aber andere leben gerade daraus. Im Kampf für die eigene
Ideologie finden sie Selbstwert, Solidarität, Auftrag und
Sinn des Lebens. Das zeigt, daß solche Polarisierung nicht
nur zwischen Harmonie- und Konfliktmodell, sondern zwischen
zwei einander entgegengesetzten ideologischen Systemen über-

haupt doch nicht nur als Störung, Verfall, Zersetzung zu verstehen ist. Sie muß im Mechanismus der menschlichen Gesellschaft eine Rolle spielen, eine gesellschaftliche Funktion erfüllen. Das Auftreten zweier einander entgegengesetzter ideologischer Konstruktionen mag viel Kummer und Unmoral heraufbeschwören: es ist offenbar ein technisches Prinzip, eine Konstruktionsidee der Schöpfung, für das - nicht anders als unter Konflikten und Verlusten zu sichernde - Überleben der menschlichen Gesellschaft.

So sind vermutlich auch die dabei auftretenden Emotionen: Haß, moralische Verurteilung des Andersdenkenden, Kriminalisierung des der gegnerischen Ideologie konformen Verhaltens technische Konstruktionselement, Energiequellen, Garanten der Funktionsfähigkeit und des Überlebens einer Gesellschaft. Das ist das tragische Dilemma der Freunde der Humanität, der Befürworter der Harmonie, der Pazifisten. Ihnen stehen - ebenfalls in der technischen Konstruktion der menschlichen Gesellschaft bedingt - die Anhänger der einen der beiden Ideologien gegenüber, die "true believers", wie sie Erik Hoffer beschrieben hat,[18] die Fanatiker. Auch sie ein unentbehrliches Konstruktionselement, so unangenehm, ja gefährlich und zerstörend ihr Auftreten werden kann. Aus ihrer Einseitigkeit, aus dem Glauben an die Richtigkeit ihrer Überzeugung, an den Auftrag, die von ihrer Ideologie vorgeschriebenen oder erhofften Zustände herbeizuführen, schöpfen sie ihre Rechtfertigung und ihr Selbstbewußtsein.

So ist es ein genialer, sozusagen technischer Mechanismus, der das Kräftespiel unter den Menschen in Bewegung setzt und steuert. Die ideologischen Systeme wirken dabei als die Triebkräfte und Energiequellen entscheidend mit. Das, was Lessing und Schiller die Erziehung des Menschengeschlechtes nannten, vollzieht sich auf diese Weise mit Hilfe der Instrumentarien, die wir hier als die ideologischen Systeme untersuchen.

Nun könnten die beiden, hier zunächst vorgeführten Beispiele für diese pädagogische Bedeutung von ideologischen Systemen - Gleichheitsideologie und Klassenkampflehre - der gegenwärtigen, von Anhängern der Tradition als Symptome des Verfalls und der Auflösung der modernen Gesellschaft beklagten Antagonismen typisch nur für unsere Epoche und Gesellschaft erscheinen, wenn nicht ein kurzer Blick über parallele Erscheinungen in der Weltgeschichte bezeugte, daß es sich hier um ein durchgehendes Prinzip der Menschheit handelt, um eine in allen Epochen und Kulturkreisen anzutreffende, pädagogische oder gesellschaftsformende Funktion der ideologischen Systeme. Deshalb im folgenden ein ergänzender Überblick über einige wenige der hierher gehörigen Phänomene:

Die Alternative zu der vorhin besprochenen Gleichheitsideologie stellt der Glaube an einen hierarchischen Aufbau der menschlichen Gesellschaft dar. Über verschiedenen, verschieden privilegierten und mit verschiedenen Funktionen befaßten Schichten herrscht ein Oberhaupt, Vater, König, oberster Gott. Familie, Betrieb, Territorialherrschaft waren die täglich erlebten Modelle dieser Struktur. Oligarchien tendieren heute zur Herausstellung des einen, des Führers oder Vorsitzenden, den mit Macht und Prestige auszustatten nicht so sehr in seinem als im Interesse der Untertanen liegt. Jahrtausende lang war dieses hierarchische Modell - gewiß unter wechselnden Formen und Konstruktionen - die unbezweifelte Lebensform der menschlichen Gesellschaft, und selbst alle modernen Strukturänderungen auf Grund der Gleichheitsideologie haben diesen Bauplan nicht völlig beseitigt: nach jedem Triumph der Gleichheit schlägt er immer wieder durch, weil Funktionen verteilt werden müssen, Fähigkeiten und Ambitionen zur Geltung kommen, einer sich schließlich durchsetzt; ob als Beauftragter von unten oder als Herrscher von Gottes oder auch eigenen Gnaden, ist eine Frage zweiten Ranges.

So erweist sich, im weltgeschichtlichen Maßstab überblickt,
die von der Gleichheitsideologie erstrebte Gleichheit als
ein erst vor kurzem erreichter und vielleicht nur für kurze
Zeit lebensfähiger Idealzustand, von vornherein zur Rückkehr
in eine, den Menschen durch Jahrtausende gewohnte und adäquate, mehr oder minder hierarchische Struktur verurteilt.
Dafür spricht auch das durch all diese Jahrtausende nicht
nur von den daran interessierten "Herrschenden" geforderte,
sondern auch von den Angehörigen der minder privilegierten
Schichten und Stände anerkannte, als gottgewollt angesehene,
oft sogar erbittert verteidigte System. Die Vorkämpfer jeder
Revolution wissen davon ein Lied zu singen, welche Mühe es
kostet, das "falsche Bewußtsein" der Massen in ein richtiges
zu verwandeln, die Kritik an der eigenen Lage und den Willen
zu wecken, die Herrschenden als "Klassenfeinde" zu sehen und
zu behandeln.

In all dem zeigt sich, wie die vielleicht noch aus der tierischen Vorgeschichte übernommene Erfahrung und Vorstellung
von der - hier der Einfachheit halber hierarchisch genannten - Struktur der menschlichen Gesellschaft die Menschen
bis heute erzogen, geprägt, programmiert hat. Der Ideologie
von der Gleichheit aller Menschen ist das noch lange nicht
so weitgehend gelungen. In unserem Zusammenhang ist bemerkenswert, daß sowohl Gleichheit wie "Hierarchie" als Thesen
entgegengesetzter ideologischer Systeme auftreten, als solche Anhänger mobilisieren und gegeneinander aufmarschieren
lassen, daß die ihnen entsprechenden Strukturen nicht nur
hingenommen, sondern als Idealforderungen erlebt werden und
so die formende - erziehende - Kraft solcher Thesen dokumentieren. Erst die Ausprägung zum Gegenstand einer Ideologie
gibt beiden Gesellschaftskonstruktionen ihre motivierende
Kraft.

Ein weiteres Beispiel für diese erzieherische Rolle einer
ideologischen Konstruktion stellt die in einem anderen Zu-

sammenhang schon erörterte Gruppenbildung durch Idelogie dar. Wir haben sie als die gruppenintegrierende Funktion der ideologischen Systeme beschrieben (Kap. IV). Aber damit war noch zu wenig über die formende, pädagogische Rolle gesagt, die das System dabei für den Einzelnen spielt. Die so bewirkte Eingliederung dieses Einzelnen in eine Gruppe welcher Art immer hat für ihn nämlich tiefgreifende Folgen: er fühlt sich in der Gruppe geborgen, er hat eine - z.B. politische - "Heimat" gewonnen, er wird in seinem Verhalten, schon durch den Anpassungszwang der Gruppe, gesteuert. Darüber hinaus kann sein Leben durch diese Gruppenzugehörigkeit einen Inhalt bekommen, die Gruppe wird zum Objekt seiner Hingabe, und in dieser Hingabe kann er den Sinn seines Lebens finden. Dies alles aber hat ihm jene Ideologie vermittelt, die ihm die von ihm adoptierte Gruppe als wertvoll, angesehen, verpflichtend, als würdiges Objekt seiner Hingabe und Selbstaufopferung erscheinen läßt.

Hier verbirgt sich das Dilemma aller jener, die auf Grund irgendwelcher Erfahrungen eine bestimmte Form dieser Gruppenhingabe, etwa den Nationalismus, für unmoralisch halten und am liebsten überhaupt beseitigen möchten. Andere Bindungen der gleichen Art, etwa solche, an denen sie selbst teilhaben, scheinen ihnen diesem Vorwurf nicht ausgesetzt, unter Umständen sogar als Tugend einzustufen zu sein, auch wenn sie psychologisch und soziologisch auf genau den gleichen Antrieben und Mechanismen beruhen wie der von ihnen - weitgehend mit Recht - verurteilte Nationalismus.

Eine höhere Stufe der Abstraktion und Allgemeingültigkeit haben in diesem Bereich jene erstiegen, die mit anthropologischen Forschungsmethoden und Kategorien, ohne Rücksicht auf die - nationale, religiöse, rassische, soziale oder ähnliche - Besonderheit des Hingabeobjektes die jeweils eigene Gruppe als "ingroup" von allen anderen, dann als "outgroup" bezeichneten Gruppen unterscheiden.[19] Sie haben wenigstens erkannt, daß die Bindung an die eigene Gruppe und das Verhalten zu ihr unabhängig vom spezifischen Motiv oder Gegenstand dieser Gruppe gleichartig ist, ein durchgehendes anthropologisches Denk- und Verhaltensmuster also, in dem überall moralische Qualitäten und Dysfunktionen vereint sein können. Ebenso ist das Verhalten und Verhältnis zur jeweiligen outgroup durch bestimmte, für alle Gruppen dieser Art zutreffende Einstellungen und Verhaltensweisen charakterisiert. So und nicht anders über die jeweilige outgroup zu denken und sich zu ihr zu verhalten - gewiß einseitig und ungerecht, wie umgekehrt zur eigenen Gruppe - ist eben eine anthropologische Tatsache, eine Veranlagung der menschlichen Natur, nicht auszurotten, höchstens zu steuern, im Sinne größerer Objektivität zu motivieren, als Teil der conditio humana anzunehmen.

Denn wie in allen anthropologischen Mechanismen dieser Art ist auch in der gruppenintegrierenden Funktion der ideologischen Systeme eine teils großartige, teils tragische Ambivalenz verborgen. Die gleichen Inhalte und Motive, die in Gestalt des Nationalismus, des religiösen Fanatismus, der blinden Parteihörigkeit blutige Kriege heraufbeschwören, Haß, Zerstörungen, Völkermord aufschießen lassen, sind zugleich die Ursachen hervorragender kultureller und humanitärer Leistungen, heroischer Selbstaufopferung, die Voraussetzungen hoher menschlicher Qualität. Eine Ideologie, die solches bewirkt, ist schließlich auch die Quelle des Sinnes, nach dem jeder nicht bloß auf Bedürfnisbefriedigung eingestellte Mensch strebt, dem er - wie die Logotherapeuten nicht müde werden darzutun[20] - nicht selten sein Leben verdankt.

Vielleicht das eindruckvollste Beispiel für die Wirkung des ideologischen Systems auf menschliches Denken und Verhalten stellt der Einfluß dar, den es auf das Verhältnis des Einzelnen, aber auch ganzer Völker und Kulturkreise, zu Leben und Tod übt. Über die Einstufung des Lebens in der Werteskala wie über Todesangst und Todesbereitschaft bestimmt weitgehend die Rolle, die Leben und Tod im ideologischen - oder religiösen - Weltbild spielen: der Glaube an ein Weiterleben nach dem Tode, die Anerkennung oder Nichtanerkennung von Werten, die wichtiger erscheinen als das eigene Leben, überhaupt der Glaube an Werte oder Ziele, die wert sind, das eigene Leben für sie einzusetzen.

Hier zeigt die Geschichte eine große Spannweite zwischen der zuletzt von Albert Schweitzer formulierten Ehrfurcht vor dem Leben - die gleichwohl das Opfer des eigenen Lebens nicht ausschließt - bis zur Bereitschaft, das eigene Leben, aber auch das Leben anderer für einen als wichtiger erkannten Zweck zu opfern. Besonders religiöse Systeme, die ein Leben - Belohnung oder Strafe - nach dem Tode verheißen, aber - wie wir heute sehen - auch areligiöse Systeme, wenn sie nur ein eschatologisches Ziel, eine klassenlose Gesellschaft oder ein mächtiges Vaterland, verkünden, steigern den Wert des erwarteten Zustands über den des eigenen Lebens hinaus, lassen den Märtyrertod als Erfüllung des Lebenssinns erscheinen, veranlassen Armeen von Soldaten oder Scharen von Märtyrern, ihren Tod freudig und stolz auf sich zu nehmen. Das gilt, wenn die betreffende Religion, um derentwillen Verfolgung oder Tod erlitten werden, ewigen Lohn im Jenseits verheißt, ebenso wie ein innerweltliches System Ruhm bei der Nachwelt erwarten läßt, aber selbst bei dem namenlosen und unbekannt bleibenden Opfer derer, die für die gute, vom ideologischen System verkündete Sache sterben.

5. Ideologische Elemente im gesamten Erziehungswesen

Die ausführliche Behandlung der sogenannten funktionalen oder spontanen Erziehung als von ideologischen Systemen getragen und gesteuert könnte den Eindruck erwecken, zumindest bei der sogenannten intentionalen Erziehung, also dem

bewußten und vielfach durchforschten, institutionalisierten
Erziehungswesen, handle es sich um eine Zone verhältnismäßiger oder doch in absehbarer Zukunft erreichbarer Ideologiefreiheit. Weite Bereiche der Erziehungswissenschaft, insbesondere der von der Aufklärung bestimmten, vielfach sogenannten bürgerlichen Pädagogik, haben ihre raison d'être, ja ihre wissenschaftliche Ethik darauf gegründet, frei von Ideologien zu erziehen, zu entideologisieren, zu einem objektiven, wissenschaftlich verantwortbaren Weltbild zu führen.
Sie haben in der Tat bewundernswerte Erfolge damit erzielt, auf denen heute die Möglichkeit beruht, verschiedene Glaubenslehren und ideologische Systeme vergleichend zu diskutieren, blinden Fanatismus für eines von ihnen zu überwinden, in weiten Kreisen eine Freiheit und Ausgewogenheit des Denkens auszubilden: Grundlage des Zusammenlebens und der Kooperation unter Menschen, Gesellschaften, Kulturen.

Trotzdem hat gerade hier das verständliche, besonders in ideologisch erregten Zeiten hochgesteigerte Bedürfnis nach Ideologiefreiheit und Objektivität zu vielerlei Fehleinschätzungen der eigenen Möglichkeit der Wahrheitsfindung und zum Glauben an eine Erlösungsfunktion des Pluralismus geführt.
Hier liegt die Versuchung, das eigene Weltbild als das objektive, der Wahrheit am weitesten geöffnete absolut zu setzen, besonders nahe und hat gerade in den letzten Jahrzehnten ganze wissenschaftstheoretische Schulen in die Irre geführt, zum Teil mit politisch verheerenden Folgen. Eine richtige Einschätzung der eigenen Ideologieabhängigkeit, eine Kenntnis der Mechanismen, die das Wirken der nun einmal gegebenen Ideologien stimulieren und steuern, hätte vieles an Fanatismus und Absolutheitsanspruch einzelner Systeme – wenn nicht unterbunden – so doch entscheidend gemildert, Verfolgungen und Blutvergießen verhindert. Aber auch hier scheint jenes Bedürfnis nach dem Absoluten, jene Unfähigkeit zur Einsicht in die Ambivalenz menschlichen Tuns und Denkens zu herrschen, die wir auf anderen Gebieten beobachtet haben und

die sogar einen notwendigen Impuls gesellschaftlicher Entwicklungen, der Geschichte und des Fortschritts darzustellen scheint.

Eine Analyse auch des sogenannten intentionalen Erziehungswesens auf die Funktion ideologischer Elemente und Systeme darin scheint also notwendig. Ein vergleichender Überblick zeigt bald, daß es in der gesamten Weltgeschichte der Erziehung ein objektives, neutrales Erziehungswesen gar nicht gibt. Jedes Schulwesen ist seiner "Idee" nach konfessionell. Es könnte nämlich überhaupt nichts bewirken, wäre es nicht auf ein Wertesystem gegründet. Selbst Ausbildungslehrgänge etwa für medizinisch-technische Assistentinnen oder chemische Ingenieure bedürfen eines solchen, notwendigerweise auf einem Weltbild beruhenden Wertesystems, einer standes- oder berufsspezifischen Ethik. Geschweige denn ein allgemeinbildendes Schulwesen, das zum Entscheiden und Handeln in der Gesellschaft, auf die die betreffende Schule vorbereitet, befähigen soll.

Ein extremer Liberalismus hat - obwohl selbst ideologisch begründet und gesteuert - allen Ernstes versucht, Erziehung zu Objektivität und selbständigem Urteil dadurch zu bewirken, daß er empfahl, der Jugend die verschiedenen Weltbilder und Denkmöglichkeiten nebeneinander vorzulegen, damit sie unter ihnen selbst auswählen könne.[21] Inzwischen ist klar, daß ein solches Verfahren nicht nur im höchsten Grade unangemessen ist, sondern auch jedem anderen, eine klare Wertewelt demonstrierenden System unterlegen. Eben auf diesem Prinzip beruht die Faszination aller, nach Perioden des Liberalismus oder Pluralismus auftretenden, die vermeintlich aufgerichteten Dämme gegen jeden Fanatismus niederreißenden "Bewegungen" und Jugendrevolten.

Allein auch jenseits aller Extremsituationen dieser Art: das jahrzehntelange Streben des Erziehungswesens nach Objektivi-

tät - etwa in Gestalt der Interkonfessionalität - erweist
sich als ein Widerspruch in sich. Schule ist ihrer Natur
nach nie ideologisch neutral. Sie war von Anbeginn ein Ecclesiasticum, Aufgabe einer Priesterschaft, also der das ideologische System verwaltenden Elite oder Institution. Wo sie
dieser Instanz, oft unter generationslangen Kämpfen, entwun-
den wird, dort handelt es sich regelmäßig nicht um eine ideologische Neutralisierung, sondern um den - gewaltsamen oder
unmerklichen - Übergang an eine andere, ideologisch ebenso
bestimmte Macht: an den Staat, an eine Bewegung, an eine andere "Konfession". So etwas war der - seiner Autorin vielleicht unbewußte - Sinn jenes Maria-Theresianischen, für den
aufgeklärten Absolutismus kennzeichnenden Ausspruchs von der
Schule, die ein Politicum, nicht aber ein Ecclesiasticum sei.

Die laizistische Schule, zur Befreiung des Bildungswesens
vom Konfessionsstreit, von kirchlicher Steuerung und Schul-
aufsicht bestimmt, hat an ihre Stelle den Staat gesetzt, der
nunmehr für Jahrzehnte die Erziehung zu Patriotismus, Staats-
treue und Staatsgehorsam übernahm, bis die Ideologie einer
aufsteigenden Sozialgruppe, der Marxismus, die ideologische
Loyalität der zu Erziehenden auf sich zog: Theoretisch im
Widerspruch zum Staat, wie sich praktisch zeigt, zu einer
ungeahnten Verstärkung des staatlichen Einflusses führend,
dem bald alle Gebiete des öffentlichen, insbesondere des
geistigen Lebens unterliegen: als ein im großen Überblick
als unvermeidlicher, fast gesetzlicher Vorgang erkennbar,
nicht einfach "böser Wille" einzelner Ideologien und Parteien.

Damit ist "Entkonfessionalisierung" als ein vages, nur für
begrenzte Bereiche gültiges, im Grunde längst widerlegtes
Schlagwort erwiesen. Der Liberalismus, sich selbst im Rei-
gen der erziehungssteuernden ideologischen Systeme erken-
nend, hätte durch richtige Einsicht in die hier wirksamen
Relationen und Mechanismen vieles von seiner hybriden Selbst-
einschätzung als objektiv vermeiden und die Relativität auch

der mit ihm konkurrierenden Systeme als befreiend einsetzen
können. So ist ihm freilich nur die Chimäre des Pluralismus
als Rückzugsgebiet geblieben.

Mit dieser Anerkennung der Funktion des ideologischen Systems
nun auch im Bereich des institutionalisierten, "intentionalen" Erziehungswesens verlagert sich das Problem dieser Funktion an die Grenze zwischen Ideologiesteuerung und Ideologiefreiheit, die, zumindest soweit dem Menschen überhaupt erreichbar, doch nach wie vor ein wesentliches Ziel der Erziehung bleibt, ja als solches immer zentraler wird. Sie wird
deutlich in der heute überall erfahrbaren Gegenüberstellung zwischen den beiden einander entgegengesetzten Typen
von Erziehungsergebnissen: dem auf ein System eingeschworenen, des Vergleichs mit anderen Systemen unfähigen, urteilslosen, daher manipulierbaren Fanatikers und dem bei aller
Verankerung in einem System doch des Überblicks und des Vergleichs fähigen, auch andere Glaubenssysteme verstehenden
"mündigen" Bürgers. Diese Grenze, die zugleich die Grenze
zwischen zwei entgegengesetzten Erziehungszielen und Menschentypen darstellt, ist offenbar durch ein unterschiedliches Verhältnis zur Ideologie gekennzeichnet; an ihr müßte
das, was an Ideologiefreiheit in der gegebenen Situation
oder Gesellschaft möglich ist, verlaufen oder abzulesen sein.

Diese Grenze zu bestimmen hat sich am ehesten die Religionswissenschaft veranlaßt gesehen, für die Joachim Wach eine
auch in unserem Zusammenhang brauchbare Definition entwickelt hat.[22] Ihr zufolge ist eine Wissenschaft - und eben
auch die Pädagogik -, die ein Glaubenssystem welcher Art immer zu dem Zweck studiert, um seine Richtigkeit zu beweisen,
es gegen alle anderen durchzusetzen, also in apologetischer
Absicht, unwissenschaftlicher Natur; erst die Möglichkeit,
verschiedene Systeme - von denen das eine durchaus das eigene sein kann - vergleichend zu analysieren, begründe eine
wissenschaftliche Haltung, eine verhältnismäßige Ideologie-

freiheit diesen Systemen gegenüber. Darauf eben beruhe, so
Wach, die Vergleichende Religionswissenschaft, für die er
grundlegende Beiträge geleistet hat. In dieser Möglichkeit
aber, an das eigene System zu glauben, dabei die anderen
doch vergleichend zu verstehen, also in diesem nicht primär
apologetischen Zugang, bestehe die durch Erziehung erreichbare Objektivität, Distanz und Urteilsfreiheit. Wir leben
heute in der Spannung zwischen diesen zwei Typen von Erzie-
hungssystemen: zwischen dogmatischen, gegen ihre Umwelt
streng abgegrenzten, die Linientreue ihrer Anhänger überwa-
chenden Systemen wie dem Marxismus und den konservativen Traditionen einer Kirche einerseits und der Freiheit des Ver-
gleichens und Verstehens verschiedener Systeme andererseits,
die die persönliche Entscheidung für eines von ihnen offen-
läßt.

Hier freilich läßt uns auch die Vergleichende Religionswissenschaft oder Ideologiekritik im Stich. Das Problem ist
wiederum nicht gelöst, sondern an eine andere Stelle verlagert: Mit der Möglichkeit eines solchen Vergleiches, ja
schon mit der Kenntnis vom Inhalt und der Existenz anderer
als des eigenen ideologischen Systems allein ist die Möglichkeit, ja die Gefahr einer Desintegration aus diesem eigenen gegeben. Deshalb müssen sich die Religionen und ideologischen Systeme seit Anbeginn der Geschichte darum bemühen,
ihre Gläubigen von konkurrierenden Systemen abzuschirmen, ja
sie möglichst in Unkenntnis auch schon ihrer Existenz zu halten. Sie sind ihrer Natur nach intolerant. Die schönsten,
seit der Aufklärung erzielten Fortschritte an Toleranz haben sich gerade in unseren Tagen als unwirksam, als vielfach nicht einmal angestrebt erwiesen. Zumindest für die ersten von einem solchen ideologischen System erfaßten Generationen zeigt sich Intoleranz als überlegen, Freiheit der Information und des Denkens über das eigene System hinaus als
Anfang vom Ende des betreffenden Systems, als Symptom seiner
Desintegration. So trägt jedes noch so weitblickend geplante

Erziehungswesen die Tendenz zur Selbstauflösung des es tragenden Systems in sich.

Allein eben auch hier reifen über kurz oder lang die aus der Geschichte bekannten Entscheidungen: Ist es die Offenheit oder die Geschlossenheit, die sich schließlich als überlegen zeigt?[23] Die Erfahrung lehrt: nach langen Jahren, vielleicht Generationen und Epochen der Überlegenheit geschlossener und überwachter Systeme erfolgt der Durchbruch zur offenen Gesellschaft: die Kenntnis anderer Systeme läßt sich, zumal angesichts der sich ständig steigernden und vervielfältigenden Kommunikation zwischen modernen Gesellschaften, auf die Dauer nicht unterbinden. Einmal erfolgt, vielleicht plötzlich und revolutionär, der Durchbruch zu einer neuen ideologischen Konstellation, zu einem Pluralismus der Religionen und Ideologien.

Dissidenten - wie die in der Sowjetunion - kündigen solche Entwicklungen an. Das Problem des Austausches von Informationen zwischen Staaten und Völkern, das etwa die Konferenz von Helsinki 1975 so intensiv beschäftigt hat, zeigt die politische Brisanz dieser Tendenzen. Die abenteuerlichsten Mischformen zwischen Abgrenzung und Durchlässigkeit tauchen auf. Sie ähneln einander nicht nur bei Honecker, bei Breschnew und bei den tschechischen Stalinisten, sondern beherrschten schon Metternich und König Friedrich Wilhelm III. Das jeweilige systemüberwachende Regime gerät unversehens in die Defensive und hat schließlich nur noch die Wahl zwischen Öffnung oder Untergang. Daß dabei Jahrhunderte überdauert werden können, ja daß für bestimmte Systeme eine Abschließung nach außen konstitutiv werden kann, zeigen mehrere Beispiele, etwa die russische Tradition der Fremdenkonfinierung und -überwachung schon von den Zeiten Iwans des Schrecklichen und der ersten Romanows an.

Aber das ist alles nur Hintergrund. Uns beschäftigt hier das
Bildungswesen in seinem Verhältnis zu dem in einer Gesellschaft jeweils dominierenden ideologischen System. Dabei
schälen sich schon nach diesem skizzenhaften Überblick zwei
alternative Möglichkeiten der Konstruktion eines solchen
Bildungswesens heraus, mit allen Folgen für die geistige
Haltung, für Weltbild und Ethik, vielleicht sogar für Lebensstil und Verhalten der davon geformten oder mitgeformten Bevölkerungen. So lassen sich offenbar offene, mehrere
Systeme überblickende, zwischen ihnen aber auch schwankende, ideologisch nicht "gefestigte" und damit für Indoktrinierung von außen anfällige Gesellschaften von geschlossenen unterscheiden, die, auf ein bestimmtes Glaubenssystem
eingeschworen, in der Linientreue dazu streng überwacht,
nach außen abgeschirmt und über andere Systeme erst gar nicht
oder bewußt falsch informiert sind, wie sie heute die totalitären Systeme, unter welchen Vorzeichen auch immer, in
Zucht halten. Jedes dieser Systeme erzieht sich - soweit es
ihm gelingt - durch Generationen deutlich unterscheidbare
Typen von Weltbildern, Graden der Weltoffenheit, der Bewegungs- und Urteilsfreiheit. Im persönlichen Verkehr mit Angehörigen dieser Systemtypen ist der formende Einfluß ihrer
Erziehung zu verschiedenem Ideologieverhältnis unverkennbar.

Bis in die Einzelheiten der Schul- und Bildungsgeschichte
lassen sich wechselnde Perioden der verschiedenen Erziehungsstile danach unterscheiden, die von den sie vertretenden Pädagogen selbst wiederum wie Glaubenssysteme gegeneinander verteidigt werden und damit wechselnde Bildungsideologien darstellen:[24] Erziehungssysteme etwa, die von der Bösartigkeit des Menschen ausgehen, der durch Strenge und Zucht
von der Ausführung seiner bösen Neigungen weg zu einem gottesfürchtigen, gehorsamen, linientreuen Denken und Handeln erzogen werden müsse. Der Puritanismus, aber auch viele andere
Ausprägungen religiösen Denkens erzeugen bis heute solche Erziehungsmethoden, damit aber auch die ihnen entsprechenden,

zwar zuchtvollen und selbstbeherrschten, aber auch unfreien, fremdgelenkten, für Heuchelei anfälligen Menschen. In den Exerzitien des Ignatius von Loyola wie in der militärischen Erziehung selbst noch der modernen Armeen und bei der Kaderbildung totalitärer Systeme nach Art des Kommunismus spielt dieses Prinzip eine wichtige Rolle: die Persönlichkeit des Züglings zu brechen, um sie nachher von einem beherrschenden Zentralwert aus wieder aufzubauen und damit ihre Effektivität aber auch Manipulierbarkeit ungeahnt zu steigern.

Dem gegenüber stehen die verschiedenen Arten einer freien Erziehung, für die Rousseau zum Pionier und Heiligen geworden ist. Ihnen zufolge ist der Mensch, wie er aus den Händen des Schöpfers kam, gut und braucht in der Ausbildung seiner guten Anlagen nur gefördert zu werden, um zu dem freien, nützlichen, hilfreichen Mitglied der Gesellschaft zu werden, das er von Natur aus eigentlich schon ist. Es konnte nicht ausbleiben, daß zwischen diesen beiden grundlegenden Erziehungsphilosophien unter den Pädagogen die leidenschaftlichsten Weltanschauungskämpfe entbrannten, die die Erziehungssysteme bis heute beherrschen und anderen ideologischen Kriegen an Erbitterung und Einseitigkeit nicht nachstehen.

Damit ist nur angedeutet, daß in dem hier in Rede stehenden Bereich des Bildungswesens, insbesondere der sogenannten "intentionalen", institutionalisierten Erziehung, nicht nur die Inhalte und Zielsetzungen ideologischer Natur sind oder von den jeweils herrschenden ideologischen Systemen gesteuert werden, sondern daß diese Erziehungskonzeption auch selbst Gegenstand ausgeprägter Ideologien werden können. Das bekannteste Beispiel dafür: das Bestehen und die Virulenz ausgeprägter, standesspezifischer Bildungsideologien[25] wie der sogenannten humanistischen, "höheren" Bildung, die das deutsche Gymnasium durch viele Jahrzehnte geformt und getragen hat, und deren Verfechter, die Philologen, bis heute in erbitterter Verteidigung gegen die seit langem gegen die alte Gelehrtenschule andrängenden Schülermassen wie "realistische" Bildungsinhalte stehen, in hoffnungslosen Rückzugsfronten, als weltfremd und reaktionär diffamiert. Ihrer humanistischen Bildungsideologie gegenüber hat die Volksschule der aufsteigenden Massen eine eigene Gegenideologie entwickelt, die Ideologie von der "volkstümlichen" Bildung mit wiederum spezifischen Bildungsinhalten und Zielen, einer besonderen, anders ausgebildeten und denkenden Trägerschaft in Gestalt der Volksschullehrer mit den für diese Sozialgruppe charakteristischen Standeszielen, Selbstrechtfertigungen und Organisationen. Ihre wie der Philologen Bindungen an bestimmte politische Konzeptionen und Lager sind unverkennbar, und deren Konflikte zögern sachgerechte Neukonzeptionen des Schulwesens seit Jahrzehnten hinaus, noch die heutige Schule der Bundesrepublik im Geruch einer konservativen, längst vergangene Sozialstrukturen künstlich konservierenden Institution zurücklassend. Die Kämpfe um die sogenannte Gesamtschule, eine - wenn auch nicht die einzig mögliche - Anpassung an die moderne Sozialstruktur, bezeugen die Problematik und Langwierigkeit solcher ideologiegesteuerter und -gehemmter bildungsgeschichtlicher Prozesse.[26)]

Wie in allen Prozessen dieser Art herrscht auch hier die mehrfach beobachtete Ambivalenz. Alte, überlieferte Werte und Wertsysteme gehen verloren, und ihre Verteidiger befinden sich in einer wahrhaft tragischen Situation; neue Werte und Wertsysteme müssen sich unter schweren Problemen und Qualitätsverlusten durchsetzen, bis auch sie wiederum der Anpassung an inzwischen gewandelte Sozialstrukturen bedürftig werden, einer Anpassung, die ähnliche Probleme und Konflikte aufwirft.

Damit ist für das Gebiet der sogenannten intentionalen, institutionalisierten Erziehung das Bestehen nicht nur der Einwirkung ideologischer Elemente und Systeme auf das Erziehungswesen und Erziehungsgeschehen festgestellt, sondern die Existenz besonderer Erziehungs- oder Bildungsideologien, die diesen gesamten Bereich steuern und verschiedene Konzeptionen davon ermöglichen, aber auch spezifisch verschiedene Erziehungsstile und Bildungsergebnisse in Gestalt verschieden erzogener und gestimmter Gruppen, Schichten, Generationen von Erzogenen bedingen.

Im Ganzen überblickt, stellt sich so das ideologische System in seiner grundlegenden Funktion für alles, was unter Menschen Erziehung und Bildung der Gesellschaft, insbesondere der jeweils nachwachsenden Generationen bedeutet, dar. Zu den vorher beschriebenen Funktionen der Gruppenbildung und -strukturierung wie der Weltorientierung und Wahrheitsfindung ist damit eine dritte, für den Menschen charakteristische Funktion der ideologischen Systeme getreten. Zusammen geben diese drei das faszinierende Bild einer dem Menschen gegebenen - oder von ihm selbst entwickelten - Institution, einer geistigen Macht, die das Leben, die Gesellschaft, das Bewußtsein des Menschen orientiert und steuert, über die Möglichkeiten des Tieres hinaushebt, als ein einzigartiges Werk der Schöpfung erscheinen läßt. Hier erst wird vielleicht ganz deutlich, welches Fehlurteil der seit der Aufklärung entwickelte Anspruch bedeutender intellektueller Schulen, ja ganzer Nationen enthält, Ideologien und ideologische Systeme der hier besprochenen Art als Verfälschung der Wahrheit, als eine Art bewußter oder unbewußter Lüge zu diffamieren, ihre Beseitigung als Ziel menschlichen Denkens und Forschens zu verkünden und sich selber im Besitz der reinen, ideologiefreien Wahrheit zu wähnen. Es stünde diesen Instanzen besser an - gerade auch im Interesse möglichster Ideologiefreiheit und Wahrheitsfindung -, statt dessen die ideologischen Systeme, ihre anthropologische Funktion und Erziehungsrelevanz, ihre Struktur und die ihrem Wirken zugrundeliegenden Gesetze und Mechanismen ohne den Anspruch auf Ideologiefreiheit zu studieren.

VII. IDEOLOGEN UND PRAGMATIKER - VERSUCH EINER TYPOLOGIE DES VERHÄLTNISSES ZUM IDEOLOGISCHEN SYSTEM

1. Rollenverteilung

Die hier in ihren Funktionen und Strukturen überblickten ideologischen Systeme mögen dem Menschen geschenkt oder von ihm erfunden worden sein: sie haben sich - wie andere Schöpfungen des menschlichen Geistes - weitgehend selbständig gemacht und verfahren nach ihren eigenen inneren Gesetzen und Mechanismen. So kann man sie wie Institutionen sui generis betrachten und nach ihren Funktionen und Verhaltensweisen analysieren, wie wir das eben versucht haben. Dabei bleibt aber immer noch die Frage nach dem Menschen offen, der in ihnen wie in einem Gehäuse lebt und wie in einem Regelkreis eingespannt ist. Wie verhält sich der Mensch - so lautet diese Frage - _in_ den ideologischen Systemen, und wie verhält er sich _zu_ ihnen?

Schon die Beobachtung der Rolle, die das ideologische System bei der Errichtung und Rechtfertigung sozialer Rangunterschiede spielt, hat gezeigt, daß unter den solche Unterschiede begründenden Kriterien auch das des größeren oder geringeren ideologischen Engagements einiges bedeutet.[1] Man kann eine kleine Typologie der Menschen nach ihrem intensiveren oder weniger intensiven Verhältnis zum ideologischen System aufstellen: den Gläubigen vom Gleichgültigen, den theoretisch Interessierten vom Pragmatiker, den Ideologen vom Technokraten unterscheiden.

Zwischen beiden Typen herrscht offenbar ein dialektisches Verhältnis. Es gibt Epochen oder Situationen, die des Gläubigen, des Denkers oder Moralisten, im Extremfall des die Realitäten mißachtenden Fanatikers bedürfen oder zu bedürfen glauben, die ihn aus dem Boden stampfen, ihm folgen und ihn heiligsprechen. Die großen Religionsstifter und Reformatoren, Propheten und Revolutionäre sind Repräsentanten dieses Menschentyps, der die Antwort auf eine jener Ideologien erzeugenden Reizsituationen findet, sie formuliert und vorlebt und ganze Generationen und Zeitalter danach prägt. Er könnte es nicht, gäbe er sich zu sehr mit den Realitäten ab, mit der Finanzierung seiner Visionen, mit der Ambivalenz seines Impulses, der mit der ersehnten Befreiung notwendig neue Unfreiheit schafft. Nach solchem Aufschwung, der gleichwohl die Welt verändert hat, folgt unvermeidlich die Enttäuschung und Ernüchterung, die Stunde der Pragmatiker, die das Leben wieder erträglich machen, weil sie die realen Voraussetzungen der neuen Ordnung kennen und in Rechnung stellen, weil sie den Menschen nicht überfordern und vom ideologischen Ziel nur das Machbare zu verwirklichen suchen.

Sind das nun - so schließt sich die weitere Frage an - verschieden veranlagte oder - durch Erfahrung und Umwelt - verschieden erzogene Menschen, die einander in Gestalt dieser zwei Typen gegenüberstehen? Diese Frage erinnert an den Streit zwischen Erbforschern und Milieutheoretikern, und sie dürfte wie er zu einer ähnlichen Lösung führen: zur Anerkennung eines Zusammenwirkens beider Faktoren, von denen je nach Abkunft und nach Situation bald der eine, bald der andere dominieren mag. Gleichwohl lehrt die Erfahrung wie in der Geschichte so im persönlichen Leben, daß der eine zur Unterstellung unter ein ideologisches oder religiöses System neigt, der andere sich davon wenig beeindrucken läßt - was immer die gegebene Situation nahelegen mag.

Andererseits ist ein Spielraum unverkennbar, innerhalb dessen ein an Realitäten Gescheiterter die Flucht in die Ideologie ergreift, um wenigstens in ihr Rechtfertigung und Sinn zu finden, während Pragmatismus nicht selten auf dem Bewußtsein der Unfähigkeit beruht, eine Situation oder Aufgabe geistig zu bewältigen, d.h. aus einer Philosophie oder einem Prinzip zu lösen. Ob es nun aber ein Versagen an den Realitäten ist, was manchem den Dienst an der Ideologie als Kompensation, als Ersatz eines Lebensinhalts erscheinen läßt, oder eine von vornherein gegebene Neigung, in einer solchen Hingabe an eine Ideologie oder Religion die Erfüllung des eigenen Lebens zu suchen, in beiden Fällen reagiert ein "Ideologe" gleich: er tritt in einen Orden ein, er engagiert sich in der Parteiorganisation, er wird zum Berufsrevolutionär oder er beschließt wie Hitler, "Politiker zu werden".

Der von der Ideologie so leicht Faszinierte oder Faszinierbare erinnert in manchem an den "homo religiosus" in Eduard Sprangers einst sehr erhellenden, heute weithin vergessenen "Lebensformen".[2] Gerade diese Parallele aber zeigt, wie sehr sich seit Spranger die Kategorien verschoben haben. Uns scheint es heute, nach allem an den ideologischen Systemen Beobachteten, nicht mehr möglich, die Religion von ähnlichen Erscheinungen, zum Beispiel eben den ideologischen Systemen, zu isolieren, wie es Eduard Spranger und heute gewiß noch vielen Theologen möglich und geboten erscheint. Zu deutlich sind die Parallelen, die gemeinsamen Wurzeln und Funktionen beider Arten von Systemen, der religiösen und der areligiösen, geworden, als daß das Verhältnis des Menschen zu ihnen aus verschiedenen Quellen und Voraussetzungen erklärt werden könnte. Natürlich sind die Inhalte und die sich darauf beziehenden menschlichen Typen unter Umständen grundverschieden. Aber die Antriebsstruktur, die Art der Bindung an die eine wie an die andere Art von Systemen, die Folgerungen für Verhalten und Rechtfertigung des ihnen beiden Hingegebenen sind so verwandt, daß man sie zusammensehen muß, um die hier engagierten Menschen nicht völlig mißzuverstehen, auch schon, um die Möglichkeit, den einen aus dem anderen zu interpretieren, nicht zu verfehlen.

Die hier angedeutete Polarisierung zwischen Ideologen und Pragmatikern äußert sich, über das Individuelle hinaus, in der Ausbildung verschiedener und verschieden reagierender

Gruppen in einer gegebenen Gesellschaft. Die Ideologie, besser: das intensivere Ideologieverhältnis wirkt motivierend auf die von der Ideologie besonders stark Faszinierten und besonders engagiert in ihrem Dienst Stehenden: Das lebendigste Zielbewußtsein im Dienste der Ideologie, die entschlossenste Bereitschaft zum Einsatz für sie, aber auch die beste Kenntnis ihres Lehrgebäudes konzentriert sich in einer verhältnismäßig kleinen Minderheit, in der zielbewußten, entschlossenen und organisierten, elitären Minderheit der bedingungslos Gläubigen, der Berufsrevolutionäre oder Desperados, von der Georges Sorel spricht und über deren strategische Bedeutung sowohl Lenin wie Mussolini bei ihm in die Schule gegangen sind.

Ihr steht dann die nichtengagierte, tolerante, Kooperation und Rechtsstaatlichkeit höher als jenes ideologische Ziel schätzende "schweigende" Mehrheit gegenüber, nach demokratischem Prinzip zur Führung berufen, aber auf diese Führung praktisch verzichtend. Sie besitzt die berufliche Sachkenntnis und die administrative Routine, die den von den Ideologen durcheinandergebrachten Apparat in Gang halten und vielleicht wieder in Gang setzen wird. Aber die Erfahrung lehrt, daß in dem Konflikt zwischen ideologischem Engagement und beruflicher Sachkenntnis das erstere sich manchmal doch als überlegen erweist, weil es Blicke öffnet, die der betriebsblinden Sachkenntnis verborgen bleiben. So sorgen die Kenner für reibungslosen Ablauf, aber die Ideologen setzen die Ziele und motivieren.

Je nach der Phase des dialektischen Prozesses zwischen Ideologen und Pragmatikern, die wir durchleben, sind wir bereit, dem einen dieser menschlichen Typen den Vorzug zu geben, den anderen zu verdammen, den Propheten als Messias zu feiern oder im Pragmatiker den Retter zu begrüßen. Beide sind offenbar unentbehrlich, beide ergänzen einander, zwischen der Vision des Propheten und dem festen Boden des Realisten vollzieht sich die Geschichte der Menschheit.

In der Beziehung zwischen Mensch und ideologischem System
gibt es noch eine andere Alternative: Die einen werden von
Menschen für die Sache gewonnen, die anderen unterliegen unmittelbar dem Zauber der Idee. Wer sich in einer Gemeinschaft
wohlfühlt, ist bereit, deren Weltbild und Normensystem zu
übernehmen. Das ist der normale Weg der Sozialisation, wie
ihn Kinder und Jugendliche gehen, um mittragende Glieder der
Gesellschaft zu werden, in die sie hineingeboren sind. Anderen mag ein Mensch das Weltbild entwerfen, dem sie verfallen:
sie werden von diesem Bild fasziniert und mögen seinen Urheber vergessen. Das entschlossene Ergreifen einer Lebensrolle,
das sich im jugendlichen Lebensalter - von 2o bis 3o Jahren,
sagt Havighurst[3] - vollzieht, charakterisiert diesen Typ,
der seinem neuen Ideal zuliebe imstande ist, sich feindlich
gegen die Menschen seiner Umwelt zu wenden, sobald ihm das
seine Ideologie vorschreibt.

Selbst unter den Gläubigen eines ideologischen Systems lassen sich verschiedene Typen unterscheiden: der eine glaubt
an die Lehre, der andere an ihre Propheten. Jener nämlich
ist nicht bereit, notwendig gewordene Änderungen mitzumachen,
auch wenn sie vom höchsten Priester oder Parteisekretär verkündet werden. Er hält am Wortlaut der Bibel, der klassischen
Schriften, des ursprünglichen Parteiprogramms fest und geht
dafür auf den Scheiterhaufen, ins Exil oder in den Untergrund. Die kommunistische Avantgarde der zwanziger Jahre,
die die Wende zum Stalinismus nicht mitvollzog, ist durch
solche Menschen charakterisiert. Aber auch die Altgläubigen
der russischen Kirche, die Raskolniki, sind Vertreter dieses
Typs. Alte Funktionäre, die den Klassenkampf verbissen weiterkämpfen, auch wenn er aus der Mode gekommen ist, gehören
in diese Reihe. Dafür haben sie die Chance, daß eine neue
Bewegung ihren Kampf wieder aufnehmen und fortsetzen, sie zu
Helden und Vorkämpfern kanonisieren kann. Leute solcher Art
stellen den einen Typ der Gläubigen dar, denen die ursprüngliche Lehre wichtiger ist als die Modernisierung oder Anpas-

sung der Partei, und sei diese auch von der höchsten Führung angeordnet.

Der andere Typ folgt dieser Führung blind durch alle Neufassungen und Änderungen der Lehre. Der Stalinismus hat sich solche Leute herangezogen. Was immer sie von der Lehre hielten - viel konnte es nicht sein, sonst hätten sie die berüchtigte Wendung um 180 Grad nicht mitvollzogen -, es genügte, daß sie sich jedesmal bedingungslos der Führung unterwarfen.

2. Ideologen

Das Nebeneinander der zwei hier skizzierten Typen, der Ideologen und der Pragmatiker, ist breiten Kreisen durchaus bewußt. Das Verhalten auch zu ihnen steht unter bestimmten, sich je nach Situation wiederholenden Bedingungen und hat bestimmte, bis zu einem gewissen Grade voraussehbare gesellschaftliche Folgen. So neigen neu installierte, ideologisch begründete Regime dazu, überzeugungstreue Ideologen gegenüber bewährten Fachkennern zu bevorzugen. Diese Art "Kaderpolitik" beruht dann oft nicht nur auf Regierungsanordnung, sondern wird von breiten Schichten von Karrieristen und Opportunisten getragen. Beim Wechsel von einem totalitären Regime zum anderen hat das unsere Generation mehrfach erlebt; ganze Romane lassen sich mit den Figuren solcher Ideologen und Ideologie-Nutznießer füllen,[4] alles mit verheerenden Folgen für die betreffende Volkswirtschaft.

War der Nationalsozialismus durch den Krieg und seinen enormen Bedarf zur Preisgabe solcher Bevorzugung der Gesinnungstüchtigen vor den Sachkennern gezwungen, so haben die nach dem Zweiten Weltkrieg installierten kommunistischen Systeme unter dem Motto marxistisch-leninistischer Gesinnungstreue Orgien an Beseitigung und Vernichtung gerade der besten wirt-

schaftlichen und technischen Pioniere gefeiert, die durch
unfähige, wenn nur gesinnungstüchtige oder Gesinnungstüchtigkeit vortäuschende Karrieristen ersetzt wurden: ein Verfahren, das das rapide Absinken, ja den Verfall bedeutender
Produktionen zur Folge hatte und für die erstaunliche, einer
normalen Industriegesellschaft unverständliche wirtschaftliche Unterlegenheit vieler - durch die richtige Lehre angeblich beflügelter - heute insbesondere kommunistischer Systeme verantwortlich ist.[5]

Es gab Lösungen für dieses charakteristische Dilemma ideologisch gesteuerter Regierungs- und Wirtschaftssysteme. Eine bekannte ist der Aufbau der Roten Armee durch Trotzkij
nach der Oktoberrevolution von 1917. Hier wurden zahlreiche
Offiziere und Unteroffiziere der zerschlagenen zaristischen
Armee in den Dienst gestellt, von Polititruks streng bewacht, an Zusammenschlüssen und politischen Ambitionen absolut verhindert, wie man weiß, mit großem Erfolg. Auch die
französische Revolutionsarmee der Napoleonkriege war so von
den Unteroffizieren des Ancien Régime aufgebaut worden. Je
unsicherer sich aber eine ideologische Herrschaft fühlt, je
zentraler ihr das Anliegen der ideologischen Umerziehung ihrer Gesellschaft erscheint, desto größer ist die Gefahr des
Verzichts auf die unentbehrliche Mitwirkung bewährter Pragmatiker zugunsten unfähiger Ideologen.

Freilich hat auch diese Problematik ihre Gegenseite. Der
Glaube versetzt eben doch Berge. Nicht nur die Geschichte
der Religionen, gerade auch die hochtechnisierte Gegenwart
liefert dafür Beispiele genug. Vielleicht das erstaunlichste darunter ist - bei allen legendenhaften Zügen - die Wirkung von Aussprüchen des großen Vorsitzenden Mao, von der
immer noch, mehr oder minder glaubhaft, berichtet wird.

Ein passendes Zitat aus der Mao-Bibel ist - so hört man -
imstande, schwierige, unmöglich scheinende Unternehmungen

wirtschaftlicher, technischer, vor allem medizinischer Art zu beflügeln, zum Erfolg zu führen, wie ihn die Beteiligten selber kaum erwartet hätten. Wieviel an solchen Berichten auch immer Legende sein mag, eher dem pflichtgemäßen Ritual des revolutionären Kultes entsprungen als der empirischen Wirklichkeit entsprechend, eine Wirkung des Glaubens an eine Lehre spielt zweifellos mit, sonst wäre sie in der Religions- und Geistesgeschichte bis in unsere Gegenwart herein nicht so vielfach belegt. Rational erklärt, wirkt sicher der in dieser Lehre erkennbare Sinnzusammenhang ermutigend und energiesteigernd, das Bewußtsein des Gleichklangs mit auf ein gemeinsames Ziel gerichteten Kräften, schließlich der Ansporn der Zustimmung und des Segens des großen Meisters. Hier offenbart sich ein so allgemein menschlicher, durch tausendjährige Geschichte konstanter und bis in unsere rationale Gegenwart belegter Zug, daß er sich nicht - wozu aufgeklärte Intellektuelle neigen - als Kuriosum belächeln läßt. Die Grundlage dafür bildet offensichtlich ein mehr oder minder durchkonstruiertes ideologisches System, ob nun religiösen oder areligiösen Charakters.

Erfahrungen dieser Art lassen die Frage aufkommen wie weit andere außerordentliche Leistungen, Opfer, Erfolge von solcher Einwirkung einer Ideologie ermöglicht werden, ob also die hier geschilderte Ideologiebestimmtheit als alleinige Erklärung von derart Außerordentlichem ausreicht.

Bei diesen schwer zu definierenden Wirkungen des Glaubens sind wir offenbar schon an ein Gebiet gelangt, das jenseits der hier beschriebenen ideologischen Systeme liegt. Neben diesen Systemen muß es also Energiequellen und Steuerungssysteme geben, die nicht ideologischer Natur sind und doch in Hinsicht auf ihre Kraft und Wirkung den ideologischen Systemen ebenbürtig, in manchem sogar überlegen. Es wäre - auch wenn die intensive Beschäftigung mit einem Gegenstand dazu verleitet - falsch, in einer Studie über die ideologischen Systeme nicht auch diese Energiequellen zu sehen, auch wenn sie in diesem Zusammenhang nicht ausführlich behandelt werden können.

Eine Mutter, die für ihr Kind das Unglaublichste an Hingabe und Opfer leistet, ist keine Ideologin. Sie folgt anderen, offenbar im biologisch-instinktiven Bereich angesiedelten Antrieben und gewinnt daraus andere als geistig rationale Energien, wie sie ein ideologisches System hervorbringt. Ein primitives Beispiel dafür gewähren schon die weiblichen Ratten, die, um zu ihren Kindern zu gelangen, den Lauf über elektrifizierte Metallstangen wagen und Stromstöße in Kauf nehmen - was ihre Männer nicht tun.[6] Hier darf man nicht von der Wirkung einer Ideologie oder auch nur eines primitiven Wertesystems reden. Wir befinden uns offenbar wirklich jenseits aller ideologischen Systeme oder Elemente: für die Abgrenzung unseres Ideologiebegriffs ein wichtiger Gesichtspunkt und ein Regulativ gegen die in der Wissenschaft verbreitete Versuchung, ein einmal gefundenes Prinzip zu überdehnen.

Es liegt nahe, hier auch auf andere, jenseits der ideolgischen Systeme vorhandene Energiequellen und Steuerungsmechanismen zu verweisen, die dem Menschen und weithin auch den Tieren zur Verfügung stehen und ganz anderer Natur und Herkunft sind als die hier analysierten ideologischen Systeme. Die verschiedenen Formen der Meditation zum Beispiel, die uns in orientalischen Kulturen begegnen und gerade auf die ideologiebesessenen modernen Intellektuellen großen Eindruck machen, sind offensichtlich - um das hier nur anzudeuten - in einem Bereich jenseits der Ideologien und ideologischen Systeme angesiedelt, mag auch der Zugang zu diesen Phänomenen in das Weltbild des davon Erfaßten in einem ideologischen System begründet sein.

Der hier am verschiedenen Ideologieverhältnis zwischen "Ideologen" und "Pragmatikern" illustrierte Unterschied scheint

auch mit dem bei verschiedenen menschlichen Typen gegebenen
Sinnbedürfnis zusammenzuhängen. Bei manchem ist das Bedürfnis,
im eigenen Leben und Tun einen Sinn zu entdecken, offenbar
besonders stark entwickelt und durch wenig Erfolg und Erfolgs-
erlebnis zum Schweigen gebracht. Dieses Bedürfnis nach Sinnfindung ist vor allem von den Psychologen aus der "humanistischen" Psychologie Charlotte Bühlers gesehen und an einem
umfangreichen Material besonders aus den Kreisen moderner
westlicher Intellektueller analysiert worden, wo es, unbe-
friedigt, zu einer erschütternden Bilanz von Selbstmorden
führt. Pionier der Logotherapeuten, die diese Krise von dem
einen Punkt der Sinnfindung aus weltweit zu heilen bemüht
sind, ist Viktor E. Frankl, der viel zur Erhellung dieses
Phänomens beigetragen hat und damit die zeit- und milieube-
dingten Schranken der Psychoanalyse (Sigmund Freud) wie der
Individualpsychologie (Alfred Adler) überwindet.[7]

Dabei wird in unzähligen Fällen deutlich, wie die Heilung in
einem ideologischen System oder einer Religion zu finden ist,
die dem am Sinn seines Lebens oder Tuns Verzweifelnden diesen Sinn aufschließt. Die Gegenprobe ergibt sich aus der Beobachtung, daß fest in einem solchen System oder einer Religion verwurzelte Menschen das Problem der Sinnfindung nicht
kennen, weil sich für sie der Sinn aus ihrem Glauben ergibt.
So ist deutlich geworden, daß verschiedene Bevölkerungen,
auch verschiedene geographische Räume in dieser Frage verschieden reagieren, am empfindlichsten, wie angedeutet, die
jungen westlichen Intellektuellen an amerikanischen Universitäten, die, nach Tradition und Milieu der Religion entfrem-
det, am Bewußtsein der Sinnlosigkeit leiden und der Versuchung unterliegen, diese Sinnlosigkeit durch Drogen oder
durch Selbstmord zu überwinden.[8]

Es liegt nahe, zu vermuten, daß Menschen, die aus welchen
Gründen immer, einer Ideologie oder Religion besonders offen
sind - also die hier als "Ideologen" beschriebenen Typen -,

bei dieser Suche nach dem Sinn am ehesten Erfolg haben mögen, auch wenn sie nicht in jeder Hinsicht dem hier skizzierten Bild des Ideologen entsprechen. Ein Studium des Verhältnisses verschiedener Menschen und Gruppen zur Ideologie oder Religion ist jedenfalls für die Logotherapie von großer Bedeutung.

3. Die Pragmatiker

Nun ist noch der Gegentyp des hier beschriebenen Ideologen zu betrachten, der Pragmatiker. Bei ihm kann man weniger von einem ausgeprägten Typ mit positiven Eigenschaften und Aktivitäten sprechen. Er ist eher durch das Fehlen oder die verhältnismäßig geringe Bedeutung ideologischer Motive oder Wirkungen charakterisiert. Er findet den Sinn unreflektiert in der gerade fälligen Tätigkeit und ist vor allem am Erfolg orientiert, der ihm wohl auch schon insofern rechtgegeben hat, als er die Rechtfertigung durch einen formulierbaren Sinn überflüssig erscheinen läßt. So vereinigt sich beim Pragmatiker ein heute tadelnd so bezeichnetes Theoriedefizit, mit einer erfolgsorientierten Sachbezogenheit - und oft auch Sachkunde - um seine Effektivität über die des reinen Ideologen hinaus zu steigern, nicht selten im Sinne der gerade in Rede stehenden und zum Erfolg führenden Ideologie.

Es ist nämlich unverkennbar, daß es in vielen, vor allem revolutionären Prozessen gerade nicht die typischen Ideologen sind, die Visionäre und Verkünder, die den Erfolg erringen und das so installierte System an der Macht halten, sondern umgekehrt, gerade Pragmatiker, denen die Ideologie an sich gar nicht so wichtig ist, die daran oft sogar nicht glauben und die sie eher als Instrument, etwa zur Aufrichtung und Erhaltung der Macht benutzen, um so virtuoser, je weniger innerlich gebunden und ehrlich gläubig.

Bekannte Beispiele für Pragmatiker in ideologischen Führungsrollen sind die großen Renaissancepäpste und Kirchenfürsten, von denen viele als im Grunde ungläubig bekannt sind, die aber - vielleicht gerade durch diese "Ideologiefreiheit" - zu unsentimentaler, von der eigenen Lehre unbelasteter Herrschaft befähigt waren. Die Vermutung liegt nicht fern, daß der große Rückschlag der Reformation nach einem Aufschwung gegen alle etablierte Herrschaft mit der hier geschilderten Rollenverteilung der verschiedenen Typen des Ideologieverhältnisses zusammenhängt: Auf Seiten der Reformation scheinen sich mehr "Ideologen" versammelt zu haben, ergriffen Gläubige, von ihrer religiösen Mission Erfüllte, die den distanzierten und routinierten Großfunktionären der katholischen Kirche mit ihrem planmäßigen Einsatz von Kunst und Herrschaft schließlich unterlagen - nicht ohne in der Folge eigenartige, aber herrschaftsfremde Blüten religiöser Kultur, gewissermaßen im Abseits, hervorzubringen. Das politische Europa entwickelte sich unterdessen ungestört in Richtung auf den aufgeklärten Absolutismus. So etwa läßt sich - mit allem Vorbehalt - die Rollenverteilung zwischen Ideologen und Pragmatikern im Zeitalter der Reformation und ihrer Epigonen deuten.

Ein gegenwartsnäheres, vielleicht überzeugenderes Beispiel für die Rolle von Pragmatikern in einem revolutionären Prozeß ist das Verhältnis von Lenin und Trotzkij um die Oktoberrevolution. Neuere Studien darüber machen klar, daß diese beiden großen Revolutionsführer keineswegs ideologiegebunden in dem hier an den sogenannten Ideologen exemplifizierten Sinne waren, sondern im beinahe klassischen Sinne Pragmatiker, die - wohl von der Basis eines fest umrissenen und weitgehend dogmatisierten ideologischen Systems aus - auf dem Instrument dieses Systems hervorragend zu spielen verstanden.[9]

Die heutige Sowjettheologie hat bekanntlich die größte Mühe, die seit Stalin absolut unzulässigen Übereinstimmungen zwischen Lenin und Trotzkij in der Beurteilung der revolutionären Lage wegzuretouchieren oder zu leugnen, was sie in der internationalen Öffentlichkeit - die ja inzwischen ebenfalls über die Quellen verfügt - wissenschaftlich diskreditiert und selbst zum kuriosen Studienobjekt macht. Beide, Lenin wie Trotzkij, haben, lange Perioden hindurch und wechselnd, die Situation übereinstimmend beurteilt und daraus parallele Strategien abgeleitet, die bis heute - in der inzwischen weltweit organisierten IV. Trotzkistischen Internationale ernsthaft diskutiert werden, [10] nicht ohne die gegenwärtige sowjetische Führung bis Breschnew hinauf mit wachem Mißtrauen zu erfüllen. Alles deutliche Anzeichen für ein charakteristisches Verhältnis zur Lehre, das sich von dem des schlicht gläubigen Anhängers bis zu dem des missionarisch getriebenen Fanatikers deutlich unterscheidet. Und eben darin offenbart sich der Typ des Pragmatikers, für den die Lehre zwar ebenfalls Grundlage und Ausgangspunkt ist, zugleich aber Instrument, mit dem gerade der ideologisch nicht gebundene Pragmatiker zu arbeiten versteht.

4. Der Dualismus der Hierarchien

Mag die hier versuchte Gegenüberstellung zweier Typen des Ideologieverhältnisses weniger eine Typologie als vielmehr einen Gradunterschied bezeichnen, in gewissem Maße erfährt sie doch eine Rechtfertigung durch die zahlreichen, in Geschichte und Gegenwart belegten Beispiele für eine charakteristische Rollenverteilung zwischen ihnen. Von den alten Ägyptern bis in unsere Gegenwart kehrt nämlich das gleiche Grundmuster der Gesellschafts- und Herrschaftsstruktur immer wieder, nach dem eine für die Ideologie zuständige Hierarchie einer nur der Sache verpflichteten, aus der Routine lebenden Bürokratie gegenübersteht, beide in enger Zusammenarbeit, auf einander angewiesen und doch auch in charakteristische Konflikte untereinander verwickelt. Eine Priesterschaft etwa, mit der Verwaltung der Ideologie betraut, dafür mit bestimmten Privilegien ausgestattet, aber auch strengeren Forderungen unterworfen, vereinigt naturgemäß Macht in sich und tendiert in bestimmten Situationen dazu, daraus auch politische Macht abzuleiten, ja diese zum Sturz der politischen Führung völlig an sich zu reißen. Umgekehrt sieht sich die politische Führung oft gezwungen, den "geistlichen" Einfluß, der vielleicht lange Zeit hindurch eine wichtige Stütze ihrer eigenen Macht war, zurückzudrängen, bis zu völligen Entmachtung der Priesterschaft, und das oft auf dem Wege über die Unterdrückung der von dieser verwalteten und verteidigten Religion. Beispiele gibt es in beiden Richtungen: die Restauration der ägyptischen Priesterschaft im Kampf gegen Echnaton, die Säkularisierung der kirchlichen Einflußsphäre durch den aufgeklärten Absolutismus, alles den zahlreichen Modellen des Ringens zwischen Kaiser und Papst, geistlichem und weltlichem Schwert, Staat und Kirche zuzuordnen.

Das Bemerkenswerte ist nun, daß es sich bei all dem nicht - wie die Historie auf Grund der überwiegenden Erfahrungen dieser Art glaubt - um die größere oder geringere Macht der Religion, ihrer Überwindung oder Wiederherstellung handelt, sondern um ein allgemeines, areligiöse wie religiöse Systeme betreffendes, durch die ganze, uns bekannte Weltgeschichte immer wiederkehrendes Konfliktmodell, um eine charakteristische Rollenverteilung zwischen den beiden hierin möglichen Instanzen, der ideologischen und der politischen. Denn auch dies lehren zahlreiche Beispiele aus der Geschichte:

Ist einmal die eine der beiden Herrschaften gestürzt, etwa die Macht der Priesterschaft beseitigt, dann findet sich über kurz oder lang eine andere Hierarchie bereit, ihre Rolle zu übernehmen: entweder eine den Staat zum Gegenstand einer Ideologie machende Abspaltung der Staatsführung selbst - wie die

Staatsromantik des 19. Jahrhunderts - oder eine dem inzwischen neu etablierten ideologischen System verpflichtete Parteihierarchie. Sei diese nun faschistischer oder kommunistischer Prägung oder wes Geistes immer: sie übernimmt nunmehr nicht nur Rolle und Machtanspruch der entmachteten Priesterschaft, sondern sie wird - dieser bis in erstaunliche Einzelheiten ähnlich: mit Kontrolle der Rechtgläubigkeit, Kanonisierung der verbindlichen Schriften und deren Interpretation, Kanalisierung des Heroenkults, Ausbildung eines vom "weltlichen" abgrenzenden Rituals, Kampf auch um politischen Einfluß. Dabei handelt es sich nicht um zufällige Konstellationen, sondern um ein durch alle uns bekannten Gesellschaften hindurchgehendes Gesellschaftsmodell und Verhaltensmuster, fast wie der immer in irgendeiner Form virulent werdende Konflikt zwischen Arm und Reich, Herrschenden und Beherrschten und schon gar den Variationen des Klassenkampfes.

Noch überzeugender wird die Beobachtung vom konstitutiven Charakter dieses Dualismus zwischen ideologischer und politischer Führung durch die Einsicht, daß er nicht nur in totalitären, ideologiegesteuerten Herrschaftssystemen auftritt, sondern durchaus auch in pluralistischen Demokratien. Auch hier steht eine staatliche Bürokratie der Parteiorganisation gegenüber, die oft in allen Stufen und Ressorts ihre Vertrauensmänner sitzen hat und das richtige Funktionieren des Apparates im Sinne der Regierungspartei überwacht. Die Parteiinstanzen setzen die Ziele, die staatlichen Bürokraten stellen ihre Sachkenntnis und Routine zur Verfügung, die den Parteiideologen - gegebenenfalls Kirchenvertretern oder Mitgliedern der Dynastie - fehlen. Es gibt verschiedene Modelle dieser Rollenverteilung, von einer Art Politruksystem bis zum kollegialen Nebeneinander von Parteimitgliedern und Parteilosen in allen Rängen des Behördenapparats. An anderer Stelle habe ich sie zu charakterisieren versucht.[11] Die Organisationssoziologie hat dafür, angefangen von Max Weber, umfangreiches Material beigebracht und interpretiert.[12]

Am Schluß dieser Studie über das unterschiedliche Verhältnis verschiedener Menschentypen zur Ideologie drängt sich die Frage auf, ob diese verschiedenen Grade und Arten der Ideologieaffinität nicht auch mit verschiedenen Lebenssituationen der betroffenen Individuen zusammenhängen. Es wäre doch möglich, daß die verschiedenen Lebensalter oder das verschiedene Geschlecht in verschiedenem Grade dazu neigen, der Weltorientierung oder Steuerung durch ein ideologisches System anheimzufallen. Empirische Untersuchungen darüber liegen meines Wissens nicht vor. Sie wären auch zum Scheitern verurteilt, schon weil eine für ihre Methode unerläßliche, genaue Definition des Ideologen nicht möglich ist - es sei denn, der Begriff etwa der Ideologieaffinität würde willkürlich festgesetzt, was dann allerdings den Wert der entsprechenden Meß- und Zählergebnisse fast auf Null reduziert.

Aber auch ohne Untersuchungen dieser Art läßt sich wohl sagen, daß das Lebensalter das individuelle Ideologieverhältnis durchaus beeinflussen kann, nicht so sehr auf Grund unterschiedlicher biologischer Voraussetzungen, als vielmehr wegen der dem betreffendem Lebensalter mehr oder weniger möglichen Sinnfindung und Selbstrechtfertigung. Wer noch keine Gelegenheit hatte, sich im Leben, an einer praktischen Aufgabe, zu bewähren, dem bleibt oft nichts anderes übrig, als sich in eine Welt der Phantasie zurückzuziehen und aus dem sie bestimmenden ideologischen System Rolle und Rechtfertigung zu schöpfen. Er sieht, von entgegenstehenden Realitäten ungehemmt, die lockendsten Möglichkeiten der Gesellschaftsänderung und Weltverbesserung vor sich, bis ihn der Eintritt in einen Beruf von diesem Aussichtspunkt herunterholt und zu dem hier als pragmatisch gekennzeichneten Verhalten und Urteilen zwingt. Die Ideologie, Ausgangsbasis und Fahrplan auch der weiteren Tätigkeit, verliert ihr Monopol, weil nun auch andere Selbstrechtfertigungen zur Verfügung stehen. Ohne daß es zulässig wäre, eine einfache Gleichung aufzustellen: Jugend = ideologieorientiert, Alter = pragmatisch, liegen Tendenzen dieser Art in der Logik der Sache.

Ähnliches kann - wenn auch nur mit noch größerer Vorsicht - bezüglich der Geschlechter vermutet werden. Bei Frauen dürfte das Ideologische keine so alleinbeherrschende und ausschlaggebende Rolle spielen, schon weil ihnen daneben - vorhin am Beispiel der Mutter angedeutet - andere, nichtideologische Energiequellen zur Verfügung stehen. Das schließt nicht aus, daß gerade diese Bereiche untereinander austauschbar sind und den unerwarteten Konflikten und Kräftespielen der menschlichen Individualität Raum geben.

Beide Faktoren, Lebensalter und Geschlecht, sind freilich auf das hier vorliegende Problem weder ausreichend untersucht, noch auch - aus den angeführten Gründen - einer Untersuchung zugänglich, so daß über ihre Ideologieaffinität Aussagen von einiger theoretischer Gültigkeit nicht möglich sind und auf absehbare Zeit wohl auch nicht möglich sein werden. Es muß genügen, sich an individuellen Beobachtungen darüber bewußt zu sein, daß hier Zusammenhänge bestehen.

VIII. SAKRALE UND RATIONALE SYSTEME

1. Fortschritt durch Säkularisierung

An mehreren Stellen der bisherigen Untersuchung war ein durchgehender Unterschied zwischen den großen ideologischen Systemen zu beobachten: fast eine Typologie der ideologischen Systeme. Ja, es konnte der Eindruck entstehen, daß ein bestimmter dieser Typen für eine bestimmte - angenommen frühere -, ein anderer Typus für eine spätere Periode der Menschheitsgeschichte charakteristisch sei, so daß sich in dieser Geschichte auch in Hinsicht auf die geistigen Orientierungs- und Steuerungssysteme eine deutliche Stufenfolge abzeichne, etwa - dem Fortschrittsglauben entsprechend - von einer primitiveren, noch unterentwickelten, zu einer höheren, vollkommeneren Stufe.

Als die einander so gegenüberstehenden Typen der ideologischen Systeme erscheinen vielen - vereinfachend charakterisiert - die religiösen, eine transzendente Welt einbeziehenden, und die areligiösen, auf das Innerweltliche reduzierten Systeme. Es gibt moderne Systeme der letzten Art, die aus diesem Verzicht auf die Transzendenz eine Sendung und einen Ruhmestitel ableiten: sie würden die Ideologien jener älteren Art, die Religionen, überwinden und durch eine wissenschaftliche, statt auf Glauben auf die empirische Erkenntniswahrheit allein gestützte Weltanschauung ablösen. Eine Stufenfolge, eine historische Entwicklung unter den ideologischen Systemen ist hier zum Lehrinhalt und Selbstverständnis eines dieser ideologischen Systeme - im vorliegenden Falle des Marxismus - erhoben worden.

Das ist keine bloße Selbstrechtfertigungslehre eines solchen Systems, das damit seine Modernität und Zukunftsbedeutung beweisen will. Es ist durchaus eine Grundüberzeugung der westlichen wie der östlichen Welt, in weiten Teilen der sogenannten Entwicklungsländer verbreitet und hier vielfach zur Erklärung der eigenen Situation und Problematik benützt.

Von Max Weber in wissenschaftliche Formeln gebracht, ist diese Überzeugung ein Grundpfeiler des Selbstbewußtseins der "entwickelten" Industrienationen, als die Ablösung einer sakralen durch eine rationale Weltsicht und Weltbewältigung definiert. Und in der Tat muß angesichts der unerhörten, vom rationalen Denken herbeigeführten wirtschaftlichen und technischen Erfolge der modernen Menschheit überall jene sakrale Weltdeutung - und mit ihr die Religion - als das eigentliche Hindernis der Entwicklung erscheinen. Erst die Beseitigung religiös begründeter Welterklärungen, Strukturen und Tabus mache demnach den Weg frei für moderne naturwissenschaftliche Welteinsicht, für die Entwicklung von Technik und Wirtschaft, für moderne Zivilisation und Kultur überhaupt. Seit in den Gesichtskreis der Industrienationen die Länder der Dritten Welt getreten sind, damit aber auch die ungeheure Aufgabe ihrer Entwicklung, ist fast überall die Beseitigung der sie beherrschenden religiösen Systeme als Voraussetzung jeder Art von Entwicklung bewußt geworden, diese Entwicklung aber als im wesentlichen durch Industrialisierung mit ihren technischen und sozialreformerischen Voraussetzungen gegeben.

Dies alles ergibt, vorläufig zusammengefaßt, für eine als Geschichte der ideologischen Systeme verstandene Entwicklungsgeschichte der Menschheit eine einzigartige, großflächige Perspektive und Periodisierung: einer früheren, durch sakrale Welterklärung und -bewältigung charakterisierten Epoche der ideologischen Systeme folgt, vom Europa des 17. Jahrhunderts ausgehend, eine zweite, durch rationale Welterklärungen gekennzeichnete Epoche der "wissenschaftlichen", auf das Innerweltliche reduzierten, auf empirischer Erkenntnis beruhenden Systeme. Es erhebt sich die Frage, ob nicht dieser zweite Typ der ideologischen Systeme besser geeignet ist als jener frühere, die Überlebens- und Entwicklungschancen der Menschheit in der Zukunft zu gewährleisten.

In der Tat bieten die letzten Jahrhunderte der zivilisierten Menschheitsgeschichte den Eindruck einer Epochenschwelle, wie sie in dieser Tiefe und Radikalität, vor allem aber Eindeutigkeit etwa das vierte vorchristliche Jahrtausend in den Stromtälern des Vorderen Orients erlebt hat. Überall werden die großen, religiösen oder überhaupt ideologischen Orientierungs- und Steuerungssysteme durch grundsätzlich andere abgelöst. An Stelle der sakral motivierten, aus einer geglaubten Transzendenz abgeleiteten "religiösen" Systeme treten zu unserer Zeit - hier früher, dort später - innerweltliche, Weltbild und Verhalten rational erklärende und motivierende Systeme. Das geht nicht ohne gewaltige Umwälzungen vor sich: der Apparat an Machtstrukturen und Institutionen, den jene sakralen Systeme durch Jahrtausende errichtet und verfestigt, offenbar unentbehrlich gemacht und im Überirdischen verankert haben, muß überall zerstört, aufgelöst, als unglaubwürdig erwiesen, als Hemmnis des Fortschritts denunziert werden, um einem glaubwürdigeren, empirisch nachprüfbaren, rationalen System von Welterklärungen und Institutionen zu weichen, das von nun an die Menschheit - die eine ihrer Kulturen früher, die andere später - besser und effektiver, freier und menschenwürdiger in der Welt orientieren, auf Ziele ausrichten und in ihrem Verhalten steuern soll. Unabsehbar die Folgen nicht nur für das Welt- und Selbstverständnis dieser Menschheit, sondern auch für ihre biologische und kulturelle Entwicklung, zugleich aber für ihre Überlebenschancen, ja für das gesamte weitere Schicksal der Erde und ihrer Bewohner.

Aber eine solche Revolution des Bewußtseins erweist sich, näher besehen, keineswegs als ein einmaliges Ereignis. Die Geschichte der Menschheit ist offensichtlich eine Folge solcher Epochenschwellen. Jedesmal ist dabei ein Fortschritt zu rationaler Erklärung und Bewältigung der Welt charakteristisch. Neben jener Epochenschwelle des vierten vorchristlichen Jahrtausends, von der wir - schon wegen des damit verbundenen Aufkommens der schriftlichen Überlieferung - den Anfang der menschlichen Geistesgeschichte zu datieren geneigt sind, tritt in unserem Kulturkreis um die Mitte des ersten vorchristlichen Jahrtausends ein Einbruch des philosophischen Denkens, nach einer Epoche der mystischen Lehren (Eleusis) und der noch ins Mystische gebetteten Mathematik (Pythagoras) deutlich als eine Ausbildung der menschlichen Denkkraft, eines spezifischen rationalen Denkens, in Erscheinung. Die Geburt der abendländischen Philosophie, von den Vorsokratikern über Aristoteles und Platon bis zu den Sophisten als rationale Durchdringung der Welt in wenigen Jahrhunderten vollzogen, gehört zu den großen Schüben der Rationalisierung - wenn man so will der Entsakralisierung oder Entmythologisierung -, die die Menschheit periodisch ergreifen, ihr Bewußtsein ändern und ihr neue Chancen der Weltorientierung und des Überlebens geben.

Die Geburt der Naturwissenschaften aus der Renaissance und die an ihnen entwickelte Aufklärung unserer Epoche ist offensichtlich die neueste Schwelle dieser Art. Erst wenige Jahrhunderte sind wir in den Strudel dieser gewaltigen Epochenschwelle zwischen sakralen und rationalen Weltorientierungs- und Weltbewältigungssystemen gerissen, ja es ist noch nicht einmal die gesamte Menschheit in allen ihren Rassen und Völkern davon erfaßt: und schon zeichnen sich darin einige charakteristische Strukturen und Probleme ab, die die Grundtendenz dieser Epochenschwelle und die zentrale Funktion der eben hier in Rede stehenden ideologischen Systeme erkennen lassen. Überall wird das die betreffende Gesellschaft in der Welt orientierende, ihre Institutionen rechtfertigende und ihr Verhalten steuernde ideologische System durch ein anderes ersetzt, das andere Werte und Ziele an Stelle der bisher tragenden in den Mittelpunkt rückt. Überall sind es wirtschaftliche Güter, die freie Disposition des Individuums über sie, die als bisher unberücksichtigt, nun aber als höchst erstrebenswert, ja als Sinn und Ziel des menschlichen Lebens, als Voraussetzung für Freiheit und Würde des Menschen erscheinen. Man verurteilt das gern - vor allem von jenen sakralen Systemen aus - als materialistisch und individualistisch; aber man sollte nicht vergessen, daß im Ziel nicht eigentlich der materielle Besitz als solcher steht, sondern etwas, was man gern die Menschenwürde nennt und wozu als Vorbedingung die nicht von außen, sondern vom Individuum selbst bestimmte Verfügung über die Person gehört. Bei solcher Neufestsetzung von Sinn und Zweck des Menschen wird nur zu oft vergessen, daß der neue Zentralwert wiederum der Orientierung an einem Fixpunkt bedarf, dabei in eine neue Abhängigkeit gerät, daß seine Autonomie eingebildet bleibt. Schon die Erfahrung, daß die Beseitigung des einen - in diesem Falle sakralen - Systems nicht in einen Zustand der Ideologiefreiheit und Rationalität mündet, sondern zu einem neuen - womöglich noch rigoroseren - System überleitet, ja ein solches als Hebel und Voraussetzung der ideologischen Befreiung verwenden muß - wir haben dafür einleuchtende Beispiele beobachtet -, schon diese Erfahrung läßt vermuten, daß auch nach Überwindung der hier angedeuteten Epochenschwelle der Menschheit kein ideologiefreier Zustand der absoluten Rationalität winkt, sondern nur ein von einem anderen Typ von ideologischen System gesteuerten Zustand der gleichen, statt durch Instinkte durch soche Systeme regierten Menschheit.

2. <u>Modelle der Entwicklungsländer</u>

Sucht man einige charakteristische Fälle für die Ablösung eines sakralen Systems durch ein rationales aus der Fülle dieser Prozesse hervorzuheben, dann bieten sich dem gegenwärtigen Betrachter als besonders spektakulär und transparent die sogenannten Entwicklungsländer an. Hier ist das alte ideologische System vielfach noch erhalten oder in Erin-

nerung, seine Institutionen, Strukturen und Verhaltensregeln
- wenn auch manchmal nur noch rudimentär - in Geltung und
die Spannung zwischen den Antrieben des alten und jenen des
neuen Systems auf Schritt und Tritt wirksam - für die Beteiligten nicht selten quälend und verunsichernd. Es wird sich
freilich zeigen, daß bei den "entwickelten" Industrienationen der Wandel in ähnlichen Formen und mit ähnlichen Problemen, wenn auch meist früher und viel langsamer, verlaufen
ist und bis heute verläuft.

Ein erstes Beispiel drängt sich sofort auf: China.[1] Das
ideologische Leitmotiv der großen Veränderung, das nicht nur
die einander vom Kaiserreich bis zu Mao-Tsetung ablösenden
Herrschaftsstrukturen betrifft, sondern tief in das Leben des
Einzelnen und der kleinsten gesellschaftlichen Gruppen hinabreicht, besteht in der Auflösung der jahrtausendenalten Sippenstruktur mit ihrem Ahnenkult und der strengen Kontrolle
über das Leben des Einzelnen. Im Vergleich zu den aus Europa bekannten, mit dem Absolutismus immer deutlicher ausgeprägten und bis in die Gegenwart immer stärker hervortretenden Rolle des Staates und seiner Integrationskräfte muß dem
auswärtigen Beobachter die Rolle des Staates im alten China
als unbedeutend vorkommen, ein Staatsgefühl, ein Patriotismus oder Nationalismus als unbekannt, aber durch eine rigorose Sippenbindung ersetzt. Sie abzulösen war nur durch eine starke Gegenideologie möglich, die zunächst in der Lehre
Sun-Yatsens ein ganz neues Staatsverhältnis weckte, dann
aber in Gestalt des Marxismus-Leninismus maoistischer Prägung eine Umwertung aller Werte vollzog, den Patriotismus -
für den die letzten Jahrzehnte durch das Verhalten der Kolonialmächte allerdings wirksame Motive beigesteuert hatten
- durch das Sendungsbewußtsein eines weltweiten Antikolonialismus überhöhte.

Diese Ablösung zweier grundverschiedener ideologischer Systeme ist offensichtlich Hintergrund und Antrieb der großen chinesischen Revolution, die das Reich der Mitte in wenigen Jahren unter die ersten Weltmächte hat aufsteigen lassen. Keinem war dabei die Bedeutung der Ideologie für die Aufrichtung und Festigung der neuen Herrschaftsstruktur so deutlich bewußt wie Mao-Tsetung selber. Das zeigt schon die von ihm entfesselte sogenannte Große Kulturrevolution der sechziger Jahre und die darin dokumentierte Priorität der ideologischen Motive vor den macht- und herrschaftstechnichen. Das zeigt auch die um 1970 eröffnete Kampagne gegen den Konfuzianismus, der durch Jahrtausende etwas wie eine herrschende Staatsreligion Chinas dargestellt hatte, jetzt aber - aus Gründen, die auswärtigen Beobachtern immer noch nicht ganz einsichtig sind - aus dem Denken und Weltbild der Chinesen verbannt werden soll: ein weiteres Symptom für das Bedürfnis nach einer ideologischen Tabula rasa, unterstrichen noch durch die Beobachtung, daß der Marxismus, aus frühindustriellen Spannungen des westlichen Europas stammend, für den großen chinesischen Umbau nicht die einzig mögliche ideologische Grundlage ist, sondern auch durch irgendeine andere Lehre hätte ersetzt werden können, wenn ihn Mao nicht so klug an die chinesische Situation angepaßt hätte.

In Maos Leben selbst ist die Ablösung der Systeme wie in einem Brennspiegel konzentriert: seine Jugend leidet unter der unerträglichen Tyrannei, die sein Vater, der altchinesischen Sippenherrschaft entsprechend, über ihn ausübt. Sie hat, für Mao deutlich erkennbar, ihre Grundlage im Konfuzianismus, dem schon jetzt - nicht erst in der Kampagne der siebziger Jahre - sein Haß und seine Ablehnung gilt. Auf der Suche nach einer die Massen wie die Intellektuellen gleichermaßen ansprechenden Theorie bietet sich, nach dem faszinierenden Erfolg des Marxismus-Leninismus in der Sowjetunion, eben dieser als die neue Lehre an, wie verschieden auch die Voraussetzungen in Rußland und in China sind. In diesem Unterschied liegt der Keim zur jahrzehntelangen Ablehnung des Maoismus durch Stalin, die heute im Streit der beiden kommunistischen Weltsysteme nachwirkt.

Man weiß, wie erbittert Mao-Tsetung um die Anerkennung seiner marxistisch-leninistischen Orthodoxie gerungen hat: ohne Erfolg. Er war mit seiner chinesischen Version der großen Heilslehre der Ketzer, zunächst - in der Ära Stalin - mit der Rolle, die er den Bauern anstelle des Industrieproletariats zuwies, später - in der Auseinandersetzung mit Chruschtschow - mit seinen verzweifelten Versuchen, in der Errichtung des Kommunismus - mit Volkskommunen, großem Sprung nach vorn und anderen Abenteuern - die sich allmählich verbürgerlichende, "revisionistische" Sowjetunion zu überholen. All dies verstärkt den Eindruck, im China Mao-Tsetungs habe es sich nicht eigentlich um die Reinheit der marxistisch-leninistischen Lehre gehandelt, als um eine eigene chinesische Version dieser Lehre: die ersehnte Selbstbestätigung einer großen, durch Jahrzehnte von den Kolonialmächten, dann von Japan und jetzt von der ideologisch doch so nahe verwandten Sowjetmacht gedemütigten Nation.

Damit wird deutlich: der eigentliche Charakter des die chinesische Revolution tragenden ideologischen Systems ist nationalistischer Art. Diese Demütigungen durch die "imperialistischen" Mächte, durch Japan und dann gar noch durch die Sowjetunion, durch Jahrzehnte erlitten, das alles unter dem Druck einer unerträglich gewordenen, durch eine jahrtausende alte Quasi-Religion konservierte Feudalverfassung, ergab zusammen den ideologischen Treibstoff, der die Millionenmassen in Bewegung zu setzen, zu blindem Gehorsam zu veranlassen und schließlich - nach mehrfachen verheerenden Säuberungen - wenigstens äußerlich in einen monolithisch erscheinenden ideologischen Block zu amalgamieren vermochte, der die Voraussetzung für die Machtentfaltung einer Weltmacht darstellt.

Den Rahmen ähnlicher Systembildungen durchbricht im China Mao-Tsetungs der exzessive Personenkult, der ungeachtet des spektakulären Fiaskos des Stalinkults auch das China der Stalin-Ära erfüllt und weit darüber hinausreicht. Er erhebt Mao in eine dem normalen Menschenverstand unverständliche göttliche Sphäre. Aber er hat offenbar nicht nur bei urteilslosen Massen, sondern auch bei Intellektuellen, Wissenschaftlern und sogar Weltkennern die Formen eines Rituals angenommen, das unabhängig vom wirklichen Glauben an alle damit gefeierten mystischen Kräfte des Großen Vorsitzenden, zum festen Bestand einer mechanisch zelebrierten Liturgie geworden ist. Sie entspricht einem quasi-religiösen Kult, der das neue System über die rationalen Systeme hinaushebt und unsere These von der Ablösung sakraler durch rationale Systeme durchbricht. Im Maoismus sind ohne Zweifel sakrale Elemente enthalten, denen gegenüber manches am Konfuzianismus als aufklärerisch und hausbacken erscheint. So hat sich im modernen China das Verhältnis zwischen sakralen und rationalen Systemen beinahe umgekehrt: eine Beobachtung, die auch für die anderen Prozesse dieser Art zur Vorsicht mahnt. Zumindest ist das Sakrale - das mag sich daraus ergeben - keineswegs auf dem absterbenden Ast der Menschheitsentwicklung.

Wenn irgendwo das Religiöse auch in modernen ideologischen Systemen eine bestimmende Rolle spielt, dann gilt das für Indien. Jedenfalls hat indische Religiösität die Intellektuellen des aufgeklärten Europas durch mehr als ein Jahrhundert in alle Tiefen fasziniert, für sie eine Art Ersatz der verloren gegangenen Religion dargestellt. Ja, es tut das in einer gewissen Reziprozität mit Wellen des Rationalismus bis heute.

Hier zögert man, von einer Ablösung sakraler Denksysteme durch rationale zu sprechen. Beide Typen wirken vielmehr oft ungeschieden ineinander. So, wenn vom alternden Nehru erwartet wird, er werde den Regierungsgeschäften entsagen und sich in eines der zahlreichen Ashrams zurückziehen, um in einem dieser klosterartigen religiösen Mittelpunkte sein ferneres Leben der eigenen und anderer Heiligung zu weihen. Einem rationalen Denksystem würde ein solcher Verzicht auf das ganze bisherige Lebenswerk als völlig irrational erscheinen, dem indischen erscheint ein solcher Lebensaufbau als der eigentlich sinnvolle.

Es gibt viele Beispiele eines solchen, dem Europäer schwer verständlichen Ineinander und Nebeneinander von sakralen und rationalen Faktoren in Weltbild und Lebensgestaltung. Etwa das Verhältnis zwischen dem tiefreligiösen Mahatma Gandhi und dem agnostischen Nehru, das gleichwohl keinen weltanschaulichen Gegensatz bedeutet, dann aber das lange Festhalten des Gandhijüngers Nehru an dem in England zum antireligiösen Marxisten gewordenen Krishna Menon. Unverkennbar geht auch in Indien, besonders seit der Erlangung der Selbständigkeit, ein Prozeß der Säkularisierung vor sich. Ja, der Kampf zwischen der heftig erstrebten Industrialisierung des Entwicklungslandes und den aus seiner agrarischen Vergangenheit fortwirkenden sakralen Lebensformen scheint heftiger als je in Europa. Von wo anders als von hier könnte das Modell der Ablösung dieser zwei Systemtypen und ihrer gesellschaftsformenden Wirkung genommen sein, das hier zur Diskussion steht? Und trotzdem muß die kommunistische Regierung des Bundesstaates Kerala den Termin ihrer Amtsvereidigung zweimal verschieben, weil ihn die Astrologen als ungünstig erklärt haben.

Im Sakralen verankert ist auch das Kastenwesen, ein gerade dem Kommunismus im Innersten - sollte man meinen - widersprechendes Gesellschaftssystem. Daß diese Gleichung so einfach, wie sie sich der Europäer vorstellt, nicht gilt, das zeigt etwa schon der Umstand, daß sich der Kommunismus in manchen Bundesländern gerade auf bestimmte Kasten stützt und unter ihnen Anhänger durch Vorteile gewinnt, die gerade eine tieferstehende Kaste zum Festhalten an ihrem unterprivilegierten Status veranlassen.

Überhaupt macht sich der Europäer unter dem Einfluß seiner als modern und rational geltenden Gleichheitsideologie vielfach unzutreffende Vorstellungen vom indischen Kastenwesen und von seiner Verankerung im herrschenden sakralen System. Er übersieht, daß auch in seiner eigenen rationalen Gesellschaft - wie offenbar in jeder menschlichen Gesellschaft - eine Art Kastensystem wirksam ist, wenn auch in sehr abgeschwächter und kaum noch in sakral begründeter Form. Von dem das ganze Mittelalter bis ins 19. Jahrhundert beherrschenden Glauben an die gottgewollte Einteilung der Gesellschaft in verschieden privilegierte und verschiedene Funktionen wahrnehmende Stände ist gewiß nicht mehr viel übrig. Trotzdem ist, beispielsweise, über alle Abschaffung des Adels und seiner Privilegien hinweg, dieser ehemalige Adel eine mehr oder minder geschlossene Gesellschaft geblieben: er heiratet unter sich, bevorzugt bestimmte Berufe, bedient sich bestimmter Umgangsformen und Sprachgewohnheiten und erkennt sich daran. Aber auch neben dieser überlieferten Gliederung tendiert jede Gesellschaft zur Ausbildung von mehr oder weniger institutionalisierten Gruppen, die bestimmte Berufe besetzen, miteinander nach bestimmten Abgrenzungen verkehren oder nicht, bestimmte Umgangsformen ausprägen, auch wenn das die herrschende Gleichheitsideologie leugnet.

In Indien ist eine solche Gesellschaftsstruktur, ursprünglich wohl auf rassischen Gegebenheiten beruhend - Eroberer gegen Unterworfene - in einem besonders hohen Maße sakralisiert, das bedeutet: in jenseitigen Sanktionen verankert, unangreifbar, starr und verbindlich geworden.

Das verstärkt, zumindest nach außen, den Eindruck vom Konflikt zwischen einem sakral begründeten Gesellschafts- und Weltbild und einem als rational geltenden, auf einer Gleichheitsideologie beruhenden System, dem die Einteilung der Menschen in verschiedene und verschieden privilegierte Kasten nicht nur als entwicklungshemmend, sondern als unmoralisch vorkommt. Die Aufhebung dieses hemmenden und unmoralischen Systems sei, so meint der Europäer, das erste Erfordernis einer modernen Entwicklung. Wo aber in Indien von geistigen und politischen Führern - gerade auch schon von Mahatma Gandhi - gegen das Kastenwesen gekämpft wird, dort richtet sich der Kampf nicht gegen das Kastenwesen als solches, sondern nur gegen die Benachteiligung bestimmter, niedrig eingestufter Kasten, vor allem etwa der sogenannten Unberührbaren, die andererseits den Schutz ihrer besonderen, wenn auch unterprivilegierten Stellung nicht missen möchten.

Das erweckt die Frage, ob es nicht - statt des Kastenwesens an sich - die durch seine Sakralisierung bewirkte religiöse Motivierung und Unangreifbarkeit ist, die die Beseitigung des zugrundeliegenden sakralen Systems durch ein rationales zum gesellschaftspolitischen wie zum moralischen Postulat macht. Dies wiederum führt zur Frage nach der Funktion der Sakralisierung solcher Gesellschafts- und Denksysteme überhaupt. Sie hat in allen Epochen und Ebenen der Weltgeschichte bestimmte, oft durchaus rationale, leben- und arterhaltende Strukturen und Verhaltensvorschriften durch Verankerung im Transzendenten verbindlich gemacht, wie sie zweckmäßiger und rationaler vom rationalsten System nicht hätten erfunden und durchgesetzt werden können: etwa verschiedene Speisevorschriften und -verbote, Inzesttabus, Beschneidungsriten, Auslesevorschriften und eben auch Gesellschaftsstrukturen, die ursprünglich ihren - wenn auch vielfach verfremdeten und erstarrten Sinn in der Verteilung und Einübung bestimmter Funktionen, in der Arbeitsteilung größerer Gruppen oder auch im notwendigen hygienischen Verhalten hatten.

Im ganzen zeigt sich überall in der Weltgeschichte: das Sakrale ist gar nicht so irrational, daß man es dem Rationalen mit solcher Ausschließlichkeit gegenüberstellen könnte, wie hier zunächst geschehen. Ja, manchmal will es scheinen, als sei das sakrale System in mancher Hinsicht rationaler, als das von vornherein als rational auftretende: es fügt nämlich dessen innerweltlicher, auf menschliche Autorität gegründeter und deshalb umstrittener Verbindlichkeit eine höhere, auf logische Begründung nicht angewiesene, aber dem menschlichen Bedürfnis nach Transzendenz und Glauben entsprechende Autorität hinzu, die sich oft durch Jahrhunderte und Jahrtausende als tragfähiger erwiesen hat als alle, von Menschen erdachten und vereinbarten Regelungen. Es entsteht der Eindruck, als stünde hinter jenen sakralen Verhaltensvorschriften eine höhere Vernunft, die besser als es einzelne Menschen oder Führungsgremien vermocht hätten, das für die Leben- und Arterhaltung der in Rede stehenden Gesellschaft Notwendige vorauszusehen imstande war.

Von wo aber sollte jeweils, bei einer grundlegenden Veränderung der Gesellschaftsstrukturen und "Produktionsverhältnisse", die Entwicklung eines neuen, ihnen angepaßten ideologischen Systems erfolgen als aus rationaler Kritik, aus dem Ersatz des längst schon sakralisierten Systems durch ein rationales, das dann die Einsicht in die realen Kausalzusammenhänge und meist auch den Erfolg für sich hätte! Das ist zumindest oft die erste Phase eines notwendig gewordenen Anpassungsschubs an neue Situationen, und das ist es auch, was in der Geschichte immer wieder die Ablösung eines sakralen Systems durch ein rationales bewirkt. Das erweckt auch den oben beschriebenen Eindruck, die Weltgeschichte schreite im ganzen von sakralen zu rationalen Systemen fort. Allein diese Ablösung sakraler durch rationale Systeme ist offenbar nicht der Ausdruck eines irreversiblen Prozesses, einer in gleicher Richtung fortschreitenden weltgeschichtlichen Tendenz. Es mehren sich die Anzeichen, daß das durch Anpassung an veränderte Verhältnisse zustandegekommene rationale System in sich wiederum zur Ansammlung neuer sakraler Elemente tendiert, daß der Rationalisierung immer wieder eine Re-Sakralisierung folgt, weil dem Menschen eine rein rationale Welterklärung und Rechtfertigung offenbar nicht genügt. In Gestalt des Personenkults haben wir an Mao-Tsetung eben einen ähnlichen Prozeß beobachten können, für den es aber zu allen Weltteilen Entsprechungen gibt.

Beispiele eines Kreislaufs von Rationalisierung und Sakralisierung oder Re-Sakralisierung drängen sich auf. Rationalismus und Mystik scheinen einander zu bedingen. In historischen Figuren und ihren oft schwer verständlichen Wirkungen auf ihre Zeitgenossen treten sie einander in dramatischen Situationen gegenüber: Voltaire und Swedenborg ist ein klassisches Paar dieser Art. Gerade in unseren Tagen erleben wir einen solchen Doppelgipfel von Rationalismus und Mystik, Neo-Marxismus und Sektenbewegung. Man meint, hier ein anthropologisches Gesetz der Dialektik mit den Händen zu greifen.

So scheint an Stelle des ursprünglich skizzierten Fortschrittmodells von sakralen zu rationalen Systemen die Weltgeschichte eher von einem dialektischen Modell beherrscht zu sein: Zunächst rationale Konstruktionen werden in früher Zeit durch sakrale Elemente unterbaut und verankert - sakralisiert -, bis die derart sakral gewordenen, institutionalisierten und vielfach erstarrten Systeme - aufgrund gesellschaftlicher Änderungen oder der Erweiterung des Wissens - durch rationale Systeme abgelöst werden. Diese neuen, rationalen Systeme aber offenbaren bald eine Neigung zur neuerlichen Ansammlung sakraler Elemente, zu einer Re-Sakralisierung, die dann, auf einer höheren Stufe der naturwissenschaftlichen Kenntnisse, die alte menschliche Doppelstruktur von Glauben und Wissen wieder herstellt, ohne die der Mensch offenbar nicht leben kann.

3. Stufen der Entwicklungsforschung

Natürlich sind einmal gewonnene naturwissenschaftliche Kenntnisse - das Ausbleiben vernichtender Weltkatastrophen vorausgesetzt - nicht rückgängig zu machen. Die neue Sakralisierung rationaler Systeme vollzieht sich also in gewissem Sinne auf einer jeweils höheren Ebene der Einsicht in die

Wirklichkeit von Natur und Mensch. Das Verhältnis zwischen rationalen und sakralen Elementen in den ideologischen Systemen bleibt trotzdem im Grunde das gleiche. Man kann dieses Grundmuster der Konstruktion dieser Systeme gerade an den Entwicklungsländern beobachten, die doch - wie gezeigt - ohne eine energische Rationalisierung oder Ent-Sakralisierung die Anpassung an die moderne Welt gar nicht vollziehen könnten. Sie suchen - nach einer Periode der radikalen Beseitigung ihrer sakralen Traditionen - ihre Identität wiederzuerlangen, die ihnen in der einseitigen Ausrichtung auf den wirtschaftlichen und technischen Fortschritt verloren gegangen ist oder verloren zu gehen droht. Der neueste Trend in der sich konstituierenden Entwicklungsforschung wendet sich immer bewußter diesem Thema zu.

In ihrem Bereich wird die zunächst fast allgemeine Überschätzung des wirtschaftlichen Erfolgs als oberstes Ziel einer Gesellschaft als unbefriedigend empfunden. Die wirtschaftliche Entwicklung erweist sich vielmehr als Ergebnis eines ideologisch unterbauten gesellschaftlichen Wandlungsprozesses. Charakteristisch für diese Einsicht ist die zunehmende Kritik an den für diese Konzeption der Entwicklungsforschung und Entwicklungspolitik zunächst klassischen Studien von W. W. Rostow und D. Lerner.

Der erste entwickelt[2] - vom europäischen, besonders englischen Geschichtsverlauf verführt - eine Art Stadien- oder Stufentheorie, derzufolge alle Systeme einem an amerikanischen Erfahrungen orientierten System der Massenkonsum- und Überflußgesellschaft zustreben. In einem solchen Modell haben Elemente der nationalen und religiösen Traditionen keinen Platz, weshalb Rostow auch die überall auftretenden Revitalisierungsbestrebungen der bodenständigen Kulturen nicht nur als antikommunistisch, sondern als antiwestlich bezeichnet. Sein Bild von der immanenten Tendenz der Entwicklungsländer wie von ihrer Zukunft verrät sich als ideologische

Basis der amerikanischen Außenpolitik, entspricht aber zugleich vielen auch in den Entwicklungsländern zunächst dominierenden Vorstellungen.

Einen Schritt weiter geht Lerner,[3] der in einer Studie über die "Modernisierung" des Mittleren Ostens das dahinterstehende Problem der Identität erkennt. Auch bei ihm spielen aber die eigenen Erfahrungen und Erfolge des American way of life eine beherrschende Rolle: Modern ist eine Welt, die diesen Erfahrungen ungefähr entspricht, in der aber für die überlieferten Gestaltungskräfte, die bisherigen Garantien der Identität, kein Platz ist. So werden etwa die Chancen des Islam nach einem einseitig evolutionistischen Modell beurteilt. Kein Wunder, daß die Zielvorstellungen für die Entwicklungsländer überall einem westlichen Gesellschaftsmuster entsprechen. Demgegenüber hat W.E. Mühlmann[4] darauf hingewiesen, es handle sich hier um einen revolutionären Prozeß, der nicht mit den Begriffen einer evolutionistischen Entwicklungssoziologie erfaßbar ist.[5]

Offensichtlich ist die Vorstellung von den Lebensbedingungen und Zukunftsaussichten der Entwicklungsländer überhaupt zu sehr an den europäischen und amerikanischen Erfahrungen orientiert. Inzwischen aber kann man aus diesen Ländern selbst die Warnung hören, die an Europa zu beobachtende Säkularisierung dürfe als Modell der gesellschaftlichen und wirtschaftlichen Entwicklung der übrigen Welt nicht verallgemeinert werden. Wenn der Hintergrund dieser Verallgemeinerung von Marx bis Rostow in der Polarität zwischen traditioneller, als Frühform betrachteter Gesellschaft und moderner, wirtschaftlicher Entwicklung gesehen wird, so hat selbst Max Weber davor gewarnt, seine Unterscheidung zwischen traditionalem und rationalem Handeln als gesetzlich notwendige historische Aufeinanderfolge mißzuverstehen. Gegen die Anti-Traditionsideologie, für die das Neue einen Wert an sich darstellt, wie gegen die ihr entgegengesetzte, dem Traditionellen an sich einen Wert beimessende Denkweise erheben sich so zunehmend starke Bedenken.

Sie werden durch das sich schnell verbreiternde Spektrum untermalt, das die Entwicklungsforschung von den vielfältigen und keineswegs auf das primitive Modell der Modernisierung zu bringenden Veränderungen in der modernen Welt entworfen hat. Diese lassen sich nicht einfach als das Nachholen einer inzwischen eingetretenen, in dem betreffenden Land aber verzögerten Entwicklung - der Naturwissenschaft, der Technik, des Komforts etwa - interpretieren. Der heutigen Überlegenheit westlicher Industrieländer zum Beispiel steht ein jahrhundertelanger, in bestimmten Bereichen heute noch nicht eingeholter Vorsprung anderer, etwa asiatischer Kulturen gegenüber. Andernorts, etwa in Lateinamerika, sind soziale wie ideologische Revolutionen einzelner Gruppen und Schichten eben so impulsiv in die Wege geleitet worden wie gleichzeitig - oder später - etwa in Nordamerika. Daß sie in bestimmten Situationen, und keineswegs aus Gründen der Unfähigkeit, stehengeblieben sind oder sich in anderer Richtung entwickelt haben, läßt sich nicht auf den einfachen Nenner der etwa klimatisch oder rassisch bedingten Unterentwicklung zurückführen.[6] Die unterschiedliche Bedeutung etwa des Katholizismus und des Protestantismus für die Entwicklung agrarischer bzw. industrieller Produktionsweisen ist seit Max Weber Gemeingut der europäischen Intellektuellen und von Alfred Müller-Armack auf die Kausalzusammenhänge zwischen Weltanschauung und Wirtschaftsstil auch in anderen Epochen und Regionen ausgedehnt worden.[7]

Auf keinen Fall ist das einfache Schema des Fortschritts von "unterentwickelten" zu entwickelten Kulturen und Gesellschaften bei der Charakteristik der gegenwärtigen Weltlage zu verallgemeinern und zu ihrer Erklärung auch nur hilfreich. Eine bunte Reihe in sich verschiedener Modelle von Entwicklungen und Revolutionen wäre dazu nötig.

4. Die Wiederkehr des Sakralen

An der Ablösung der dominierenden ideologischen Systeme in China und Indien haben wir zwei der hier geltenden Modelle zu skizzieren versucht. Ein drittes, davon abweichendes, wäre an der planmäßigen und gewaltsamen Installierung des Kommunismus in den unter die Macht des Sowjetregimes gelangten zentralasiatischen Ländern zu beobachten. An der Ablösung des industriefeindlichen Islam durch den aus der Industrialisierung geborenen und sie fördernden Kommunismus erweist sich die Komplexität einer Akkulturation, die nicht einfach nach dem primitiven Modell der "Entwicklung" zu interpretieren ist.

In Zentralasien nämlich hat eine großartige Kultur, die durch Jahrhunderte bis nach Westeuropa der christlich-abendländischen überlegen war, der Industriereligion Kommunismus weichen müssen, um die auf bestimmte Werte konzentrierten Produktivkräfte für die Industrialisierung, Bevölkerungsvermehrung, wirtschaftliche Potenz des Landes freizusetzen. Auch hier also die Ablösung eines "sakralen" durch ein "rationales" System mit umwälzendem, irreversiblem Erfolg. Dabei ist es charakteristisch, wie die Schöpfungen jenes älteren, industriefeindlichen, jetzt bekämpften und fast ausgerotteten Systems, nämlich des Islam, nach Verlauf weniger Jahre künstlich restauriert werden, um die Touristen des Industriezeitalters anzulocken. So haben die sakralen Elemente des vorhergehenden ideologischen Systems ihre Bedeutung durchaus nicht eingebüßt, wenn auch in einer sehr verfremdeten Funktion. Aber sie könnten nicht einmal diese Funktion ausüben, wären nicht in den Angehörigen auch des rationalen Systems von heute gewisse Kräfte jener sakralen Vorstellungswelt lebendig. Ein Vergleich zwischen den unhistorischen, vergangene Kulturen dem Verfall und der Vergessenheit preisgebenden, und den historisierenden, solche Kulturen als Schau- und Studienobjekte rekonstruierenden Epochen, wie sie in der

Weltgeschichte immer wieder vorkommen, erklärt manches über die nie versiegende Möglichkeit einer Revitalisierung untergegangener oder dem Untergang geweihter Kulturen oder Systeme sakralen Charakters.

Natürlich ist eine Revitalisierung dieser Art für breite Massen nicht viel mehr als eine Befriedigung oberflächlicher Bildungs- und Sensationsbedürfnisse, Snobismus, vermischt sogar mit der Genugtuung über das selbst Erreichte wie über die Macht, sich solche Schöpfungen als Schauobjekte selber verfügbar zu halten. Allein selbst in diesem Milieu sind Respekt und Bewunderung für den hinter ihnen stehenden Geist unverkennbar. Ohne sich damit zu identifizieren sind viele doch bereit, nicht nur die Schönheit solcher Werke, sondern auch die Ernsthaftigkeit der sie tragenden Motive anzuerkennen. Auch der aufgeklärt rationale Mensch erkennt hier Geist von seinem eigenen Geiste. Ihn nicht in der Gegenwart realisieren zu können, läßt die eigenen Schöpfungen irgendwie leer erscheinen: nicht nur nüchtern und schmucklos - weil sich jedesmal bald herausstellt, daß Verzierung und Ausschmückung nicht der Sinn der Kunst ist -, sondern des Humanen entbehrend.

Hier wird ein zentrales Thema der Kunst- und Literaturpolitik gerade rationaler ideologischer Systeme deutlich, die das Wesen der Kunst nur noch in ihrer moralischen oder politischen Wirkung erblicken: der hartnäckige und vom steigenden Bewußtsein seiner Vergeblichkeit belastete Kampf des Sowjetregimes für den sogenannten sozialistischen Realismus etwa. An der Auseinandersetzung dieses Regimes mit seinen Dissidenten ist nicht - wie man im Westen oft glaubt - der Kampf um die Freiheit der Meinung und der künstlerischen Gestaltung das Wesentliche. Wer - wozu jetzt die Dokumentation um Solzeničyn und Sacharow und um die Versuche moderner Kunstausstellungen Anlaß bieten - die Figuren und Positionen im sowjetischen Schriftstellerverband und Kunstleben beobachtet,[8] kann sich des Eindrucks nicht erwehren, hier befinde sich eine breite Bewegung im Angriff für eine Wiederentdeckung des eigentlichen Sinns und Gehalts der Kunst, die von einem nun schon fünfzig Jahre herrschenden politisch-ideologischen System verschüttet worden ist für die kommenden Generationen verschüttet gehalten wird. An allen Ecken und Enden drängen die sakralen, irrationalen Elemente zum Vorschein. Ihre Anerkennung in der übrigen Welt, durch hohe Auflagen und Nobel-Preise bezeugt, macht die Kulturpolitiker jenes Systems nervös und scheint ihnen nur als Ausdruck antisowjetischer Ideologie interpretierbar.

Daß es hier aber nicht um bestimmte Kunstrichtungen geht, die von dem einen Regime bekämpft, von einem anderen gefördert oder zumindest geduldet werden, läßt schon ein vergleichender Überblick über die Weltgeschichte der Kunst und der Kunstpolitik erkennen: Könnten sonst so extrem verfeindete Systeme wie Hitlers Faschismus und Shdanows Sozrealismus so verwandte Züge aufweisen: die Ablehnung des Irrationalen in der "Entarteten Kunst" wie im sozialistischen Realismus verrät ihre gemeinsame Wurzel.

Das alles zeigt, daß dem Menschen offenbar eine eng begrenzte Zahl von Möglichkeiten dafür zur Verfügung steht, in seinen Weltbildern und ideologischen Systemen die Rolle des Sakralen und des Irrationalen zu bestimmen. Es geht immer nur um das eine Problem: um die Anerkennung oder Leugnung von Kräften aus einem die menschliche Vernunft transzendierenden Bereich. Von Zeit zu Zeit, einmal in dieser, das andere Mal in jener Kultur, entsteht das Bedürfnis, jene transzendenten Elemente und Kräfte, weil der menschlichen Kontrolle entzogen, nicht vom Menschen selbst erzeugt und damit unglaubwürdig, zu leugnen und nur das Rationale als dem Menschen adäquat gelten zu lassen. Der Erfolg solcher Rationalisierung ist überwältigend, für das Weiterleben der Menschheit konstitutiv. Ganze Welten naturwissenschaftlicher und psychologischer

Zusammenhänge erschließen sich damit, die Welt wird wie zum zweitenmal entdeckt, jetzt erst durchschaubar und verständlich, jetzt erst Heimat und Besitz des Menschen. Ein unerhörtes Selbstvertrauen erfüllt die Entdecker solch rationaler Weltsicht, eine Verachtung jener anderen, die fremden Autoritäten glaubten, auf ihre Mitteilung und Deutung des Unerforschlichen angewiesen. Nur noch rationale Systeme der Welterklärung können jetzt gelten. Ungeheueres ist jetzt machbar und verständlich. Auf einer neuen und höheren Ebene scheint die Lebensfähigkeit der menschlichen Art gesichert. Es ist eine Lust zu leben.

Jedesmal aber, auf welcher Stufe der technischen oder wissenschaftlichen Entwicklung auch immer, hat diese Neuentdeckung der Welt eine Reihe von Problemen aufgedeckt, die vorher nicht oder anders gesehen worden waren, Dimensionen bloßgelegt, vielfach im Innern des Menschen selbst, Fragen gestellt, die nur mit Hilfe jener vorrationalen Vorstellungen oder Offenbarungen zu beantworten waren. Von neuem füllten sich die Systeme der Welterklärung mit vorrationalen - sakralen - Elementen, ohne die sie ihre Anhänger als Agnostiker, ratlos, ohne Antwort gerade auf die drängendsten Fragen der menschlichen Natur, hätten zurücklassen müssen.

Mit anderen Worten: das Problem ist nicht verstummt, es hat sich nur ins Anthropozentrische verlagert. Waren die sakralen Elemente der Welterklärung - so lautet es jetzt - Projektionen des Menschen ins Transzendente oder kamen sie nicht doch von einer Instanz aus jenem Transzendenten, waren also geoffenbart? Eine Identität von Projektion und Offenbarung ließ sich denken: die tiefsten Erklärungen des neuen Weltbildes konnten Schöpfungen des menschlichen Geistes sein, Einfälle, die, im Denken ihrer Erfinder und deren Gläubigen, von jenseits mitgeteilt, also geoffenbart schienen. Hier schließt sich der Kreis: umso leichter, als gerade den größten Entdeckern solcher Wahrheiten die Vor-

stellung sehr nahe liegt, sie hätten das nicht aus sich
selbst, sondern von einer überirdischen Autorität diktiert,
mitgeteilt, eben offenbart bekommen.

Die Eingebung der Muse, die Erleuchtung durch ein übermenschliches Wesen, durch ein - doch offenbar die menschliche Machbarkeit überschreitendes - Naturereignis: das alles sind seit Urzeiten gängige Topoi für dieses menschliche Grunderlebnis. Man vergleiche die großen Momente der Religionsstiftungen und Weltentdeckungen in der Geschichte: den Empfang der zehn Gebote durch Moses auf Sinai, die Visionen des Mani, die Erleuchtung des Gautama Buddha, die Offenbarung, die Mohammed in die Form des Koran goß. Der in der Weltgeschichte vielfach bezeugte Vorgang der Offenbarung ist also offensichtlich ein menschliches Urerlebnis, in der Konstruktion der menschlichen Seele angelegt wie in ihrem Bedürfnis nach Kommunikation mit einer jenseitigen, vorgegebenen, festgefügten Welt, nach der Abhängigkeit von ihr und der Orientierung durch sie. Noch einmal: was ist hier Schöpfung des menschlichen Geistes, also Projektion - wie die Psychologen sagen -, was Entdeckung einer vorgegebenen Realität, also Offenbarung? Es läßt sich vermuten, daß in dieser immer wieder, nach allen Rationalisierungen, auftretenden Berührung des Menschen mit einer vorgefundenen, transzendenten Welt eine nicht historisch begrenzte, etwa einem primitiven Zeitalter entsprechende, sondern eine für die menschliche Natur auch der fortgeschrittensten Epochen konstitutive Erscheinung der Anthropologie vorliegt.

5. Der Ort der Religionen und Religionswissenschaften

Die fließenden Grenzen zwischen sakralen und rationalen Systemen der Weltorientierung und Verhaltenssteuerung, die wir so zu allen Zeiten und in allen Regionen der Weltgeschichte beobachten konnten, die Tendenz der sakralen und rationalen

Elemente, in den verschiedensten Systemen dieser Art nebeneinander, miteinander vermischt aufzutreten, machen es schwierig, die seit Jahrhunderten übliche, theoretische Trennung zwischen Religion und Nicht-Religion weiter aufrechtzuerhalten, eine Wissenschaft besonderer Konzeption und Methodik, ja abgesonderte Fakultäten, den Religionen zu widmen, dagegen andere, nichtreligiöse Systeme der Weltorientierung und Verhaltenssteuerung, trotz weithin gleicher Phänomenologie und Funktion, sich selbst oder einem späten Dilettantismus zu überlassen. Während durch all diese Jahrhunderte eine große Zahl von in sich sehr verschiedenen Erscheinungen aufgrund bestimmter, ihnen gemeinsamer Merkmale unter dem Begriff Religion zusammengefaßt werden, zum Gegenstand einer bestimmten Wissenschaft, besser: eines ganzen Bündels von Wissenschaften gemacht worden sind und diesen Rang bis heute unangefochten behaupten, gibt es, wie wir beobachten konnten, eine Reihe weiterer Systeme der Welterklärung, der Wertesetzung und der Verhaltenssteuerung, die mit den Religionen wesentliche Merkmale, ja weithin ihre Struktur und Funktion gemeinsam haben, ohne daß wir sofort bereit sind, diesen Systemen den Rang von Religionen zuzuerkennen. Trotzdem müssen wir sie, schon wegen ihrer mit den Religionen gemeinsamen anthropologischen Funktion der Welterklärung, Wertesetzung und Verhaltenssteuerung, in die Nähe der Religionen rücken, gewisse ihrer Strukturen und Funktionen mit denen der Religionen gemeinsam studieren und zumindest aus dem Vergleich der beiden Typen von Systemen gewisse Einsichten und Kategorien eines zentralen anthropologischen Phänomens gewinnen. Es legt sich also schon aus wissenschaftstheoretischen Gründen wie aus Gründen einer logischen Kategorienbildung nahe, alle diese Systeme, ob religiöser oder nichtreligiöser Natur, wegen ihrer gleichen Struktur und Funktion zu einem großen Sachgebiet der Anthropologie zusammenzufassen und das Studium der einen, nach Ansatz und Methode, von dem der anderen profitieren zu lassen. Wohl widerspricht dem die jahrhunderte- und jahrtausendealte Tradition der Reli-

gionswissenschaften in unserem Kulturkreis. Trotzdem lassen
die Beobachtungen von Kulturen und Systemen beiderlei Art
eine zumindest nach Kategorien und Methoden gleichkonzipier-
te, vergleichende Behandlung aller dieser Systeme als unerläßlich erscheinen.

Eine Revision dieser Art gebietet schon die Tatsache, daß
der Begriff der Religion in einem Zeitalter und Kulturkreis
entstanden ist, dem unter allen hier in Rede stehenden Systemen der Weltorientierung und Verhaltenssteuerung nur solche bekannt waren, auf die das Merkmal re-ligio - Bindung an
eine den Menschen transzendierende Instanz - zutraf. Die Rö-
mer verstanden unter religio "die genaue Erfüllung aller
Pflichten gegen die zahllosen, vom Staate anerkannten höheren Mächte".[9] Einen neuen, aber im Grunde identischen Sinn
gab diesem Begriff im 4. Jahrhundert der christliche Schriftsteller Lactantius, der unter Religion die gefühlsmäßige Bindung des Menschen an Gott, den Urgrund des Daseins, verstand.
In beiden Fällen war das Merkmal der Bindung (re-ligio) für
den Begriff bestimmend, mag sie nun institutionell oder emo-
tional verstanden worden sein.

Seit jener Spätantike sind jedoch in das Bewußtsein unseres
Kulturkreises Völker und Kulturen getreten, für deren Weltbild, Wertesystem und Verhaltensordnung dieses Merkmal der
Bindung nicht so zentral, ja unwesentlich war, oder gar Systeme, die solche Bindung leugneten, als des Menschen unwürdig erklärten, ohne damit die bisher von den Religionen
wahrgenommene anthropologische Funktion aufzugeben: in einer
ganzen Fülle anderer Merkmale stimmten nämlich auch sie mit
den bisher als Religionen charakterisierten Erscheinungen
überein, ja sie spielten, anthropologisch gesehen, die Rolle
der Religionen - nur eben ohne jenes Merkmal "Bindung", das
gleichwohl auch bei ihnen in anderem Zusammenhang und Sinn
wirksam sein mochte.

Ein naheliegendes Beispiel unserer Epoche für ein quasi-religiöses System solcher Art ist die Aufklärung. Wir haben sie - entgegen ihrer häufigen Interpretation und Selbstinterpretation - durchaus nicht als Ent-Ideologisierung anerkannt, sondern, im Gegenteil, als ein ideologisches System der hier behandelten Art.[10] Auf Emanzipation von dem Glauben an jede fremde Autorität eingestellt, anthropozentrisch, hat sie die Transzendenz gewissermaßen in den Menschen selbst verlegt, soweit sie nicht doch - in Gestalt des Theismus - ein transzendentes Wesen als Schöpfer und Lenker anerkannte. Wo hört da die Religion auf? Was ist das, was jenseits ihrer Grenzen beginnt, wenn nicht doch auch eine Religion, mag sie sich auch in manchem von den überlieferten Religionen unterscheiden? Welterklärung, Werteordnung, Normensystem, ja eine Eschatologie kennzeichnen diese "Naturreligion" so gut wie andere Religionen. Warum soll gerade dieses System in eine völlig andere Kategorie der anthropologischen Erscheinungen eingeordnet, warum soll es den Studienobjekten der Religionswissenschaften entzogen werden, warum soll die Aufklärung isoliert und von den Methoden und Begriffen der Religionswissenschaften unbefruchtet bleiben - wie die Religion umgekehrt aus dem Arsenal der menschlichen Instrumente der Weltorientierung und Verhaltenssteuerung herausfiele?

Ein noch krasseres, ja absurdes Beispiel für den hier gemeinten Sachverhalt ist der Marxismus-Leninismus. Von seiner Ausgangslage im 19. Jahrhundert her eignet ihm Selbstdeutung und Sendungsbewußtsein gerade des Gegenteils einer Religion. Er erklärt sich als die "wissenschaftliche Weltanschauung", die die Religion jeder Art zu bekämpfen und abzulösen berufen sei. Wie aber solche Systeme nach aller geschichtlicher Erfahrung den erstaunlichsten Mißinterpretationen ihrer selbst ausgeliefert sind, so läßt sich auch der Marxismus-Leninismus am besten dadurch erklären, daß man ihn more religionis, d.h. mit Hilfe an den Religionen entwickelten Methoden und Strukturen studiert. Beispiele solcher Analysen sind uns im Verlauf dieser Untersuchung mehrfach begegnet. Keine Darstellung der heute in der Welt schon zahlreichen Observanzen und Konfessionen des Marxismus kommt ohne das Arsenal an Begriffen und Kategorien aus, die seit vielen Jahrhunderten die christliche Kirchengeschichte entwickelt hat. Wie sehr einander Gemeinschaftsformen, Verhaltensweisen, Probleme des Marxismus mit denen der christlichen Kirchen verwandt sind - bis in das Problem der Säkularisation und der Ketzerei hinein -, ist an mehreren Stellen deutlich geworden. Personenkult und Heiligenverehrung charakterisieren auch den Marxismus als eine Art Religion.

Aber lassen wir den Marxismus bei seinem antireligiösen Selbst- und Sendungsbewußtsein! Aus der Natur und Funktion der hier beschriebenen ideologischen Systeme mit all ihrer Mischung von sakralen und rationalen Elementen wird er nicht herausfallen. Das Studium dieser Systeme wird sich aber am besten auf der gemeinsamen Grundlage einer Anthropologie der menschlichen Welterklärungs- und Verhaltenssteuerungssysteme vollziehen, von denen die einen die Transzendenz entdeckt haben und an ihr festhalten, während andere, auf das Innerweltliche - Rationale - reduziert, einer ständigen Tendenz zur Re-Sakralisierung gewärtig sein müssen.

Natürlich bleibt es jedem unbenommen, die für die Religionen spezifischen Merkmale - so eben das der Bindung - besonderns intensiv herauszuarbeiten und die Religionen, im einzelnen oder insgesamt, von den nichtreligiösen Systemen abzugrenzen. Es wäre ein Wunder, wenn im Verlauf von zweitausend Jahren religionswissenschaftlicher Forschung eine solche Durchdringung und Darstellung dessen, was nun Religion sei, nicht gelungen wäre: zuletzt etwa in der grundlegenden Entdeckung des Numinosum durch Rudolf Otto,[11] wie in der zusammenfassenden Schau aller irgendwie als religiös zu charakterisierenden Elemente durch Friedrich Heiler.[12]

Indes ist gerade für Definitionen dieser Art die Einordnung der damit bezeichneten Phänomene in einen größeren Zusammenhang der allgemein anthropologischen Strukturen und Funktionen unerläßlich, schon weil die Religion und die ihr gewidmete Forschung ohne diesen gemeinsamen anthropologischen Nenner isoliert in der Luft hinge. Jenes Numinosum etwa bleibe die Sache einer Elite, zudem beschränkt auf bestimmte Zeitalter und Kulturen. Erst die Bloßlegung der gemeinsamen anthropologischen Wurzel, aus der ein solches Verhältnis zu jenem Numinosum kommt, kann die Erscheinung Religion auch bei den von ihm Unberührten legitimieren. Solange ein solcher gemeinsamer anthropologischer Nenner nicht gefunden und nicht anerkannt ist, bleibt die ihn beschreibende Wissenschaft systemimmanent, nur Gläubige, nicht Ungläubige verpflichtend. Es ist wie mit dem Marxismus: auch in ihm bewegen sich ganze Schulen und Forschungszweige wie in einem Reservat, in einer nur seinen Schülern und Anhängern verständlichen Terminologie, in psychologischen und soziologischen Kategorien, die im 19. Jahrhundert gegolten haben mögen, jetzt aber dem Nicht-Marxisten unwirklich, konstruiert, vorkommen müssen. Selbst Marx würde die gegenwärtige Wirklichkeit anders sehen, als sie seine Epigonen heute - aus seinen Schriften statt nach dem Leben - beschreiben.

Man kann natürlich - wie das marxistische Abhandlungen bis heute tun[13] - die Einsicht in die Zusammenhänge zwischen sozio-ökonomischen Gegebenheiten einerseits, Weltanschauungen andererseits, für eine Entdeckung des Marxismus halten - etwa Max Webers Kapitalismus-Protestantismus-Theorie -, womit dann die "bürgerliche" Wissenschaft auf die rein geisteswissenschaftliche Spekulation und auf eine personalistische Geschichtstheorie à la "Männer machen Geschichte" eingeschränkt wäre, was sie vor Zeiten bei einzelnen ihrer Vertreter auch war. Dann aber ist der Begriff des Marxismus, insbesondere des historischen Materialismus, so ausgeweitet, daß jede moderne Sozialwissenschaft Marxismus ist.

Wie man sieht, ist die gesamte Konstruktion der auf die geistigen Systeme der Welterklärung und Verhaltenssteuerung gerichteten Forschungszweige neuer Überlegungen bedürftig: Ein zufälliges, einen Teil dieser Systeme charakterisierendes Merkmal ist für die Begründung eines Wissenschaftskosmos, einer Fakultät, konstitutiv geworden - der Religionswissenschaft -, während andere Systeme der gleichen anthropologischen Struktur und Funktion davon isoliert blieben. Das Auftreten neuer, nichtreligiöser Systeme dieser Art läßt sich heute nicht mehr anders in Rechnung stellen als durch die Zusammenfassung der hier untersuchten Systeme der gleichen anthropologischen Struktur und Funktion - eben der ideologischen Systeme - zu einem übergeordneten Kreis von Themen und Disziplinen, dem sich dann als Unterbegriff die Religionswissenschaften einordnen, jene Wissenschaften nämlich, die der Untergruppe der transzendenzorientierten unter diesen Systemen gewidmet sind. Daß dieses ihr Verhältnis zur Transzendenz seinerseits spezifische Disziplinen und Methoden begründet, den großen Bereich der Theologie etwa, bleibt davon unberührt. Die hier vorgeschlagene Gliederung der einschlägigen Wissenschaften aber ließe sich graphisch etwa so darstellen:

```
              ANTHROPOLOGIE DER IDEOLOGISCHEN SYSTEME
             /                    |                    \
Erforschung der           Religionswissen-         Erforschung
präreligiösen                schaften              der nicht-
Systeme wie Ani-                                   religiösen
mismus usw.                  Theologie             Systeme
```

Im Überblick ergibt sich: Die Ablösung sakraler und rationaler ideologischer Systeme, die unser Zeitalter und unseren Kulturkreis charakterisiert, läßt sich nicht als eine den gesamten Geschichtsverlauf kennzeichnende Stufenfolge interpretieren. Das Verhältnis zwischen diesen beiden Typen der

Welterklärungs-, Werteordnungs- und Normensysteme ist vielmehr offensichtlich ein dialektisches: Ein Schub der Rationalisierung, durch sozio-ökonomischen Strukturwandel und neue Einsichten in die Natur veranlaßt, bewirkt in bestimmten Situationen eine Anpassung der Weltbilder und Normensysteme an den erreichten Erkenntnisstand. Wie eine dialektische Antwort auf diesen Vorgang treten jedoch neuerlich sakrale Elemente in den so veränderten Welterklärungssystemen auf, eine Re-Sakralisierung, Re-Vitalisierung von Traditionen, derer die betroffenen Bevölkerungen und Kulturkreise zur Wiederfindung und Behauptung ihrer Identität offensichtlich bedürfen. Das läßt sich nur sehr oberflächlich als Restauration oder Rückschritt deuten. Es entspricht vielmehr der Wiederherstellung eines durch die Weltgeschichte verhältnismäßig konstanten Bestandes an sakralen Elementen und Kräften, die selbst den rationalsten Systemen der Welterklärung, Werteordnung und Verhaltenssteuerung unentbehrlich sind.

Mögen also von Zeit zu Zeit die Widersprüche zwischen Natureinsicht und sakraler Welterklärung unerträglich werden und die sakralen Kräfte aus vielen Funktionen verdrängen: die dialektische Beziehung zwischen rationaler und sakraler Welterklärung bleibt insofern gültig, als sich die göttlichen Offenbarungen und Gebote für bestimmte Epochen und Kulturkreise als sehr vernünftig, leben- und arterhaltend erweisen, die Mythen dem jeweils überschaubaren Horizont zunächst nicht widersprechen, die sie tragende Gesellschaft nicht selten durch Jahrhunderte und Jahrtausende am Leben und kulturfähig erhalten haben. Sie werden das auch in Zukunft tun, denn auch unvermerkt wandeln die Götter unter den Menschen, solange die Menschen nur Menschen bleiben.

IX. SCHLUSSBETRACHTUNG

FLUCH UND SEGEN DER IDEOLOGIE

In allen bisher betrachteten Zusammenhängen sind die Ideologien, ideologischen Systeme und Religionen als Instrumente erschienen, Mittel in der Verfügung des Menschen, seiner Orientierung in der Welt, der Aufrichtung eines Wertekatalogs und der Steuerung seines Verhaltens dienend, wohl, nach Art auch anderer menschlicher Institutionen, eine gewisse Selbständigkeit und Macht auch über den Menschen selber ausübend, ihn wie ein Gehäuse umschließend, dabei aber doch immer im Dienste des Menschen, von ihm gestalt- und verwendbar. An manchen Stellen wurde dabei allerdings schon deutlich, daß diese Großapparaturen der Weltorientierung und Verhaltenssteuerung bei weitem nicht ausreichend umschrieben wären, wollte man sie als eine Art Dienstleistungsbetriebe betrachten. In bestimmten Lagen und Zusammenhängen nämlich scheinen sie eine derartige Macht zu gewinnen, daß eher der Mensch zu ihrem Instrument wird, daß sie ihn zum Guten wie zum Bösen weit über seine Natur hinaussteigern, daß sie etwas Dämonisches gewinnen.

Am deutlichsten hat diese Macht zum Bösen vielleicht Alexander Solženicyn gekennzeichnet, als er die Fähigkeit der Ideologien beschrieb, die größten Verbrechen, das Böse schlechthin, zu rechtfertigen.[1] "Die Ideologie", schreibt er im ersten Band seines Archipel Gulag, "sie ist es, die der bösen Tat besuchte Rechtfertigung und dem Bösewicht die nötige zähe Härte gibt. Jene gesellschaftliche Theorie, die ihm hilft, seine Taten vor sich und vor den anderen reinzuwaschen, nicht Vorwürfe zu hören, nicht Verwünschungen, sondern Huldigungen und Lob. So stärkten sich die Inquisitoren am Christentum, die Eroberer an der Erhöhung der Heimat,[2] die Kolonisatoren an der Zivilisation, die Nationalsozialisten an der Rasse, die Jakobiner (die früheren und die späteren) an der Gleichheit, an der Brüderlichkeit und am Glück der zukünftigen Generationen."

Solženicyn hat das an seinem eigenen Schicksal und an dem seines Volkes erlebt. Sein Verdienst ist es, dahinter die allgemeinen Zusammenhänge erkannt zu haben: nicht nur die sein Leben vernichtende kommunistische Ideologie, sondern die gleiche Potenz in allen, auch "guten", auch religiösen ideologischen Systemen. In dieser Allgemeingültigkeit ist der hier dargestellte Rechtfertigungseffekt in unserem Zeitalter der ideologisch begründeten Diktaturen beinahe schon eine allgemein menschliche Erfahrung.

Ebenso schlimme Wirkungen kann freilich eine Ideologie entfalten, wenn sie sich im Verfallsstadium befindet: von einem totalitären Regime an der Macht gehalten, obwohl schon lange ihres stimulierenden Charakters verlustig, von niemandem mehr geglaubt, nur noch als eine Art Geßlerhut oder ein Test bürgerlicher Loyalität verwendet, bewirkt sie das Gegenteil ihrer ursprünglichen Mission. In einem Brief an Gustáv Husák, dem Generalsekretär der tschechoslowakischen kommunistischen Partei, hat diesen Zustand der schon vor der Dubček-Ära bekannt gewordene tschechische Regimekritiker Václav Havel analysiert:[3] Es ist nur noch die Angst, was die Menschen veranlaßt, sich als Anhänger der offiziellen Ideologie zu gebärden. Ein ganzes Volk von Heuchlern und Zynikern wächst so heran. Was Havel als im Lande gebliebener, der inneren Emigration gehörender Schriftsteller besonders deutlich sieht, ist die kulturelle Sterilität, in die so ein Volk von erwiesener geistiger Schöpferkraft unter solchem Vorzeichen verfällt - nicht so sehr, weil seine geistigen Potenzen verfolgt und eingesperrt werden, als wegen der allgemeinen Atmosphäre einer nur noch äußerlich erzwungenen, gewissermaßen in Fäulnis übergegangenen Ideologie. Große Systeme und Religionen sind erst nach Jahrhunderten ihrer Verfremdung durch Herrschaft in einen solchen Zustand der Fäulnis übergegangen - aus dem es auch Wiedergeburten gab. Im nichtsowjetischen Kommunismus europäischer Völker, bei denen er die politische Macht gewonnen hat, ist dieser Zustand verhältnismäßig früh eingetreten.

Mit der einseitigen Festlegung auf ihre Rolle als Rechtfertigung des Bösen wäre freilich der Ideologie - und Religion - ähnlich Unrecht getan wie dort, wo sie als Verschleierung oder Verfälschung der Wahrheit definiert wird. In dieser Hinsicht haben sie die vorstehenden Beobachtungen wohl weitgehend rehabilitiert, indem sie zwar ihr problematisches Verhältnis zur Wahrheit nicht leugnen, aber auch eine Reihe wichtiger, positiver Funktionen bei der Welterklärung und Verhaltenssteuerung ergänzen. Auch hier, auf dem "moralischen" Gebiet, ist eine solche Ambivalenz unverkennbar. Denn hier erweist sich das ideologische System für die nach dem Sinn des Lebens und Tuns Fragenden als die Quelle dieses Sinns.

Da die Bedeutung und Stärke des Sinnbedürfnisses - besonders von Viktor E. Frankl und seiner logotherapeutischen Schule - in unserer modernen Gesellschaft entdeckt worden ist,[4] besteht kein Zweifel über die zentrale Rolle des Sinns im menschlichen Leben, andererseits über die menschlich wie gesellschaftlich verhängnisvollen Folgen der Sinnverfehlung oder des weitverbreiteten Gefühls der Sinnlosigkeit. Damit ist die zentrale Rolle der Ideologie - eines ideologischen Systems oder einer Religion - als Quelle des Sinns erst eigentlich bewußt geworden, der Ideologie als Quelle des Sinns menschlichen Tuns und Seins. Diese Funktion ist aber wohl imstande, jener Rolle bei der Rechtfertigung des Bösen aufzuwiegen. Es scheint nicht übertrieben, sie von da her als etwas wie eine geistige Heimat des Menschen zu bezeichnen.

ANMERKUNGEN

Zu Kapitel I

1) Konrad Lorenz: Die Rückseite des Spiegels. München, Zürich 1973. Dort vgl. bes. Kap. I, V und VI.

2) Vgl. Irenäus Eibl-Eibesfeldt: Grundriß der vergleichenden Verhaltensforschung. München 1967.

3) Vgl. Eugen Lemberg: Nationalismus. 2 Bde. 2. Aufl. Reinbek bei Hamburg 1967 - 1968. Bd 1, S. 195 ff. = Rowohlts deutsche Enzyklopädie, 197/198 u. 199.

4) Eugen Lemberg: Ideologie und Gesellschaft. Eine Theorie der ideologischen Systeme, ihrer Struktur und Funktion. Stuttgart 1971.

5) Rudolf Otto: Das Heilige. 3o. Aufl. München 1958.

6) Z.B. Joseph M. Bocheński: Der sowjetrussische dialektische Materialismus (Diamat). 3. Aufl. Bern, München 1960, S. 56.

7) Eugen Lemberg: Aufklärung als Ideologie. Beitrag zum Internationalen Colloquium am Centrum voor de Studie von de Verlichting (Vrije Universiteit Brussel) vom 1.-3.2.1973. In: Tijdschrift voor de Studie van de Verlichting, 1 (1973) 3/4, S. 63-88.

8) Zur Definition des Nationalismus als einer Ideologie vgl. Eugen Lemberg: Nationalismus, a.a.O., Bd 2, S. 52 ff.

9) Vgl. Wolfgang Leonhard: Die Dreispaltung des Marxismus. Düsseldorf, Wien 197o.

1o) Dazu vgl. Ernst Wolfgang Buchholz: Ideologie und latenter sozialer Konflikt. Stuttgart 1968.

11) Daß diese Einsicht auch im Kommunismus selbst platzgreift, dafür vgl. Franz Marek: Probleme der kommunistischen Parteien Westeuropas. In: Weg und Ziel. Wien 1963, Nr. 11. Gekürzt wiedergegeben in: Ost-Probleme, 18 (1966) 6 S. 189-192. Dazu vgl. Eugen Lemberg: Reformation im Kommunismus? Ideologische Wandlungen im Marxismus-Leninismus Ostmitteleuropas. Stuttgart 1967, S. 38 f.

12) Friedrich Heiler: Erscheinungsformen und Wesen der Religion. Stuttgart 1961, S. 563.

13) Friedrich Heiler, a.a.O., sammelt dafür ein unübersehbares Material, das in seiner Typik und Allgemeingültigkeit die gemeinsamen anthropologischen Wurzeln aller Religion bloßlegt, zugleich aber die Parallelität der Funktionen zwischen religiösen und nichtreligiösen Systemen erkennen läßt, wenn auch spezifisch religiöse Funktionen den religiösen Systemen vorbehalten bleiben. Dazu läßt sich beobachten, wie nichtreligiöse Systeme einige der ausgefallenen religiösen Elemente und Funktionen - z.B. Kult, Erlösung, Eschatologie - zu ersetzen suchen.

14) In einem-u.a. im Hessischen Fernsehen, 3. Programm - am 2o.5.1975 ausgestrahlten Interview.

15) So H. Plessner nach Helmut Schelsky (Hrsg.): Zur Theorie der Institution. 2. Aufl. Gütersloh 1970, S. 21.

16) Karl R. Popper: Logik der Forschung. 2. Aufl. Tübingen 1966.

17) Vgl. etwa Wolfgang Stegmüller: Hauptströmungen der Gegenwartsphilosophie. 3. Aufl. Stuttgart 1965, S. 362.

18) So in der Anm. 14 zitierten Fernsehsendung.

Zu Kapitel II

1) Dazu vgl. Arnold Gehlen: Zur Geschichte der Anthropologie. In: Arnold Gehlen: Anthropologische Forschung. 9. Aufl. Reinbek b. Hamburg 1972, S. 7-25.

2) Z.B. Bronislaw Malinowski: A Scientific Theory of Culture. North Carolina 1944.

3) Z.B. Ruth Benedict: Patterns of Culture 1934. Dt.: Urformen der Kultur. Reinbek b. Hamburg 1955. = Rowohlts deutsche Enzyklopädie. 7.

4) Z.B. Margaret Mead: Male and Female. London 1950. Dt.: Mann und Weib. Das Verhältnis der Geschlechter in einer sich wandelnden Welt. Stuttgart, Konstanz 1955.

5) Z.B. Adolf Portmann: Biologische Fragmente zu einer Lehre vom Menschen. 2. Aufl. Basel 1951. - Zoologie und das neue Bild vom Menschen. 5. Aufl. Reinbek b. Hamburg 1962. = Rowohlts deutsche Enzyklopädie. 20.

6) U.a. Konrad Lorenz: Das sogenannte Böse. 25. Aufl. Wien 1970. - Die Rückseite des Spiegels. München, Zürich 1973.

7) Irenäus Eibl-Eibesfeldt: Grundriß der vergleichenden Verhaltensforschung. München 1967. - Liebe und Haß. 5. Aufl. München 1972.

8) Arnold Gehlen: Der Mensch, seine Natur und seine Stellung in der Welt. 7. Aufl. Frankfurt/M. 1962. - Zu den Institutionen im Besonderen: Urmensch und Spätkultur. 2. Aufl. Frankfurt/M. 1964.

9) Theodor Geiger: Ideologie und Wahrheit. Stuttgart, Wien 1953, S. 177 ff.

10) Hans Freyer: Theorie des gegenwärtigen Zeitalters. Stuttgart 1955, S. 119.

11) Auf dem 12. Deutschen Soziologentag 1954. Vgl. Kölner Zeitschrift für Soziologie und Sozialpsychologie, 6 (1953/54), S. 396.

12) Einen guten Überblick darüber gibt u.a. Erwin Hölzle: Idee und Ideologie. Eine Zeitkritik aus universalhistorischer Sicht. Bern u. München 1969.

13) W.I. Lenin: Ausgewählte Werke. Bd 1. Moskau 1946, S. 190 f.

14) Leszek Kolakowski: Der Mensch ohne Alternative. München 1960, S. 24. - Dazu Eugen Lemberg: Reformation im Kommunismus? Stuttgart 1967, S. 15.

15) Talcott Parsons: The Social System. London 1952, S. 349.

16) Seymour M. Lipset: Political Man. The Social Basis of Politics. London 1960, S. 417.

17) Carl J. Friedrichs: Totalitäre Diktatur. Stuttgart 1957, S. 26 ff.

18) Vgl. auch: Sowjetsystem und demokratische Gesellschaft. Eine vergleichende Enzyklopädie. Bd 3. Freiburg, Basel 1969, Sp. 1-25, bes. Sp. 14-16.

19) Nigel Harris: Beliefs in Society. London 1968. Dt.: Die Ideologien in der Gesellschaft. München 1970.

20) Erwin Hölzle, a.a.O., S. 135 f.

21) Eine gute Einführung in Paretos Ideologielehre gibt Heinz O. Ziegler: Ideologielehre. In: Archiv für Sozialwissenschaft und Sozialpolitik. Bd 57. Tübingen 1927, S. 657-700. Neuerdings auch Carlo Mongardini: Vilfredo Pareto dall'economia alla sociologia. Rom 1973.

22) Theodor Geiger: Ideologie und Wahrheit. Stuttgart, Wien 1953.

23) Max Scheler: Schriften zur Soziologie und Weltanschauungslehre. 4 Bde. 1923-1924. - Die Wissensform und die Gesellschaft. Leipzig 1926

24) Zur Wissenssoziologie vgl. auch: Julius Schaaf: Grundprinzipien der Wissenssoziologie. Hamburg 1956. - Werner Stark: Die Wissenssoziologie. Stuttgart 1960.

25) Karl Mannheim: Ideologie und Utopie. 3. Aufl. Frankfurt/M. 1952.

26) Karl Mannheim, a.a.O., S. 53 f.

27) Charakteristisch dafür sind die eine ganze wissenschaftsgeschichtliche Epoche beherrschenden Arbeiten zu diesem Thema, wie Theodor Geiger: Ideologie und Wahrheit. Stuttgart, Wien 1953; Hans Barth: Wahrheit und Ideologie. Zürich 1945; ebenso Karl Mannheim. Später noch Niklas Luhmann: Wahrheit und Ideologie. Vorschläge zu einer Wiederaufnahme der Diskussion. In: Der Staat, 1 (1962), S. 431 ff.

28) Werner Hofmann: Universität, Ideologie, Gesellschaft. Frankfurt/M. 1968, S. 54 ff. = Edition Suhrkamp 261.

29) Vgl. den Bericht in: Kölner Zeitschrift für Soziologie und Sozialpsychologie, 6 (1953/54), S. 396.

30) Ein Beispiel dazu: Heinz Robert Schlette: Philosophie - Theologie - Ideologie. Köln 1968. - Ebenso Karl Rahner: Ideologie und Christentum. In: Karl Rahner: Schriften zur Theologie. 6. Einsiedeln, Zürich 1965, S. 59-76.

31) Vgl. Max Horkheimer: Kritische Theorie. Eine Dokumentation. Hrsg. von Alfred Schmidt. 2 Bde. Frankfurt/M. 1968.

32) Dazu bes. Karl Popper: Die Logik der Forschung. 2. Aufl. Tübingen 1966.

33) Der Positivismusstreit in der deutschen Soziologie. Neuwied 1969.

34) So bes. in seinen beiden Werken Karl Popper: Die offene Gesellschaft und ihre Feinde. 2 Bde. Bern, München 1970, und ders.: Das Elend des Historizismus. 3. Aufl. Tübingen 1971.

35) Dazu Wolfgang Stegmüller: Hauptströmungen der Gegenwartsphilosophie. 3. Aufl. Stuttgart 1965, S. 362.

36) Gerhard Frey: Philosophie und Wissenschaft. Eine Methodenlehre. Stuttgart 1970, S. 96. = Urban Taschenbücher. 133.

37) Thomas Luckmann: Das kosmologische Fiasko der Soziologie. In: Soziologie. Mitteilungsblatt der Deutschen Gesellschaft für Soziologie, 2 (1974), S. 15-32. - So schon Edmund Husserl: Die Krisis der europäischen Wissenschaften und die transzendentale Phänomenologie. (Gesammelte Werke. Bd 6.) Tübingen 1954, S. 3 ff. und S. 269 ff.

38) Thomas Luckmann, a.a.O., S. 18.

39) Karl Popper: The Logic of Scientific Discovery. New York 1959, S. 15: "... there is at least one problem in which all thinking men are interested. It is the problem of cosmology: the problem of understanding the world - including ourselves, and our knowledge, as part of the world. All science is cosmology..." Zit. bei Luckmann, a.a.O., S. 21.

40) Edmund Husserl: Die Krisis der europäischen Wissenschaften, a.a.O., S. 3 ff. u. S. 269 ff. Dazu Luckmann, a.a.O., S. 23.

41) Dazu Eugen Lemberg: Aufklärung als Ideologie. Beitrag zum Internationalen Colloquium am Centrum voor de Studie van de Verlichting (Vrije Universiteit Brussel) vom 1.-3.2.1973. In: Tijdschrift voor de Studie van de Verlichting, 1 (1973) 3/4, S. 63-88.

42) Vgl. Helmut Schelsky: Die Strategie der Systemüberwindung. In: Berliner Rundschau vom 2o.7.1972.

43) Kurt Reumann: Kein Zeugnis für Gesinnungstüchtigkeit. In: FAZ vom 25.7.1972.

44) Joachim Wach: Vergleichende Religionsforschung. Stuttgart 1962. = Urban Bücher. 52.

45) Dazu Joachim Wach, a.a.O., S. 3o.

Zu Kapitel III

1) Vgl. u.a. G. Révész: Ursprung und Vorgeschichte der
   Sprache. Bern 1946. - A. Borst: Der Turmbau von Babel.
   Geschichte der Meinungen über Ursprung und Vielfalt
   der Sprachen und Völker. 4 Bde. Stuttgart 1957-1963. -
   Friedrich Kainz: Psychologie der Sprache. 5 Bde.
   Stuttgart 1941-1969.

2) Um nur ein Standardwerk mit weiteren Literaturangaben
   zu nennen, das besonders die Urgeschichte der menschlichen Weltbilder und Weltdeutungen berücksichtigt: Handbuch der Urgeschichte. Hrsg. von Karl J. Narr. Bd 1.
   Bern u. München 1966. - Einführung auch in den Stand
   der Theorie der verschiedenen beteiligten Disziplinen:
   Kreatur Mensch. Moderne Wissenschaft auf der Suche nach
   dem Humanum. Hrsg. von Günter Altner. München 1973. =
   DTV. 892. - Viel Material zu den hier in Rede stehenden
   Fragen enthalten auch die Darstellungen von Herbert
   Kühn: Das Erwachen der Menschheit, der Aufstieg der
   Menschheit, die Entfaltung der Menschheit. Alle drei
   Frankfurt/M. 1954-1958. = Fischerbücherei. 53, 82 u. 221.

3) Vgl. etwa Josef Kälin: Das Menschenbild der neuen Anthropologie. In: Handbuch der Urgeschichte, a.a.O.,
   S. 29-56, bes. S. 29. - Hans-Günter Zmarzlik: Der Sozialdarwinismus in Deutschland. In: Kreatur Mensch, a.
   a.O., S. 289-311. - Aufschlußreich für die verschiedene Sicht der Geistes- und Naturwissenschaft ist H. Hofer u. G. Altner: Die Sonderstellung des Menschen. Stuttgart 1972, bes. S. 4 ff. u. S. 149 ff.

4) Arnold Gehlen: Moral und Hypermoral. Frankfurt/M. 1969,
   S. 96. - Zu Gehlens Lehre von den Institutionen vgl. Arnold Gehlen: Der Mensch, seine Natur und seine Stellung
   in der Welt. 7. Aufl. Frankfurt/M. 1962.

5) Arnold Gehlen: Urmensch und Spätkultur. Bonn 1956.

6) Beispiele solcher Anthropomorphismen vgl. bei Wilhelm
   Emil Mühlmann u. Ernst W. Müller (Hrsg.): Kulturanthropologie. Köln, Berlin 1966, etwa S. 65.

7) Charakteristisch für die Auffassung der älteren Anthropologie: Lucien Lévy-Bruhl: Die Seele der Primitiven. Darmstadt 1956. (Nachdruck der deutschen Ausgabe von 1930.) (franz.: L'âme primitive.) Lévy-Bruhl
   hat seine Theorie von der prälogischen, primitiven
   Mentalität des vorgeschichtlichen Menschen selbst
   widerrufen. Vgl. Jan de Vries: Forschungsgeschichte
   der Mythologie. Freiburg, München 1961, S. 345 f. - Die
   moderne Auffassung vertritt Claude Lévi-Strauss: La Pensée Sauvage. Paris 1962 (dt.: Das wilde Denken, Frank-

furt/M. 1968). Dazu Annegret Dumasy: Restloses Erkennen.
Die Diskussion über den Strukturalismus des Claude Lévi-
Strauss in Frankreich. Berlin 1972. = Soziologische
Schriften. Bd 8.

8) Ernst Topitsch: Vom Ursprung und Ende der Metaphysik.
Wien 1958, S. 221 ff.

9) W.G. Summer: Folkways. Boston 19o6.

1o) Wilhelm Emil Mühlmann: Erfahrung und Denken in der Sicht
des Kulturanthropologen. In: Kulturanthropologie. Hrsg.
von W.E. Mühlmann u. E.W. Müller. Köln 1966, S. 154-166,
bes. S. 159.

11) W.E. Mühlmann, a.a.O. - Vgl. auch Jean Pierre Hallet:
Afrika Kitabu. Reinbek b. Hamburg 1972, S. 71 ff.

12) Das wird besonders deutlich im Handbuch der Urgeschichte. Hrsg. von Karl J. Narr. Bd 1: Ältere und Mittlere
Steinzeit: Jäger- und Sammlerkulturen. Bern u. München
1966. Es geht nach solchen Epochen vor.

13) Dazu und zum Folgenden vgl. Hans Findeisen: Schamanen-
tum, dargestellt am Beispiel der Besessenheitspriester
nordeurasiatischer Völker. Stuttgart 1957.

14) Ad. E. Jensen: Die getötete Gottheit. Weltbild einer
frühen Kultur. Stuttgart 1966.

15) Vgl. Ad. E. Jensen, a.a.O., S. 9, 87 u. S. 1o9 u.a.
Vgl. auch Jan de Vries: Forschungsgeschichte der Mythologien, a.a.O.

16) Claude Lévi-Strauss: Mythologica. 3 Bde (1: Das Rohe
und das Gekochte, Frankfurt/M. 1971; 2: Vom Honig zur
Asche, 1972; 3: Der Ursprung der Tischsitten, 1973).
(Französ. Original: Mythologigues. 1: Le Cru et le
Cui, Paris 1964; 2: Du Miel au Cendre, Paris 1966; 3:
L'Origines des Manières de Table, Paris 1968.)

17) Max Weber: Gesammelte Aufsätze zur Religionssoziologie.
Bd 1. 4. Aufl. Tübingen 1947.

18) Alfred Müller-Armack: Genealogie der Wirtschaftsstile.
3. Aufl. Stuttgart 1944.

19) Arnold Gehlen: Urmensch und Spätkultur, a.a.O., S. 243 f.

2o) Vgl. Mircea Eliade: Die Religionen und das Heilige. Salzburg 1954, S. 438-462.

21) Arnold Gehlen: Urmensch und Spätkultur, a.a.O., S. 192
ff. bringt Beispiele für diese "Außenwelt-Beseelung"

bei, die deren allgemein menschliche Bedeutung durch alle Epochen bis in unsere Gegenwart und Intellektuellenschicht illustrieren.

22) P. Wilhelm Schmidt: Ursprung der Gottesidee. 12 Bde. 1912-1955; 2. Aufl. Münster 1926 ff.

23) Vgl. Handbuch der Urgeschichte. Hrsg. von Karl J. Narr. Bd 1. Bern u. München 1966, S. 167

24) Wenn z.B. das Verzehren menschlicher Gehirne durch den Pekingmenschen, weil nicht nur zu Nahrungszwecken, sondern offenbar aus ideologischen Gründen (Aneignung von Kräften des Verzehrten), erfolgt - z.B. bei Helmut Hofer: Prolegomena primatologiae. In: Die Sonderstellung des Menschen. Stuttgart 1972, S. 75 -, als Schädelkult gewertet wird, Kult aber allgemein als Merkmal der Religion gilt, so wird ein Verhalten als religiös charakterisiert, das den Religionsbegriff unsinnig ausweitet.

25) Arnold Gehlen: Urmensch und Spätkultur, a.a.O., S. 256 ff.

26) Dieser Prozeß der Selbstkonstituierung der modernen Nationen, der seit der Renaissance von West und Ost durch Europa ging und sich heute in der sog. Dritten Welt fortsetzt, ist im Zusammenhang geschildert bei Eugen Lemberg: Nationalismus, a.a.O., Bd 1, S. 113-164.

27) Dazu Eugen Lemberg: Zur gesellschaftlichen Funktion der historischen Bildung. In: Geschichte in Wissenschaft und Unterricht, 25 (1974) 6, S. 321-335, hier S. 328.

28) Eugen Lemberg: Zur gesellschaftlichen Funktion, a.a.O., S. 331.

Zu Kapitel IV

1) Aus der umfassenden Forschung zur (kleinen) Gruppe sei nur genannt Georges C. Homans: Theorie der sozialen Gruppe (The human group). Köln u. Opladen 1960. - Zur Dynamik innerhalb der Gruppe Dorwin Cartwright u. Alwin F. Zander: Group dynamics. Research and theory. Evanston 1953. - Peter R. Hofstätter: Gruppendynamik. Reinbek b. Hamburg 1957. = Rowohlts deutsche Enzyklopädie. 38. - Die durch verschiedene Behandlung bewirkte verschiedene Gruppenintegration zeigt aufgrund von Experimenten R. Lippitt u. R.K. White: An Experimental Study of Leadership and Group Life. In: G.E. Swanson, Th.M. Newcomb and E.L. Hartley (Eds.): Readings in Social Psychology. Rev. ed. New York 1952, S. 340 ff. Kurt Lewin: Die Lösung sozialer Konflikte (Resolving Social Conflicts). Bad Nauheim 1953.

2) Ein Beispiel für diesen Vorgang ist die Schulklasse. Vgl. Otto Schäfer: Die Schulklasse als Sozialgruppe. In: Schäfer, O., Lemberg, E., Klaus-Roeder, R.: Studien zur Soziologie der Gymnasialjugend. Heidelberg 1965, S. 13-151. = Beiträge zur Soziologie des Bildungswesens. 4.

3) Zur Diskussion über nationbildende Merkmale, ihre Problematik und Austauschbarkeit vgl. Karl W. Deutsch: Nationalism and Social Communication. An Inquiry into the Foundations of Nationality. Massachusetts Institute of Technology. New York, London 1953, S. 3 ff. - Eugen Lemberg: Nationalismus, a.a.O., Bd 2, S. 34-54.

4) Vgl. Eugen Lemberg: Ideologie und Gesellschaft. Stuttgart 1971, Kap. V, in dem der Nationalismus nur als ein Sonderfall verschiedener Integrationsideologien erscheint: a.a.O., S. 177 ff., bes. S. 197-212.

5) Kurz nachdem Helmut Schelsky: Die skeptische Generation. 4. Aufl. Düsseldorf 1963, die westdeutsche Jugend als mißtrauisch und jedes Engagement ablehnend gekennzeichnet hatte, war eine ganze Literatur gezwungen, die Re-Ideologisierung dieser Jugend festzustellen und zu untersuchen. Vgl. etwa die Sammelarbeiten Kurt Sontheimer u.a. (Hrsg.): Der Überdruß an der Demokratie. Neue Linke und alte Rechte - Unterschiede und Gemeinsamkeiten. Köln 1970. Darin besonders die Studie von Erwin K. Scheuch: Zum Wiedererstehen der Erlösungsbewegungen, S. 129-206. Eine mehr polemische Auseinandersetzung geben Erwin K. Scheuch u.a. Autoren in: Die Wiedertäufer der Wohlstandsgesellschaft. Eine kritische Untersuchung der "Neuen Linken" und ihrer Dogmen. Hrsg. von Erwin K. Scheuch. Köln 1968. Eine Bibliographie gibt Andreas v. Weiss: Die neue Linke. Boppard 1969.

6) Statt anderer Beispiele für diese Enttäuschung der Gläubigsten vgl. die Selbstbiographie von Arthur Koestler: Der Pfeil ins Blaue. Wien, München, Basel 1953 und Die Geheimschrift. Stuttgart 1955. Dazu seine "Sonnenfinsternis" (Darkness at Noon) 1951.

7) Diese Bevorzugung der Eigengruppe (ingroup) auf Kosten der Fremdgruppen (outgroup) ist analysiert bei Theodor W. Adorno (u.a.): The Authoritarian Personality. New York 1950.

8) In diesem Sinne hat besonders das sog. Slawenkapitel in J.G. Herders Ideen zur Philosophie der Geschichte der Menschheit. Berlin 1877-1913 (Suphansche Herder-Ausgabe Bd 14, S. 279 f.) die Völker Mittel- und Osteuropas revolutioniert.

9) Vg. Wilhelm E. Mühlmann: Colluvies Gentium. Volksentstehung aus Asylen. In: Homo Creator. Abhandlungen zur Soziologie, Anthropologie und Ethnologie von W.E. Mühlmann. Wiesbaden 1962, S. 303-310. Dazu Eugen Lemberg: Nationalismus, a.a.O., Bd 1, S. 250-264.

10) Vgl. Eugen Lemberg: Nationalismus, a.a.O., Bd 1, S. 193 f.

11) Wilhelm E. Mühlmann in: Homo Creator, a.a.O., S. 311 ff.

12) Oliver Brachfeld: Minderwertigkeitsgefühle beim Einzelnen und in der Gemeinschaft. Stuttgart 1953.

13) Eugen Lemberg: Nationalismus, a.a.O., Bd 1, S. 195-207. - Vgl. auch Carlton J.H. Hayes: The Historical Evolution of Modern Nationalism. New York 1931. Zum integralen Nationalismus im Ursprungsland dieses Terminus vgl. Ernst Robert Curtius: Maurice Barrès und die geistigen Grundlagen des französischen Nationalismus. 1921. - Zum Faschismus Ernst Nolte: Der Faschismus in seiner Epoche. München 1963. - Ders.: Theorien über den Faschismus. Köln, Berlin 1967.

14) Vgl. Eugen Lemberg: Nationalismus, a.a.O., Bd 1, S. 195-207.

15) Vgl. Fedor Schneider: Rom und Romgedanke im Mittelalter. München 1926.

16) Der Gedanke wird u.a. entwickelt bei Emery Reves: Die Anatomie des Friedens (The Anatomy of Peace). Zürich 1947.

17) Carl Schmitt: Der Begriff des Politischen. 1932.

18) Ralph Dahrendorf: Soziale Klassen und Klassenkonflikte in der industriellen Gesellschaft. Stuttgart 1957. - Zur Konflikttheorie vgl. ders.: Elemente einer Theorie des sozialen Konflikts. In: Gesellschaft und Freiheit. München 1961, S. 197 ff.

19) Eine Übertragung der Konflikttheorie in das Bildungswesen stellen z.B. die umstrittenen hessischen Rahmenrichtlinien (für die) Sekundarstufe I: Gesellschaftslehre. Hrsg. vom Hessischen Kultusminister. Wiesbaden 1973, dar.

2o) Konrad Lorenz: Das sogenannte Böse. Zur Naturgeschichte der Aggression. Wien 1963.

21) Ein Beispiel für diese Abhängigkeit des Feind- (und Selbst-)bildes einer Gesellschaft gibt Eugen Lemberg: Das Bild des Deutschen im tschechischen Geschichtsbewußtsein. In: Ostdeutsche Wissenschaft. 8 (1961), S. 133-155. Vgl. auch: Geschichtsbewußtsein in Ostmitteleuropa. Ein Tagungsbericht. Hrsg. von Ernst Birke u. Eugen Lemberg. Marburg/L. 1961.

22) Weitere Beispiele für die Kompensation kollektiven Minderwertigkeitsgefühls vgl. bei Eugen Lemberg: Nationalismus, a.a.O., Bd 1, S. 29o f. und Bd 2, S. 73 ff.

23) Ein Beispiel: Paul Joachimsen: Tacitus im deutschen Humanismus. In: Neue Jahrbücher für das klassische Altertum, 14 (1911), S. 697 ff.

24) Vgl. Eugen Lemberg: Reformation im Kommunismus? Ideologische Wandlungen im Marxismus-Leninismus Ostmitteleuropas. Stuttgart 1967.

25) Vgl. Wolfgang Leonhard: Die Dreispaltung des Kommunismus. Düsseldorf u. Wien 197o.

26) Arnold Künzli: Über Marx hinaus. Freiburg i. Br. 1969.

27) Aus dem Wörterbuch des Unmenschen. Hrsg. von Dolf Sternberger, Gerhard Storz, W.E. Süskind. München 1962. = DTV. 48.

28) Alfred Rosenberg: Der Mythos des 2o. Jahrhunderts. München 1934, S. 514.

29) Dietrich Klagges: Geschichtsunterricht als nationalpolitische Erziehung. 3. Aufl. Frankfurt/M. 1937, S. 112 u. S. 115. Beides zit. nach Hans Günther Assel: Die Perversion der politischen Pädagogik im Nationalsozialismus. München 1969, S. 65 u. S. 1o2.

3o) Beispiele unter anderem bei Gerhard Möbus: Unterwerfung durch Erziehung. Mainz 1965, S. 132 ff., der dafür Maxim Gorki (137), Scholochow (134), Makarenko (98 u. 136 f.) u.a. zitiert. - Haß und Kampfbereitschaft gegen die Feinde des Fortschritts werden in Lehrplänen als Elemente des demokratischen Patriotismus definiert (Lehrplan für den Geschichtsunterricht im 5. u. 8. Schuljahr, 1951/52, zit. bei Gerhard Möbus: Bolschewistische Parteilichkeit als Leitmotiv in der sowjetzonalen Kulturpolitik. Bonn 1951, S. 7. Einer "westlich" gerichteten Pädagogik fiel das damals noch auf.

31) Alexander Solženicyn: Der Archipel Gulag. Bern 1974, S. 172.

32) Zu dieser Außerachtlassung anderer als klassensoziologischer Faktoren durch Marx vgl. u.a. T.B. Bottomore: Die sozialen Klassen in der modernen Gesellschaft. München 1967 (Classes in Modern Society. London 1965), S. 23 ff.

33) Eugen Lemberg: Soziologische Theorien zum Nationalstaatsproblem. In: Sozialstruktur und Organisation europäischer Nationalbewegungen. Unter Mitwirk. von Peter Burian, hrsg. von Theodor Schieder. München 1971, S. 19 ff.

34) Dazu und zum Folgenden vgl. Eugen Lemberg: Volksbegriff und Staatsideologie der Tschechen. In: Zeitschrift für Ostforschung, 8 (1959), S. 161-197.

35) Dazu Walter Kolarz: Die Nationalitätenpolitik der Sowjetunion. Frankfurt/M. 1956.

36) Um nur auf einige der Theorie der Klasse, der Klassengesellschaft und des Klassenkonflikts gewidmete Arbeiten hinzuweisen, seien aus der unübersehbaren Literatur genannt: Raymond Aron: La Lutte de Classes. Paris 1964. - Ralf Dahrendorf: Soziale Klassen und Klassenkonflikt in der industriellen Gesellschaft. Stuttgart 1957. - Robert Michels: Soziologie des modernen Parteiwesens in der modernen Demokratie. 3. Aufl. Stuttgart 1957. - J.A. Schumpeter: Kapitalismus, Sozialismus und Demokratie. Bern, München 1950. - Max Weber: Wirtschaft und Gesellschaft. 2 Bde. Köln 1964. Darin § 6, Halbbd 2, S. 678-689 (Klassen, Stände, Parteien). - T.B. Bottomore: Die sozialen Klassen in der modernen Gesellschaft, a.a.O.

37) Kennzeichnenderweise sind in Deutschland bedeutende sozial- und wirtschaftsgeschichtliche Arbeiten ganzer wissenschaftlicher Schulen entstanden, für die hier nur die Namen Max Weber, Alfons Dopsch, Friedrich Meinecke, Hermann Aubin genannt seien. Aber zum Unterschied von den Ergebnissen der politischen Geschichtsschreibung sind sie eine Angelegenheit der Fachleute geblieben und nicht in das Bewußtsein der deutschen Öffentlichkeit, noch in die Lehrpläne der Schulen eingedrungen. Dazu vgl. Eugen Lemberg: Zur gesellschaftlichen Funktion der historischen Bildung. In: Geschichte in Wissenschaft und Unterricht, 25 (1974), S. 321-335.

38) Dazu vgl. bes. die vom hessischen Kultusminister veröffentlichten Rahmenrichtlinien Sekundarstufe I: Gesellschaftslehre. 1. Fassung 1972, 2. Fassung 1973, und die dort angeführte Literatur.

39) Zur Analyse des Elite-Begriffs und der wichtigsten Elite-Theorien vgl. Hans P. Dreitzel: Elitebegriff und Sozialstruktur. Eine soziologische Begriffsanalyse. Stuttgart 1962. - Urs Jaeggi: Die gesellschaftliche Elite. Eine Studie zum Problem der sozialen Macht (im ersten Teil eine Interpretation der Elitetheorien von Macchiavelli, August Comte, Gaetano Mosca, Robert Michels, Vilfredo Pareto, Georg Simmel, Max Weber, Alfred Weber, Karl Mannheim u.a.). Bern, Stuttgart 1960. - T.B. Bottomore: Elite und Gesellschaft. Eine Übersicht über die Entwicklung des Eliteproblems. München 1966.

40) Das klassische Werk über die politische Elite ist Gaetano Mosca: Die herrschende Klasse. Grundlagen der politischen Wissenschaft. München 1950 (nach der 4. Aufl. (1947) übersetzt von Franz Borkenau). Als Merkmal und Voraussetzung einer politischen Elite postuliert Mosca, daß sie eine "politische Formel" haben müsse, also eine Ideologie. Die verschiedenen hier genannten Arten der Elite charakterisiert vergleichend T.B. Bottomore: Elite und Gesellschaft, a.a.O., passim.

41) Zum Kreislauf der Eliten Vilfredo Pareto: Allgemeine Soziologie. Hrsg. von C. Brinkmann u. W. Gerhardt. Tübingen 1955. - Die Diskussion der Selektionsprobleme und entspr. empirische Arbeiten referiert Hans P. Dreitzel: Elitebegriff, a.a.O., S. 103 ff. - Zu Pareto vgl. u.a. T.B. Bottomore: Elite und Gesellschaft, a.a.O., S. 47 ff.

42) Ein bekanntes Beispiel dafür ist die Tendenz der sowjetischen Führungsschicht unter Stalin, die errungenen Privilegien ihren Kindern zu sichern, etwa durch die Einführung eines Schulgeldes 1940. Dazu Eugen Lemberg: Osteuropa und die Sowjetunion. Salzburg 1956, S. 231 f. u. die in den entspr. Anmerkungen gegebenen Hinweise. Die gleiche Tendenz zu unterbinden war ja auch ein Ziel der chinesischen Kulturrevolution.

Zu Kapitel V

1) In seinem Buch: Das Elend des Historizismus. 3. Aufl. Tübingen 1971. - Die Bezeichnung "Historizismus" ist unglücklich gewählt, einmal wegen der leichten Verwechslung mit "Historismus", zum anderen, weil der von Popper kritisierte Fehler nicht in der historischen Thematik, sondern in der ideologischen Zielgerichtetheit des bekämpften Weltbildes liegt.

2) Ernst Topitsch: Marxismus und Gnosis. In: Sozialphilosophie zwischen Ideologie und Wissenschaft. 2. Aufl. Neuwied 1966, S. 261-296.

3) Dazu Eugen Lemberg: Reformation im Kommunismus? Ideologische Wandlungen im Marxismus-Leninismus Ostmitteleuropas. Stuttgart 1967, S. 2o-25.

4) Adam Schaff: Marxismus und das menschliche Individuum. Wien 1965, S. 142 u. S. 178 ff.

5) Jules Michelet: Histoire de la Révolution Française. 7 Bde (1847-1853), neue Ausg. 9 Bde (1879-188o). Paris.

6) Vgl. Stalins Trinkspruch vom 24. Mai 1945. Dazu Wolfgang Leonhard: Die Dreispaltung des Marxismus. Düsseldorf, Wien 197o, S. 162.

7) Diese Legende fördert u.a. Hans Kohn: Prophets and Peoples. Studies in Nineteenth Century Nationalism. New York 1947.

8) Eine geistvolle Charakteristik dieses Menschentyps gibt Eric Hoffer: The True Believer. Thoughts on the Nature of Mass Movements. New York, Evanston 1951. Die deutsche Übersetzung mit "Fanatiker" (Rowohlts deutsche Enzyklopädie. 22o) verengt den Begriff.

9) Die in den fünfziger Jahren in Westdeutschland gegen die traditionelle Wissenschaft mühsam durchgesetzte empirische Forschung ist von der Studentenbewegung um 1968 mit dieser Begründung abgelehnt worden.

1o) Norman Cohn: Das Ringen um das tausendjährige Reich. Revolutionärer Messianismus im Mittelalter und sein Fortleben in den modernen totalitären Bewegungen. Bern u. München 1961, S. 8.

11) Beispiele für Chruschtschows Endsiegerwartungen bei Wolfgang Leonhard: Die Dreispaltung des Kommunismus, a.a.O., S. 217.

12) Dazu u.a. Alois Dempf: Sacrum Imperium. München 1929. - Richard Wallach: Das abendländische Gemeinschaftsbewußtsein im Mittelalter. Leipzig 1928. - Nicolaus Reitter: Der Glaube an die Fortdauer des römischen Reichs im Abendland während des 5. und 6. Jahrhunderts, dargestellt nach den Stimmen der Zeit. Diss. Münster i.W. 19oo.

13) Über eingehende Vorstellungen u.a. S. Strumilins vom Leben in der Gesellschaft des vollendeten Kommunismus vgl. u.a. Arnold Buchholz: Der Kampf um die bessere Welt. Stuttgart 1961, S. 2o ff. Ferner Wolfgang Leonhard: Die Dreispaltung des Kommunismus, a.a.O., S. 232 ff.

14) V.I. Lenin: Staat und Revolution (1917), wiedergegeben in V.I. Lenin: Ausgewählte Werke. Bd 2. Moskau 1947, S. 158 ff.

15) Zu den Theorien von Evgenij Pašukanis betreffend das Absterben des Rechts vgl. Raymond A. Bauer: Der neue Mensch in der sowjetischen Psychologie. Bad Nauheim 1955, S. 4o ff. Dort auch über ihre Revision unter Stalin.

16) Zu V.N. Šulgins u.a. Theorie vom Absterben der Schule vgl. Oskar Anweiler: Geschichte der Schule und Pädagogik in Rußland. Berlin 1964, bes. S. 412 ff. u. S. 416 ff. Daß damit ein immer wieder auftauchendes Thema angeschlagen ist, zeigt etwa Ivan D. Illichs Plädoyer für die Abschaffung der Schule: Erziehung ohne Schule. In: betrifft: erziehung, 4 (1971) 4, S. 23 ff. Über diesen in Südamerika punktuell und vorübergehend verwirklichten Versuch gab es unter westdeutschen Pädagogen (z.B. Hartmut v. Hentig) eingehende Diskussionen.

17) Die so begründete Beschränkung des frühen Christentums auf den unpolitischen, moralischen Bereich fällt im Unterschied zu dem nicht durch intakt vorgefundene politische Institutionen gehemmten, darum von Anbeginn politischen Islam auf. Vgl. Wilfred Cantwell Smith: Der Islam in der Gegenwart. Frankfurt/M. 1963 (Islam in Modern History. Princeton 1957), S. 37 f.

18) Reiches Material dazu bei Norman Cohn: Das Ringen um das tausendjährige Reich, a.a.O., passim.

19) Vgl. Christian Graf von Krockow: Soziologie des Friedens. Gütersloh 1962. Dazu Eugen Lemberg: Nationalismus, a.a.O., Bd 2, S. 120 f.

20) Paul Tillich: Politische Bedeutung der Utopie im Leben der Völker. Berlin 1951. = Schriftenreihe der Deutschen Hochschule für Politik, Berlin.

21) Aufschlußreiche Beispiele bei Ferdinand Seibt: Utopica. Modelle totaler Sozialplanung. Düsseldorf 1972. - Zum Vergleich der erwähnten Utopien von Franz von Assisi u. Peter Chelčický vgl. Ferdinand Seibt: Peter Chelčický. In: Lebensbilder zur Geschichte der böhmischen Länder. München, Wien 1974, S. 49-61.

22) Michel Garder: Die Agonie des Sowjetregimes. Berlin 1966 (L'Agonie du Régime en Russie Soviétique. 1965). = Ullsteinbuch. 620.

23) Andrej Amalrik: Kann die Sowjetunion das Jahr 1984 erleben? Zürich 1970.

24) Lucien Lévy-Bruhl: Die Seele des Primitiven. Darmstadt 1956 (Nachdr. der deutschen Ausgaben von 1930).

25) Claude Lévi-Strauss: La Pensée Sauvage. Paris 1962. (Dt.: Das wilde Denken. Frankfurt/M. 1968.)

26) Vgl. Hans-Günther Zmarzlik: Der Sozialdarwinismus in Deutschland. In: Kreatur Mensch. Hrsg. von Günter Altner. München 1973, S. 289-311. = DTV. 892.

27) Aus der Fülle der Literatur dazu nur zwei polare Angaben: Josef Pieper: Wahrheit der Dinge. München 1947. - Ernst Tugendhat: Der Wahrheitsbegriff bei Husserl und Heidegger. 2. Aufl. Berlin 1970.

28) Vgl. Otto Friedrich Bollnow: Das Doppelgesicht der Wahrheit. Stuttgart 1975. = Urban-Taschenbücher. 184.

29) Dazu Klaus Koch: Der hebräische Wahrheitsbegriff im griechischen Sprachraum. In: Was ist Wahrheit? Ringvorlesung der Ev. Theol. Fakultät der Universität Hamburg. Göttingen 1965, S. 47-65, hier S. 50 ff.

30) Vgl. etwa Peter L. Berger u. Thomas Luckmann: Die gesellschaftliche Konstruktion der Wirklichkeit. Eine Theorie der Wissenssoziologie. Frankfurt/M. 1969.

31) Dazu Carl Friedrich von Weizsäcker: Zum Weltbild der Physik. 6. Aufl. Stuttgart 1954.

32) Z.B. Hans Popitz (u.a.): Das Gesellschaftsbild des Arbeiters. Soziologische Untersuchungen in der Hüttenindustrie. Tübingen 1957. = Soziale Forschung und Praxis. Bd 17.

33) Der Positivismusstreit in der deutschen Soziologie. Neuwied 1969. Dazu oben, Kap. II.

34) Arthur Koestlers Selbstbiographie erschienen in 2 Bden: Der Pfeil ins Blaue (dt. 1953) und Die Geheimschrift (1955), a.a.O. Dazu vgl. Eugen Lemberg: Ideologie und Gesellschaft, a.a.O., S. 17.

35) Vgl. die Bibliographie von Anitra Karsten: Das Vorurteil. In: Psychologische Beiträge,1 (1953), S. 149-161. Ferner H. Hahn u. E.E. Davis: A Bibliography and Digest of Research on Prejudice in Children (Unesco Youth Institute). Gauting 1961.

36) Als Beispiel dafür vgl. die Untersuchung von Hermann Müller: Rassen und Völker im Denken der Jugend. Vorurteile und Methoden zu ihrem Abbau. Stuttgart 1967. = Bildungssoziologische Forschungen. Bd 3. Dort bes. S. 8 f. u. S. 11 ff.

37) Zu Einzelheiten vgl. Eugen Lemberg: Ideologie und Gesellschaft, a.a.O., S. 217 ff.

38) Vgl. die Diskussion über die Notwendigkeit einer marxistischen Anthropologie. Dazu Eugen Lemberg: Reformation im Kommunismus? Stuttgart 1967, S. 23 u. S. 25 ff.

39) Alexander Solženicyn: Der Archipel Gulag. 2 Bde. München 1974. Vgl. bes. Teil III im 2. Bd, S. 9 ff.

4o) Dazu Eugen Lemberg: Aufklärung als Ideologie. In: Tijdschrift voor de Studie van de Verlichting, 1 (1973), S. 63-82.

41) Vgl. Helmut Schelsky (Hrsg.): Zur Theorie der Institutionen. 2. Aufl. Düsseldorf 1973. Darin fällt das Bedürfnis der Mitarbeiter auf, sich gegen den den genannten Autoren (u.a.) gemachten Vorwurf abzugrenzen, sie schrieben den Institutionen den Charakter eines kollektiven Subjekts zu, als dessen "Organ" dann das Individuum erscheine. Diese Personifizierung, deren auch Rechtsgelehrte von Savigny bis Carl Schmitt und Ernst Forsthoff bezichtigt werden, ist der durch einen Exzeß organologischen Denkens verschreckten Gelehrtengeneration im Innersten zuwider. Selbst Schelsky wittert in Emile Durkheims Begriff der "participation" ein solches Denken und fühlt sich an die Volkslehren einer vergangenen deutschen Soziologie erinnert. Nur noch das handelnde Individuum sei real; die Institutionen erhalten den Charakter technischer Mittel und dienen dazu, die Spannung "zwischen dem Allgemeinen...und der Subjektivität des modernen Menschen" durch Stabilisierung zu lösen.

Zu Kapitel VI

1) Die Gegenüberstellung von "intentionaler" und "funktionaler" Erziehung hat Ernst Krieck: Menschenformung. Grundzüge einer vergleichenden Erziehungswissenschaft. Leipzig 1925 entwickelt. - Zur Synthese einer intentionalen und funktionalen Erziehung vgl. auch Friedrich Schneider: Einführung in die Erziehungswissenschaft. 2. Aufl. Graz, Wien 1952.

2) Grundlegend für die Sozialisationsforschung waren die vom Fachausschuß für Familien- und Jugendsoziologie der Deutschen Gesellschaft für Soziologie herausgegebenen Bände Gerhard Wurzbacher u. Theodor Scharmann: Der Mensch als soziales und personales Wesen. Stuttgart, Bd 1, 2. Aufl. 1968; Bd 2, 1966; Bd 3, 1968.

3) Zur Entwicklung der empirischen pädagogischen Forschung vgl. Heinrich Roth: Die Bedeutung der empirischen Forschung für die Pädagogik. In: Pädagogische Forschung und pädagogische Praxis. Heidelberg 1958, S. 5-57. - Dazu auch der Sammelband: Das Bildungswesen als Gegenstand der Forschung. Hrsg. von Eugen Lemberg (u.a.) Heidelberg 1963; sowie die übrigen Veröffentlichungen des Deutschen Instituts für internationale pädagogische Forschung in Frankfurt/M. Darüber: Paedagogica Europaea, 3 (1967), S. 279-295.

4) Vgl. Eugen Lemberg: Die gemeinsamen Wurzeln der alten und der neuen Jugendbewegung. In: Rundschreiben des Freideutschen Kreises, Nr. 153 (März 1976), S. 3o-44.

5) Waltraut Küppers: Zur Psychologie des Geschichtsunterrichtes. 2. Aufl. Bern u. Stuttgart 1966 ermittelt aufgrund empirischer Untersuchungen das Verhältnis von Jugendlichen zu verschiedenen geschichtlichen Stoffen und Themenkreisen.

6) H. Jung: "Entwicklungspsychologie" - Entwicklungsideologie oder Politische Bildung. In: Westermanns Päd. Beiträge, 28 (1976), S. 281 ff.

7) Rahmenrichtlinien. Sekundarstufe I. Gesellschaftslehre. 2. Fassung. Hrsg. Der Hessische Kultusminister. Wiesbaden 1973, S. 13. In der ersten Fassung war die Ablehnung der Jugendpsychologie wesentlich schärfer formuliert (S. 10).

8) Eugen Lemberg: Zur gesellschaftlichen Funktion der historischen Bildung. In: Geschichte in Wissenschaft und Unterricht, 25 (1974), S. 321-335.

9) Klassisch dafür Hans Kohn: Prophets and Peoples. Studies in Nineteenth Century Nationalism. New York 1947. Zum nationalen Erwachen der Völker und zur charakteristischen Rolle solcher Propheten dabei vgl. Eugen Lemberg: Nationalismus, a.a.O., Bd 1, S. 113-164.

10) Karl Popper: Das Elend des Historizismus. 3. Aufl. Tübingen 1971. Vgl. dazu oben S. 99.

11) Glencoe, Ill. 1960.

12) Die pädagogische Diskussion der Theorien von Erbe und Umwelt analysiert ausgewogen Heinrich Roth: Pädagogische Anthropologie. 1. Hannover 1966. Vgl. bes. S. 151 ff., S. 195 ff. u.a.

13) Vgl. Heinrich Roth: Pädagogische Anthropologie, a.a.O.

14) Auch dazu vgl. Heinrich Roth, a.a.O. u. die dort analysierten Theorien. Ferner H.J. Eysenck: Die Ungleichheit des Menschen. München 1975. - Ders.: Vererbung, Intelligenz, Erziehung. Stuttgart 1975. - Ders.: Ist Intelligenz erlernbar? In: Bild der Wissenschaft, 13 (1976), S. 80 ff.

15) Z.B. Ursula Linnhoff: Die neue Frauenbewegung, USA-Europa, seit 1968. Köln 1974. - Ursula Krechel: Selbsterfahrung und Fremdbestimmung. Bericht aus der neuen Frauenbewegung. Neuwied 1975.

16) Vgl. z.B. Egon Becker, Sebastian Herkommer, Joachim Bergmann: Erziehung zur Anpassung? Schwalbach b. Frankfurt/M. 1967, bes. S. 23.

17) Gegen Talcott Parsons: The Social System. Glencoe, Ill. 1951 u.a., vgl. bes. Ralf Dahrendorf: Elemente einer Theorie des sozialen Konflikts. In: Gesellschaft und Freiheit. München 1961, S. 197 ff.

18) Eric Hoffer: The True Believer. New York, Evanston 1951. Dt. unter dem Titel: Der Fanatiker. Eine Pathologie des Parteigängers. Reinbek b. Hamburg 1965. = Rowohlts deutsche Enzyklopädie. 220.

19) Zur Charakteristik des verschiedenen Verhaltens zu ingroup und outgroup Theodor W. Adorno (u.a.): The Authoritarian Personality. New York 1950.

20) Zu dieser psychotherapeutischen Bewegung und Schule vgl. Viktor E. Frankl: Der Wille zum Sinn. Bern, Stuttgart, Wien 1972.

21) Vgl. dazu auch die besonders von Hans Richert im preußischen Kultusministerium vertretene Bildungs- und Kulturpolitik in der Zeit der Weimarer Republik. Siehe Hans Richert: Die deutsche Bildungseinheit und die höhere Schule. Tübingen 1920. - Ders.: Weltanschauung. Ein Führer für Suchende. Leipzig u. Berlin 1922.

22) Joachim Wach: Vergleichende Religionsforschung. Stuttgart 1962, S. 30. = Urban Bücher. 52. (Einführung von Joseph M. Kitagawa).

23) Das eindrucksvollste Plädoyer für die offene Gesellschaft gibt Karl Popper: Die offene Gesellschaft und ihre Feinde. 2 Bde. Bern, München 1970.

24) Vgl. Eugen Lemberg: Zum Erziehungsstil (Beitrag der Soziologie). In: Psychologie und Soziologie in ihrer Bedeutung für das erziehungswissenschaftliche Studium. Weinheim 1966 S. 119-127. = Zeitschrift für Pädagogik. Beih. 6.

25) Vgl. Eugen Lemberg: Die höhere Schule in der Gesellschaft. Über einige Dogmen und Tabus der deutschen Bildungsideologie. In: Das Studienseminar, 6 (1961), S. 34-58. - Ders.: Von der Erziehungswissenschaft zur Bildungsforschung. Das Bildungswesen als gesellschaftliche Institution. In: Das Bildungswesen als Gegenstand der Forschung. Heidelberg 1963, S. 21-100.

26) Dazu Wolfgang Klein: Gesamtschule. Bilanz ihrer Praxis. Reader. Hamburg 1. Aufl. 1973, 2. Aufl. 1976.

Zu Kapitel VII

1) S. oben S. 156 ff. Einzelne Abschnitte dieses Kapitels, so 171-173 u. S. 174-176 sind bereits in einer Vorstudie zu dieser Arbeit veröffentlicht. Vgl. Eugen Lemberg: Segen und Fluch der Ideologie. In: Das Gehäuse des Menschen. Freiburg, Basel, Wien 1975. = Herderbücherei-Initiative. Bd 9, S. 54-77. Dort im bes. S. 71-73 u. S. 73-74.

2) Eduard Spranger: Lebensformen. Geisteswissenschaftliche Psychologie und Ethik der Persönlichkeit. 5. verb. Aufl. Halle/Saale 1925.

3) R.J. Havighurst: Dominant Concerns in the Life Cycle. In: Schenk-Danziger, L. u. Thomae, H. (Hrsg.): Gegenwartsprobleme der Entwicklungspsychologie. Göttingen 1963, S. 27-37. Dazu Eugen Lemberg: Ideologie und Gesellschaft. Stuttgart 1971, S. 83.

4) Unter anderem bes. charakteristisch der Roman des Tschechen Vladimir Neff: Trampoty pana Humbla, 1967; dt.: Die Wetterfahne. Beichte eines braven Mannes. München 1976. = DTV. 1157.

5) Eine Analyse dieser Ineffizienz aus eigener Erfahrung gibt u.a. Ota Šik: Das kommunistische Machtsystem. Hamburg 1976.

6) Vgl. dazu die entsprechenden Versuchsergebnisse bei C.J. Warden: Animal Motivation Studies. The Albino Rat. New York 1931.

7) Viktor E. Frankl aus dem Kreis der sog. humanistischen Psychologen um Charlotte Bühler hat an der Internationalen Universität in San Diego, Kalifornien, die Logotherapie begründet. Dazu und zu dem hier angedeuteten Problem des Sinnbedürfnisses vgl. u.a. Viktor E. Frankl: Der Wille zum Sinn. Bern, Stuttgart, Wien 1972.

8) Viktor E. Frankl, a.a.O.

9) Vgl. Kurt Seliger: KPdSU - Unbewältigter Trotzkismus. In: Osteuropa, 26 (1976) 5, S. 355-368.

10) Günther Bartsch: Der Trotzkismus als internationale Sonderbewegung. Die IV. Internationale und ihre Abzweigungen. In: Osteuropa, 26 (1976) 5, S. 369-381.

11) Eugen Lemberg: Ideologie und Gesellschaft, a.a.O., S. 231-239.

12) Renate Mayntz: Max Webers Idealtypus der Bürokratie und die Organisationssoziologie. In: Bürokratische Organisation. Hrsg. von R.Mayntz. Köln, Berlin 1968, S. 27-35.

Zu Kapitel VIII

1) Für dieses wie für die folgenden Beispiele der Ablösung sakraler durch rationale Systeme wäre es müßig, einen wissenschaftlichen Apparat an Literatur und Belegen beizufügen. Es würden umfangreiche Auswahlbibliographien der behandelten Länder und Kulturkreise daraus, die dem Sinn eines solchen Apparates widersprächen. Deshalb wird im folgenden - abgesehen von Ausnahmefällen - darauf verzichtet, die einzelnen Angaben zu belegen.

2) W.W. Rostow: The Stages of Economic Growth. 2. Aufl. Cambridge 1971. Dt.: Stadien wirtschaftlichen Wachstums. Göttingen 1960. - Zu Rostow, Lerner u.a. aus der Sicht der Entwicklungsländer vgl. Fuad Kandil: Traditionale Werte im Entwicklungsprozeß. Versuch einer allgemeinen theoretischen Grundlegung traditionalistisch orientierter entwicklungspolitischer Konzeptionen. Berlin 1975. = Soziologische Schriften. 14.

3) D. Lerner: The Passing of Traditional Society. Modernizing the Middle East. 3. Aufl. Glencoe, Ill. 1966.

4) Wilhelm E. Mühlmann: Weltrevolution, auf Zeit gestreckt. In: Eisermann, G.: Soziologie der Entwicklungsländer. Stuttgart 1968, S. 179-190.

5) Einen Blick über die Entwicklung und Problematik der Entwicklungsforschung geben u.a. G. Eisermann: Soziologie der Entwicklungsländer, a.a.O. - Ferner die Sammelwerke: Soziologie der Entwicklungsländer. Hrsg. von Peter Heintz. Köln, Berlin 1962. - Aspekte der Entwicklungssoziologie. Hrsg. von René König (u.a.) Köln u. Opladen 1969. = Kölner Zeitschrift für Soziologie und Sozialpsychologie. Sonderh. 13.

6) René König: Über einige offene Fragen und ungelöste Probleme der Entwicklungsforschung. In: Aspekte der Entwicklungssoziologie, a.a.O., S. 9-36.

7) Alfred Müller-Armack: Genealogie der Wirtschaftsstile. 3. Aufl. Stuttgart 1944.

8) Sehr aufschlußreich dafür ist Alexander Solženicyn: Die Eiche und das Kalb. Neuwied 1975.

9) Dazu etwa Helmuth von Glasenapp: Die nichtchristlichen Religionen. Frankfurt/M. 1957, S. 11. = Das Fischer Lexikon. 1.

10) Eugen Lemberg: Aufklärung als Ideologie. In: Tijdschrift voor de Studie van de Verlichting, 1 (1973), S. 63-88.

11) Rudolf Otto: Das Heilige. 3o. Aufl. München 1958.

12) Friedrich Heiler: Erscheinungsformen und Wesen der Religion. Stuttgart 1961.

13) Ein schönes Beispiel dafür ist Leo Kofler: Soziologie des Ideologischen. Stuttgart 1975. = Urban-Taschenbücher. 8o.

Zu Kapitel IX

1) Alexander Solženicyn: Der Archipel Gulag I. Bern, München 1974, S. 172.

2) "Heimat" ist hier ein Übersetzungsfehler. Gemeint ist Vaterland im Sinne von Staat.

3) Der Text des Havel-Briefes ist veröffentlicht von Rudolf Urban: Ein tschechischer Regimekritiker. In: Osteuropa, 26 (1976), S. A 355-A 375.

4) Dazu und zum hier angedeuteten Problem vgl. bes. Viktor E. Frankl: Der Wille zum Sinn. Bern, Stuttgart, Wien 1972.

NACHWORT DES HERAUSGEBERS

Eugen Lemberg hat die "Studien zur Soziologie des Bildungswesens" begründet, welche nunmehr als "Studien zu Gesellschaft und Bildung" weitergeführt werden. Das hier vorgelegte Werk stellt die beste denkbare Begründung für die neue Bezeichnung der Reihe dar: Es läßt deutlich werden, wie fruchtbar das Übersteigen bildungsimmanenter Analysen sein kann, wie notwendig die Bemühung um eine umfassendere Erhellung der Wechselwirkungen von Gesellschaft und Bildung ist.

Lemberg ist nie ein "Bindestrichsoziologe" gewesen, sondern ein universal gebildeter Gelehrter mit der Fähigkeit zur Synopse philosophischer, anthropologischer, historischer Perspektiven zum Zwecke der Diagnose gesellschaftlicher Zusammenhänge. Mit seinem letzten Werk, kurz vor seinem Tode am Weihnachtstag 1976 vollendet, hat er Dimensionen der Bildungssoziologie aufgezeigt, die zu weiterer Forschung einladen, und einen Anspruch aufgestellt, dem gerecht zu werden aller Mühe der Nachfolger bedürfen wird.

Theodor Hanf